新型城市化和城乡一体化丛书

北京市
法治城市化研究

RESEARCH ON
THE URBANIZATION OF THE RULE
OF LAW IN BEIJING

张英洪 等 著

社会科学文献出版社
SOCIAL SCIENCES ACADEMIC PRESS (CHINA)

前　言

2010 年，在城市化研究中，我们明确提出了走以人为本的新型城市化道路，并提出新型城市化应当是法治的城市化。

为什么要提出新型城市化应当是法治的城市化？因为传统城市化存在一系列乱象，且突出存在两个严重问题：一是在人口城市化上，进城农民工不能实现市民化，农民平等享有基本公共服务的权利得不到保障和实现；二是在土地城市化方面，强征农民土地、强拆农民住房等行为，使农民的财产权利和人身权利得不到保障和实现。

在传统城市化中，有的地方出现了两种不同的行政模式，一是在强征强拆上，"积极"乱作为的模式。一些地方政府为打造政绩，牟取土地财政，在强行圈占农民土地、强行拆除农民住房上，干劲实足，这种"仇和式"改革形式下的地方强势执政者成为典型。二是在农民工市民化上，消极不作为的模式。有的甚至设置种种政策制度障碍，阻止农民工市民化。我们看到有许许多多强征强拆的地方明星官员，却少有致力于实现包括农民工在内的外来常住人口公平享有市民待遇的地方官员。

传统城市化造成了两种社会病：一种是城市病，另一种是农村病。城市吸引农村中的青壮年劳动力来打工，却不给予其市民待遇，在城市中出现了两亿多的流动人口，形成了农民工阶层；在农村则出现了上亿的留守儿童、留守妇女、留守老人。

传统城市化是一种政府主导的掠夺式的城市化；是缺乏对政府公权力以及对资本进行有效制约与问责的城市化；是损害农民财产权利、人身权利的城市化；是限制农民工等外来常住人口市民化的城市化；是非法治的城市化。

由于缺乏法治的有效制约与规范，政府行为出现异化，突出表现为权力与资本结盟，掠夺农民利益，甚至出现了一种城市化中的违法犯罪现象。

针对传统城市化中的一系列乱象，我们必须走以人为核心的新型城市化道路，以人为核心，最根本的就是要尊重、保障和实现人的基本权利和尊严，而要保障人的基本权利和尊严，必须全面依法治国，建设法治中国，推进法治城市化建设。

所谓法治城市化，就是将城市化纳入法治的轨道，以法治思维和法治方式推进城市化，在城市化进程中规范和约束公共权力，尊重和保障公民权利，维护和促进社会公平正义与文明进步。法治城市化是新型城市化的基本特征和重要内容，也是国家治理现代化的根本要求和重要体现。背离法治的城市化，既谈不上新型城市化，也谈不上国家治理现代化。

国家治理的根本目的在于保障人民的权利，维护社会的公平正义，增进人民的福祉。在城市化进程中，各级各部门要善于将执政党为人民服务的根本宗旨，具体落实到保障每个人的基本权利上。各级政府要将建设法治中国的基本要求体现于新型城市化之中，新型城市化建设要体现全面依法治国的基本要求。

中共中央党校科社部向春玲教授，中国人民公安大学杨俊锋副教授，北京市融鼎律师所（北京市息云律师事务所前身）吴有龙主任律师及其律师团队，华北科技学院管理学院刘伟教授，国务院发展研究中心农村部伍振军副研究员，美国约翰·霍普金斯大学生物统计学博士黄文政，苏州大学法学院程雪阳副教授，北京市农村经济研究中心刘雯博士、杜树雷硕士、纪绍军硕士等专家、朋友和同仁参与了本课题的研究。

中共中央党校科社部向春玲教授、北京理工大学胡星斗教授、北京理工大学徐昕教授、国务院发展研究中心农村部副部长张云华研究员、中国社会科学院城市与环境研究所宋迎昌研究员、中国社科院法学所冉昊副研究员、北京市社科院法学所成协中副研究员、北京市融鼎律师事务所（北京市息云律师事务所前身）吴有龙主任律师及其律师团队、《中国经济时报》李成刚编辑、《瞭望东方周刊》张欣记者、《农民日报》评论部主任施维编辑等专家、律师和媒体人士参加了 2014 年 11 月 1 日举办的法治城镇化研讨会。

北京市融鼎律师所（北京市息云律师事务所前身）主任吴有龙律师及其律师团队、华北科技学院管理学院刘伟教授、中央民族大学法学院讲师郑毅博士、中央民族大学法学院讲师史艳丽博士、财新传媒的孙文婧记者，以及来自山东聊城的两位农民兄弟金明阳和王金宙先生等人参加了 2014 年 11 月 22 日举办的第二届法治城镇化论坛。

在此，我向上述参加法治城市化课题研究和学术研讨的专家、朋友以及媒体人士表示衷心感谢！

自 2010 年起，我就比较系统地开展城市化和城乡一体化问题的调查研究，并有意识地策划与出版新型城市化和城乡一体化系列研究成果。经过多年的努力，我组织和带领的研究团队在长期调研的基础上，完成了新型城市化和城乡一体化的系列研究，这些研究成果集中体现在社会科学文献出版社 2014 年以来陆续出版的新型城市化和城乡一体化丛书（共 6 部著作）之中。借此机会，我向所有支持、参与新型城市化和城乡一体化系列研究的领导、专家和朋友表示感谢！我还要特别感谢社会科学文献出版社的周琼编辑多年来的辛勤付出和大力支持。

由于水平有限，我们的研究还存在许多不足和不如人意的地方，敬请读者批评指正。

张英洪

2017 年 5 月 4 日

目　录

总报告

专题研究篇

调研报告篇

案例分析篇

附　录

·总报告·

北京市法治城市化研究报告

北京市法治城市化研究报告

城市化是伴随工业化发展，非农产业在城镇集聚、农村人口向城镇集中的自然历史过程，是人类社会发展的客观趋势，是国家现代化的重要标志。[①] 城市化不同于城市发展，也不同于农村发展，城市化是将农村发展与城市发展联结起来的重大社会结构的变迁过程，事关每个人的切身利益和国家民族大义。我国正处在快速发展的城市化进程之中。面对改变每个中国人命运和国家发展面貌的城市化建设，应当建立基本的法治规则，将城市化建设纳入法治的轨道。唯有如此，才能确保在推进城市化的进程中切实保障城乡居民，特别是广大农民的基本权利，维护社会的公平正义与和谐稳定。北京作为城市化发展的前沿地区和首善之区，以法治思维和法治方式推进城市化建设，具有更加现实的实践价值和突出的典范意义。

一　法治城市化的提出及其含义

2010 年，我们在城市化研究中，明确提出了走以人为本的新型城市化道路，并对新型城市化的内涵做了初步界定，认为新型城市化是空间布局合理的城市化；是维护农民权益的城市化；是善待外来人口的城市化；是产业结构优化的城市化；是生态环境友好的城市化；是发展民主法治的城市化。城市化建设事关城乡居民的切身利益，是重大的公共政策，要纳入民主法治的轨道。为人民谋利益、办好事的权力也必须受到严格的制约和监督。要以民主、法治的方式推进城市化建设，以城市化来提升民主法治水平，使城市化与民主化相互促进，使城市建设与法治建设交相辉映。当前迫切需要重新制定和出台一批新的政策、法规，使城市化和城乡一体化有法可依，使各级政府部门依法行政，

[①] 《国家新型城镇化规划（2014—2020 年）》，人民出版社，2014，第 2 页。

使农民群众依法参与，确保城市化建设走上现代法治的轨道。①

2011 年，我们在城市化的后续研究中，进一步提出要把加强制度供给作为新型城市化的基础工程，把依法改革创新作为新型城市化建设的基本手段，把深化土地制度改革作为新型城市化建设的关键环节，把推进农村产权改革作为新型城市化建设的重大任务，把实现农民市民化作为新型城市化建设的战略目标。我们明确提出，我国已经到了一个必须转变改革方式的新时期。我们不仅要转变经济发展方式，而且要从战略的高度转变改革创新的方式，将改革创新纳入法治的框架之中，走依法改革创新之路，实现从违法式改革向立法式改革的重大转变。为此，我们建议树立法治城市化的新理念，将法治城市化提到战略的高度并予以统筹规划和有序推进。②

自从提出法治城市化的概念以后，笔者就对法治城市化进行不断地思考与探索。有关媒体也不断关注法治城市化。2014 年 6 月 9 日，《中国经济时报》刊发了笔者对法治城镇化初步思考的文章。③ 之后，《中国经济时报》就法治城镇化连续组织有关专家进行集中讨论。2014 年 7 月 30 日，《中国经济时报》记者李成刚约请笔者及有关专家围绕新型城镇化这个主题进行讨论。笔者认为，所谓法治城镇化，就是将城镇化纳入法治的轨道，以法治思维和法治方式推进城镇化建设，在城镇化进程中规范和约束公权力，尊重和保障公民权利，维护社会公平正义与促进文明进步。法治城镇化既是新型城镇化的基本特征和重要内容，也是国家治理现代化的根本要求和重要体现。背离法治的城镇化，既谈不上新型城镇化，也谈不上国家治理现代化。中共中央党校的向春玲教授认为，法治城镇化就是运用法治的思维和法治的方式规范城镇化进程中各主体的行为，运用法治的思维方式积极化解城镇化进程中出现的各种矛盾和问题，维护社会的公正，从而保障城镇化各项改革的顺利进行。城镇化涉及经济、社会结构和利益格局的调整，往往导致社会矛盾的增加甚至群体性事件的发生，所以，城镇化建设必须在法治的轨道上运行，并以法治为引领。也就是说，在法治中国的建设中，应加强城镇化领域的科学立法、严格执法、公正司法、全

① 参见课题组《走以人为本的新型城市化道路——北京市城乡接合部经济社会发展问题研究》，载郭光磊主编《城与乡：在博弈中共享繁荣》（上册），中国农业科学技术出版社，2011，第 25~69 页。

② 参见《新型城市化发展路径比较研究》，载郭光磊主编《城乡统筹发展的改革思维》（上册），中国农业出版社，2012，第 3~72 页。

③ 张英洪：《法治城镇化的思考和建议》，《中国经济时报》2014 年 6 月 9 日。

民守法，以确保城镇化积极稳妥地有序推进。首都经济贸易大学法学院博士后、法学博士尹少成认为，所谓法治城镇化，简而言之，就是指城镇化的推进必须依法进行。具体而言，一是将法治理念贯穿于城镇化建设全过程，用法治的思维指导城镇化的推进；二是加强城镇化相关领域的立法和修法工作，保证城镇化建设工作有法可依；三是严格执法，保证城镇化相关立法得以有效落实；四是为城镇化过程中侵犯公民、法人或者其他组织合法权益的行为提供充分的法律救济。只有从理念、立法、执法、司法四个方面建立起一个法治化体系，城镇化建设的推进才可能在法治轨道上运行，不偏离既定航道，符合社会经济发展的要求。①

2014 年 12 月 3 日，《中国经济时报》记者李成刚再次组织有关专家围绕新型城镇化这个主题进行讨论。笔者指出，在城镇化进程中强调法治化，至少有三个基本原因。一是法治城镇化是约束政府公权力的城镇化。因为我们以前的城镇化，一些地方政府想干什么就干什么，想征地就征地，想拆迁就拆迁，这就不是法治的城镇化。二是法治城镇化是保护公民基本权利的城镇化。提这点的原因是几十年来，我们的城市化工作一个最大的弊端和问题，就是侵犯了农民的基本权利和自由，主要是侵犯农民的土地财产权利、居住权利。因为拆迁使农民的许多基本权利得不到保障。三是法治城镇化是维护社会公平正义的城镇化。我们现在的城镇化存在很多社会问题，造成社会不稳定，就是因为城镇化过程中存在不公平正义的现象，违背了公平正义的原则，损害了农民的基本权利和自由。因为城市化过程中的许多违反公平正义的行为，造成每年的上访、信访量很大，使政府加大了维稳成本。社会不稳定就是因为城市化过程中出现了一些不公平、不正义的事件。我们讲法治城镇化，就是要讲维护社会公平正义的城镇化。笔者还提出从五个环节推进法治城镇化。一是从立法环节上来说。凡是损害农民权利的法律均应该修改或废止。一方面，在长期城乡二元结构的体系下，有很多法律，包括《土地管理法》，还有一系列政策法规，是不利于保护农民土地财产权利的，不利于维护公民的基本权利。对于这些法律，立法者应该坚决废除。另一方面，随着社会的发展，立法存在滞后性，法律有缺陷或缺失，有的社会实践没有相关法律加以规范。例如我国已经出台了《国有土地上房屋征收与补偿条例》，但"集体土地上房屋征收与补偿条例"就一直出台不了。这样的例子很多。此外，虽然我国有了很多法律，但是十八

---

① 《新型城镇化建设应纳入法治轨道》，《中国经济时报》2014 年 7 月 30 日。

届四中全会提出全面推进依法治国后，一些与法治理念不一致的法律，需要加快修改补充。二是从执法环节来说。一方面，现在一般强调要严格执法，良法是应该要严格执行，但不好的法律要修改。另一方面，存在这么一个突出问题，有的地方政府对农民严格执法，对百姓严格执法，而对政府自己，却不是严格执法。三是从司法环节来说。司法的核心是公正，但是这个环节上，涉及征地拆迁问题的，普遍的现象是法院不立案，民告官很难，造成了大量的信访案件，造成了一系列的群体性事件。有时拆迁者和被拆迁者都会成为牺牲品。四是从守法环节来说。守法，一个是公民守法，一个是政府守法。公民的法律素质不高，不利于守法。但现实生活中政府不守法的现象更加普遍。五是从维权的角度来说。立法、执法、司法、守法、维权，这些环节缺一不可。农民权利受到侵害之后需要法律救济。但长期以来，片面强调稳定压倒一切，有的地方信访部门搞指标管理责任制，层层加压，这就产生了一个怪现象，就是有关部门不是积极地解决人民群众反映的问题，而是全力去解决反映问题的人。这种治国理政的理念需要反思。①

2014 年 11 月 1 日、11 月 22 日，笔者先后组织召开了两次法治城镇化研讨会，邀请了有关专家、律师围绕法治城镇化进行深入研讨。2016 年 4 月 11 日，在中国社会科学院城市发展与环境研究所主办的"新型城镇化：经济发展新常态下的战略走向学术讨论会"上，笔者做了《推进法治城市化》的发言。②

城市化是人类经济社会发展的重大自然历史过程，推进城市化建设是政府的重大公共政策。将政府推进城市化纳入法治轨道就是走法治城市化道路。法治城市化的基本要素有三个方面：一是构建城乡统一、开放、公平的政策法律制度体系；二是坚持依法行政，政府的一切行为必须纳入法治的轨道，并承担侵权责任；三是城乡居民的基本权利得到尊重和保障。

二　北京市城市化进程及法治问题

北京作为超大城市和国家首都，属于经济发达地区和城市化发展的先行区。北京市的城市化过程在很大程度上反映了我国城市化发展的总体趋势、基

---

① 《城镇化与城市管理亟须法治跟进》，《中国经济时报》2014 年 12 月 3 日。
② 该发言的整理删节稿以《推进法治城市化》为题刊发于《城市化》杂志 2016 年第 6 期。

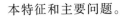

本特征和主要问题。

城市化进程是一个经济社会综合变化的过程。一般用城市化率（也叫城镇化率）即城镇人口占总人口的比重来衡量城市化的发展水平。城市化进程可以从人口城市化与土地城市化这两个基本方面进行观察与衡量。

（一）北京市人口城市化进程

由于我国存在特殊的城乡二元结构以及城市行政区划管理，国际上通用的城市化率不能很准确地反映中国实际的城市化水平。2011 年，我们在城市化研究中曾提出用市民化率来衡量和测度全国及各地区的人口城市化的质量。市民化率就是一个地区或城市中享受市民待遇的人口占全部常住人口的比重，其计算公式是：市民化率＝享受市民待遇人口÷常住人口×100%。在城乡二元户籍制度没有破除的情况下，一个地区或城市往往以非农业户籍作为享受市民待遇的依据，因而一个简便的计算市民化率的公式是：市民化率＝非农业人口÷常住人口×100%。[1]

2014 年 3 月，《国家新型城镇化规划（2014—2020 年）》首次提出常住人口城镇化率与户籍人口城镇化率的概念。户籍人口城镇化率与笔者曾提出的市民化率的含义与计算公式是一致的。户籍人口城镇化率低于常住人口城镇化率，是我国城市化发展的一个突出现象。2012 年，我国常住人口城镇化率为52.6%，户籍人口城镇化率只有 35.3%，户籍人口城镇化率低于常住人口城镇化率 17.3 个百分点。[2] 2015 年，我国常住人口城镇化率为 56.1%，户籍人口城镇化率只有 39.9%，户籍人口城镇化率低于常住人口城镇化率 16.2 个百分点。

2000～2015 年，北京市常住人口城镇化率从 77.54% 上升至 86.51%。根据美国地理学家诺瑟姆对城市化发展阶段的划分，城市化率在 30% 以下为城市化初期阶段，30%～70% 为城市化加速发展阶段，超过 70% 为城市化发展后期阶段。以常住人口城镇化率计算，北京市早已进入城市化发展的后期阶段。2005 年，北京市常住人口城镇化率首次突破 80%，此后每年缓慢增长。

---

[1] 张英洪：《以市民化率作为衡量城市化的指标》，《农民日报》2012 年 1 月 31 日。另参见《新型城市化发展路径比较研究》，载郭光磊主编《城乡统筹发展的改革思维》（上册），中国农业出版社，2012，第 54 页。

[2] 《国家新型城镇化规划（2014—2020 年）》，人民出版社，2014，第 3～9 页。

2000～2015 年，北京市户籍人口城镇化率从 55.79% 下降至 51.20%。2004 年，北京市户籍人口城镇化率达到 57.26%，户籍人口城镇化率呈逐年下降趋势。2015 年，北京市户籍人口城镇化率低于常住人口城镇化率 35.31 个百分点，低于全国户籍人口城镇化率 4.59 个百分点。

2015 年，北京市常住人口为 2170.5 万人，其中常住外来人口为 822.6 万人。这 800 多万的常住外来人口没有被赋予北京市户籍，从而未享有公平的基本公共服务，这是北京市户籍人口城市化率明显偏低的主要因素。

2000～2015 年北京市城市化进程变化如表 1 所示；2000～2015 年北京市常住人口城市化率与户籍人口城市化率对比如图 1 所示。

表 1　2000～2015 年北京市城市化进程变化

单位：万人，%

年份	常住人口	城镇人口	乡村人口	常住人口城市化率	户籍人口	非农业户口人口	农业户口人口	户籍人口城镇化率
2000	1363.6	1057.4	306.2	77.54	1107.5	760.7	346.8	55.79
2001	1385.1	1081.2	303.9	78.06	1122.3	780.2	342.2	56.33
2002	1423.2	1118.0	305.2	78.56	1136.3	806.9	329.4	56.70
2003	1456.4	1151.3	305.1	79.05	1148.8	830.8	318	57.04
2004	1492.7	1187.2	305.5	79.53	1162.9	854.7	308.2	57.26
2005	1538.0	1286.1	251.9	83.62	1180.7	880.2	300.5	57.23
2006	1601.0	1350.2	250.8	84.33	1197.6	905.4	292.2	56.55
2007	1676.0	1416.2	259.8	84.50	1213.3	929.0	284.3	55.43
2008	1771.0	1503.6	267.4	84.90	1229.9	950.7	279.2	53.68
2009	1860.0	1581.1	278.9	85.01	1245.8	971.9	273.9	52.25
2010	1961.9	1686.4	275.5	85.96	1257.8	989.5	268.3	50.44
2011	2018.6	1740.7	277.9	86.23	1277.9	1013.8	264.2	50.22
2012	2069.3	1783.7	285.6	86.20	1297.8	1039.3	258.2	50.22
2013	2114.8	1825.1	289.7	86.30	1316.3	1065.0	251.4	50.36
2014	2151.6	1859.0	292.6	86.40	1333.4	1089.8	243.6	50.65
2015	2170.5	1877.7	292.8	86.51	1345.2	1111.3	233.8	51.20

注：常住人口城市化率=城镇人口/常住人口×100%，户籍人口城镇化率=非农业人口/常住人口×100%。

资料来源：北京市统计局、国家统计局北京调查总队编《北京统计年鉴 2016》，中国统计出版社，2016。

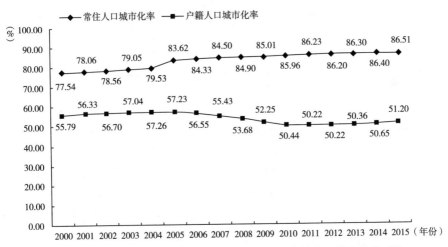

图1　2000～2015年北京市常住人口城市化率与户籍人口城市化率对比

（二）北京市土地城市化进程

进入21世纪以来，北京市的城市空间规模持续扩大，土地城市化的速度快于人口城市化速度。北京市建成区面积从2000年的490.11平方公里扩大至2015年的1401平方公里，增长了1.86倍。同期，北京市的常住人口由1363.6万人增长至2170.5万人，只增长了0.59倍。特别是北京市的户籍人口从1107.5万人增长至1345.2万人，只增长0.21倍。

2000年，北京市征地面积只有1.83平方公里，2001年，猛增至75平方公里。2011～2015年，北京市的征地面积从50.4平方公里下降至8.7平方公里，呈逐步下降趋势。2000～2015年，北京市征地面积在700平方公里以上，同期，农业户籍人口减少113万人。

北京市土地城市化，呈现几个鲜明的特点和问题。一是在空间上呈摊大饼式的发展模式，城市扩张一圈一圈往外推进。城市规划中的第一道绿化隔离带以及第二道绿化隔离带，均未能发挥应有的"绿化"与"隔离"的双重功能，而是不断被摊大饼式的城市化发展模式所吞噬。二是基本上走政府征地扩张建设城市的模式。因公共利益需要才能征地的宪法规定缺乏相应的配套的法律规范来落实，北京市除昌平区郑各庄村等极少数地区开展主动城市化探索以外，政府推进城市化基本采用强制征地的模式。三是城市土地扩张与人口城市化进程不协调，数百万外来人口以及一些征地农民未能享有市民待遇。2000～2015年北京市建成区与征地面积变化情况，如表2、图2所示。

表2 2000~2015年北京市建成区与征地面积变化

单位：平方公里

年份	建成区面积	征地面积
2000	490.11	1.83
2001	747.77	75
2002	1043.5	36.9
2003	1180.1	56.6
2004	1182.3	53.4
2005	1200	59.32
2006	1254.23	46.61
2007	1289.3	46.66
2008	1310.9	——
2009	1349.8	65.44
2010	1268	46.5
2011	1231	50.4
2012	1261.1	42.2
2013	1306.5	34.9
2014	1385.6	14.4
2015	1401	8.7

资料来源：中国统计年鉴历年数据，其中2005年、2006年、2007年、2009年的征地面积数据来源于相应年份《北京统计年鉴》"国土资源与管理"部分；《北京统计年鉴2009》未提供2008年的征地面积数据，只提供了2008年北京市安排新增建设用地35.09平方公里的数据。

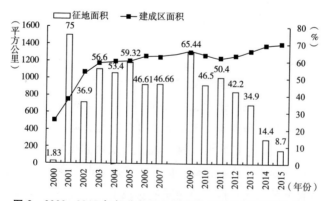

图2 2000~2015年部分年份北京市建成区与征地面积变化

（三）北京市城市化中的法治问题

自 1978 年开始市场化改革以来，北京的城市化进入发展的快车道。目前，北京已成为常住人口超过 2000 万的超大城市。与此同时，北京的交通拥堵、雾霾笼罩、人口资源环境矛盾突出等"大城市病"相当严重。2014 年 2 月及 2017 年 2 月，习近平总书记先后两次视察北京，提出并推进京津冀协同发展战略。2015 年 4 月 30 日，中共中央政治局审议通过了《京津冀协同发展规划纲要》，指出推动京津冀协同发展是一个重大的国家战略，核心是有序地疏解北京的非首都功能。2015 年 7 月，北京市委第十一届七次全会通过《关于贯彻落实〈京津冀协同发展规划纲要〉的意见》，提出聚焦通州，加快市行政副中心建设的主旨。2016 年 4 月，通州作为行政副中心的概念改为城市副中心。2017 年 4 月 1 日，中共中央、国务院决定设立雄安新区，这是以习近平同志为核心的党中央做出的一项重大的历史性战略选择，雄安新区是继深圳经济特区和上海浦东新区之后的又一具有全国意义的新区，是千年大计、国家大事。雄安新区已明确定位为北京非首都功能疏解集中承载地。至此，通州与雄安作为集中疏解北京非首都功能的两个重要的承载地已经明确。这是北京城市化发展在空间布局上的重大战略抉择。习近平总书记先后两次视察北京，为"建设一个什么样的首都，怎样建设首都"这一重大时代课题指明了方向。

限于篇幅，本研究立足于解决"三农"问题与推进治理现代化，主要从户口与土地两个基本方面考察北京城市化中的法治问题。北京的城市化发展虽然取得了巨大成就，但突出存在政策制度的二元分割性和不平等性、制度建设明显滞后于城市化发展实践的需要、城市化试点缺乏法治引领与制度性成果以及一些地方发生的强征、强拆等问题。

以户籍制度为例，城市化进程中的二元分割性及不平等性的政策制度安排比较突出。囿于 20 世纪 50 年代我国建立城乡二元户籍制度的影响，自改革实行以来，北京的户籍身份政策制度主要针对三类人口的户籍身份管理，对农民实行农业户籍管理，对城镇居民实行非农业户籍管理，对来自全国各地的外来流动人口，实行暂住证管理。三类不同户籍身份的人群享受不同的基本公共服务等权益。在城市化进程中，一方面，农民通过"农转非"政策或者征地农转居政策转为城镇居民；另一方面，外来流动人口基本没有转为城镇居民的可能性。北京的户籍政策制度存在两个分割与不平等性，一是城乡居民身份的分割与权利不平等，二是本市居民与外来流动人口的身份分割与权利不平等。在城市化进程中，北京与全国其他城市一样，都形成了本市农民与市民组成的城乡二元、本市户籍人口与外来流动人口为城市内部二元的"双重二元结构"。①

在户籍身份上，城市化中的本市农民转变为城镇居民，除了升学等政策性"农转非"外，主要通过政府征地实现"农转工"或"农转居"，即政府征收农民土地后，将农民转变为工人、农民转变为城镇居民。改革实施以来，北京市政府先后制定了《北京市建设征地农转工劳动工资暂行处理办法》（京政发〔1983〕132 号）、《北京市建设征地农转工人员安置办法》（北京市人民政府第 16 号令）、《北京市建设征地补偿安置办法》（北京市人民政府令第 148 号）。北京市政府于 2004 年 5 月 21 日印发、7 月 1 日施行的《北京市建设征地补偿安置办法》（俗称 148 号令）（以下简称《办法》）至今仍然有效。该《办法》第 19 条规定："征用农民集体所有土地的，相应的农村村民应当同时转为非农业户口。应当转为非农业户口的农村村民数量，按照被征用的土地数量除以征地前被征地农村集体经济组织或者该村人均土地数量计算。应当转为非农业户口的农村村民人口年龄结构应当与该农村集体经济组织的人口年龄结构一致。"这就是所谓的"逢征必转"。

改革实行以来，我国对二元户籍制度不断进行修改和调整。2014 年 7 月，国务院印发的《关于进一步推进户籍制度改革的意见》（国发〔2014〕25 号），这是到目前为止，我国历次户籍制度改革中最到位的一项政策。2016 年 9 月 8 日，北京市人民政府印发《关于进一步推进户籍制度改革的实施意见》（京政发〔2016〕43 号）（以下简称《意见》），该《意见》根据国务院的统一户籍制度改革要求，提出建立城乡统一的户口登记制度，取消农业户口和非农业户口的性质区分，统一登记为居民户口，体现户籍制度的人口登记管理功能。建立与统一城乡户口登记制度相适应的教育、卫生计生、就业、社保、住房、土地及人口统计制度。这是自 1958 年国家实行《户口登记条例》以来，我国首次在政策上实施的城乡居民户口身份的统一。

在北京市户籍人口中，非农业人口从 1978 年的 467 万人增长至 2015 年的 1111.3 万人，同期农业人口从 382.6 万人下降至 233.8 万人。1978～2015 年，

① 张英洪：《城乡一体化的根本：破除双重二元结构》，《调研世界》2010 年第 12 期。

北京市户籍人口中非农业人口与农业人口统计，如表3所示。

表3　1978~2015年北京市户籍人口中非农业人口与农业人口统计

单位：万人

年份	非农业人口	农业人口	年份	非农业人口	农业人口
1978	467.0	382.6	1997	722.7	362.9
1979	495.2	375.4	1998	733.6	357.8
1980	510.4	375.3	1999	747.2	352.6
1981	522.6	378.2	2000	760.7	346.8
1982	534.0	383.8	2001	780.2	342.2
1983	547.1	386.0	2002	806.9	329.4
1984	558.1	387.0	2003	830.8	318.0
1985	572.5	385.4	2004	854.7	308.2
1986	586.8	384.4	2005	880.2	300.5
1987	601.0	387.0	2006	905.4	292.2
1988	614.3	387.0	2007	929.0	284.3
1989	630.6	390.5	2008	950.7	279.2
1990	640.2	392.1	2009	971.9	273.9
1991	648.4	391.2	2010	989.5	268.3
1992	656.3	388.6	2011	1013.8	264.2
1993	668.7	382.5	2012	1039.3	258.2
1994	683.8	377.9	2013	1065.0	251.4
1995	696.9	373.5	2014	1089.8	243.6
1996	709.7	368.0	2015	1111.3	233.8

资料来源：《北京统计年鉴2016》，第67页。

对于城市化中的外来人口，北京实行暂住证制度。1986年1月1日，北京市政府出台了《关于暂住人口户口管理的规定》，对外来人口正式实施暂住证制度。1995年6月13日，北京市人民政府以第11号令发布，于同年7月15

日起施行《北京市外地来京人员户籍管理规定》（以下简称《规定》），对外地来京人员实行暂住登记和暂住证制度。暂住证是外地来京人员在本市临时居住的合法证明。对未取得暂住证的外地来京人员，任何单位和个人不得向其出租房屋或者提供经营场所；劳动行政机关不予核发外来人员就业证，工商行政管理机关不予办理营业执照。该《规定》于1997年12月31日，由北京市人民政府以第12号令的方式做了部分修改。1978～2014年，北京市户籍人口中非农业人口与农业人口变化情况，如图3所示。

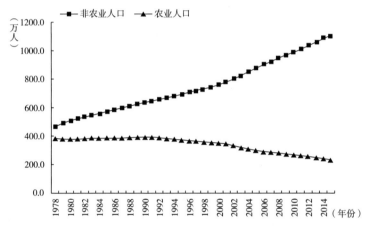

图3 1978～2015年北京市户籍人口中非农业人口与农业人口变化情况
资料来源：《北京统计年鉴2016》，第67页。

2015年10月21日，国务院第109次常务会议通过《居住证暂行条例》（以下简称《条例》），该《条例》自2016年1月1日起施行。该《条例》规定居住证持有人在居住地依法享受劳动就业，参加社会保险，缴存、提取和使用住房公积金的权利。县级以上人民政府及其有关部门应当为居住证持有人提供下列基本公共服务：①义务教育；②基本公共就业服务；③基本公共卫生服务和计划生育服务；④公共文化体育服务；⑤法律援助和其他法律服务；⑥国家规定的其他基本公共服务。居住证持有人在居住地享受下列便利：①按照国家有关规定办理出入境证件；②按照国家有关规定换领、补领居民身份证；③机动车登记；④申领机动车驾驶证；⑤报名参加职业资格考试、申请授予职业资格；⑥办理生育服务登记和其他计划生育证明材料；⑦国家规定的其他便利。该《条例》同时还规定，城区人口500万以上的特大城市和超大城市应当根据城市综合承载能力和经济社会发展需要，以具有合法稳定就业和合法稳定住

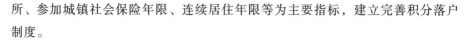

所、参加城镇社会保险年限、连续居住年限等为主要指标，建立完善积分落户制度。

2016年4月26日，北京市人民政府第114次常务会议审议通过了《北京市实施〈居住证暂行条例〉办法》（简称《办法》），自2016年10月1日起施行。该《办法》规定外地户籍来京人员在京居住6个月以上或符合在京有合法稳定就业、合法稳定住所、连续就读条件之一的，可以到居住地的公安派出所或者公安机关委托的来京人员社区登记服务机构申领北京市居住证。北京市居住证是来京人员在京居住、作为常住人口享受基本公共服务和便利、通过积分申请登记常住户口的证明。北京市居住证持有人在京依法享受劳动就业、参加社会保险，缴存、提取和使用住房公积金的权利。

1986~2016年，北京对外地户籍来京人员实行暂住证制度整整30年。数百万外来常住人口虽然告别暂住获得居住证，但从居住证到常住户口，仍然路途遥远。

改革初期，北京市的外来常住人口增长缓慢，1978~1985年，北京每年常住外来人口都在30万人以内。1986年，北京市外来常住人口首次突破50万人，1995年猛然突破100万人，2000年首次突破200万人，此后呈快速增长趋势，2015年达822.6万人，占当年北京市常住人口2170.5万人的37.9%。也就是说，在北京全部常住人口中，不到三个人中就有一个人是外来常住人口。1978~2015年北京市外来常住人口变化统计如表4所示，变化趋势见图4。

表4　1978~2015年北京市外来常住人口变化统计

单位：万人

年份	常住外来人口	年份	常住外来人口
1978	21.8	1997	154.5
1979	26.5	1998	154.1
1980	18.6	1999	157.4
1981	18.4	2000	256.1
1982	17.2	2001	262.8
1983	16.8	2002	286.9
1984	19.8	2003	307.6
1985	23.1	2004	329.8

续表

年份	常住外来人口	年份	常住外来人口
1986	56.8	2005	357.3
1987	59.0	2006	403.4
1988	59.8	2007	462.7
1989	53.9	2008	541.1
1990	53.8	2009	614.2
1991	54.5	2010	704.7
1992	57.1	2011	742.2
1993	60.8	2012	773.8
1994	63.2	2013	802.7
1995	180.8	2014	818.7
1996	181.7	2015	822.6

资料来源：《北京统计年鉴 2016》，第 62 页。

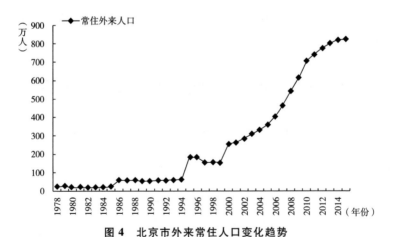

图 4　北京市外来常住人口变化趋势

资料来源：《北京统计年鉴 2016》，第 62 页。

　　国务院公布的《居住证暂行条例》还规定特大城市建立积分落户制度。积分落户是指通过建立指标体系，对每项指标赋予一定分值，总积分达到规定分值的申请人，可申请办理本市常住户口。2016 年 8 月 11 日，北京市人民政府办公厅印发《北京市积分落户管理办法（试行）》（京政办发〔2016〕39

号），规定申请积分落户应同时符合下列条件：①持有本市居住证；②不超过法定退休年龄；③在京连续缴纳社会保险 7 年及以上；④无刑事犯罪记录。积分落户指标体系由合法稳定就业、合法稳定住所以及教育背景、职住区域、创新创业、纳税、疏解行业就业、守法记录、信用记录指标组成。总积分为各项指标的累计得分。

积分落户政策为数百万外来人口获得常住户口提供了一条政策通道，但这与外来常住人口的市民化目标仍然有很大的制度差距。北京市积分落户分值见表 5。

表 5　北京市积分落户分值

序号	指标	说明	分值	数量	得分
①	合法稳定就业指标	每连续缴纳社保满 1 年积 3 分	3	8	24
②	合法稳定住所指标	在自有产权房每连续居住满 1 年积 1 分	1	—	0
		在合法租赁房屋和单位宿舍每连续居住满 1 年积 0.5 分	0.5	8	4
③	教育背景指标	大学专科（含高职）9 分	9	—	0
		大学本科 15 分	15	1	15
		硕士 27 分	27	—	0
		博士 39 分	39	—	0
④	职住区域指标	自本办法实施之日起，居住地由城六区（东城区、西城区、朝阳区、海淀区、丰台区、石景山区）转移到本市其他行政区的申请人，每满 1 年加 2 分，最高加 6 分	2	—	0
		就业地和居住地均由城六区转移到本市其他行政区的申请人，每满 1 年加 4 分，最高加 12 分	4	—	0
		居住地由本市其他行政区转移到城六区的申请人，每满 1 年减 2 分，最高减 6 分	-2	—	0
		就业地和居住地均由本市其他行政区转移到城六区的申请人，每满 1 年减 4 分，最高减 12 分	-4	—	0
⑤	疏解行业就业指标	在区域性专业市场、一般制造业、《北京市工业污染行业、生产工艺调整退出及设备淘汰目录》规定的范围内就业的申请人，就业每满 1 年减 6 分	-6	—	0

序号	指标	说明	分值	数量	得分
⑥	创新创业指标	在国家高新技术企业、中关村高新技术企业就业的申请人，工作每满 1 年加 1 分，最高加 3 分	3	1	3
		在经认定的科技企业孵化器及众创空间中的创业企业就业，且符合一定条件的申请人，工作每满 1 年加 2 分，最高加 6 分	2	—	0
		在经认定的科技企业孵化器及众创空间、技术转移服务机构、相关专业科技服务机构就业，且符合一定条件的申请人，工作每满 1 年加 1 分，最高加 3 分	1	—	0
		在科技、文化领域以及创新创业大赛中获得国家级奖项的加 9 分	9	—	0
		在科技、文化领域以及创新创业大赛中获得本市奖项的加 6 分	6	—	0
⑦	专业技术职务指标	中级专业技术职务加 2 分	2	—	0
		高级专业技术职务加 5 分	5	—	0
⑧	纳税指标	近 3 年连续纳税，且满足以下条件之一的申请人，加 6 分：平均每年工资、薪金以及劳务报酬的个人所得税纳税额在 10 万元及以上；依法登记注册个体工商户，平均每年纳税 15 万元及以上；依法登记注册个人独资企业的投资人、有限责任公司的自然人股东、合伙企业的出资人，根据企业已缴纳的税金，以其出资比例计算纳税额，平均每年纳税 20 万元及以上	6	—	0
		有涉税违法行为记录的个人、企业法人及个体工商户户主，申请积分落户的，每条记录减 12 分	-12	—	0
⑨	信用记录指标	在北京市企业信用信息公示系统中有行政处罚信息、不良司法信息、商品服务质量不合格信息、被列入异常名录或标记为异常状态的企业及个体工商户，对作为其法人代表或户主的申请人，每条记录减 12 分	-12	—	0
⑩	守法记录指标	在本市因违反有关法律被处以行政拘留处罚的申请人，每条行政拘留记录减 30 分	-30	—	0
合计					46

长期以来，北京市的户籍制度改革在全国各地都是最保守的。2016年，北京市先后出台了三项重要的户籍制度改革政策，即《北京市实施〈居住证暂行条例〉办法》《北京市积分落户管理办法（试行）》《北京市人民政府关于进一步推进户籍制度改革的实施意见》，这三项政策基本构建了新时期北京市户籍制度的政策框架体系。不过，城市化进程中土地制度改革的进展则明显滞后。北京市在推进城市化进程中至今仍然沿袭2004年公布的《北京市建设征地补偿安置办法》，该《办法》的一些规定已经很不适应新时期城市化发展的需要。

近些年来，北京市在推进城市化进程中，开展了一系列具有重大影响的城市化试点工作。2009年开展了海淀区北坞村、朝阳区大望京村两个村的城市化建设试点。此后，北京市在海淀区北坞村、朝阳区大望京村两个村的城市化建设试点的基础上，又轰轰烈烈地开展了城乡接合部50个重点村城市化改造工程。从2010年2月26日，北京市委市政府召开北京市城乡接合部建设动员大会，到2012年3月2日北京市委市政府召开北京市城乡接合部建设总结表彰大会，在整整两年时间里，北京市基本完成了城乡接合部50个重点村城市化建设任务。

50个重点村涉及9个区、33个乡镇（街道）、108个自然村，村域面积85.3平方公里，涉及户籍人口21.4万人，流动人口100多万人。在两年内基本完成的50个重点村旧村拆除工作中，共拆除面积2530万平方米，其中拆除住宅产权院37590个，面积1290万平方米，拆除非住宅单位4337个，面积1240万平方米。50个重点村建设共需资金约2016亿元，其中住宅拆除补偿总费用约687亿元，非住宅拆迁总费用约246亿元，回迁房建设总费用约315亿元，征地费用约530亿元（含整建制转居307亿元），其他费用约238亿元。

50个重点村城市化改造虽然取得了很大成绩，极大改变了城中村的面貌，推进了城市化和城乡一体化进展，但其花费巨大，体制改革成果不多，重大决策缺乏地方立法确认与保障，尤其是没有取得能够指导其他城中村改造的制度性成果。

2014年10月23日，中共十八届四中全会通过了《中共中央关于全面推进依法治国若干重大问题的决定》，提出实现立法与改革决策相衔接，做到重大改革于法有据、立法主动适应改革和经济社会发展的需要。[①] 2014年12月2日，习近平总书记主持召开中央全面深化改革领导小组第七次会议，审议通过

---

① 《中共中央关于全面推进依法治国若干重大问题的决定》，人民出版社，2014，第15页。

了《关于农村土地征收、集体经营性建设用地入市、宅基地制度改革试点工作的意见》。2015年1月，中共中央办公厅、国务院办公厅联合发布了《关于农村土地征收、集体经营性建设用地入市、宅基地制度改革试点工作的意见》。这是继党的十八大以来我国新一轮土地制度改革试点的重大举措。

2015年2月27日，第十二届全国人民代表大会常务委员会第十三次会议决定：授权国务院在北京市大兴区等33个试点县（市、区）行政区域，暂时调整实施《中华人民共和国土地管理法》《中华人民共和国城市房地产管理法》中关于农村土地征收、集体经营性建设用地入市、宅基地管理制度的有关规定（见表6）。上述调整在2017年12月31日前试行。

表6　授权国务院在北京市大兴区等33个试点县（市、区）

行政区域暂时调整实施有关法律规定目录

序号	法律名称	法律规定	调整内容
①	《中华人民共和国土地管理法》	第43条第1款：任何单位和个人进行建设，需要使用土地的，必须依法申请使用国有土地；但是，兴办乡镇企业和村民建设住宅经依法批准使用本集体经济组织农民集体所有的土地的，或者乡（镇）村公共设施和公益事业建设经依法批准使用农民集体所有的土地的除外。 第63条：农民集体所有的土地的使用权不得出让、转让或者出租用于非农业建设；但是，符合土地利用总体规划并依法取得建设用地的企业，因破产、兼并等情形致使土地使用权依法发生转移的除外	暂时调整实施集体建设用地使用权不得出让等的规定。在符合规划、用途管制和依法取得的前提下，允许存量农村集体经营性建设用地使用权出让、租赁、入股，实行与国有建设用地使用权同等入市、同权同价
	《中华人民共和国城市房地产管理法》	第9条：城市规划区内的集体所有的土地，经依法征收转为国有土地后，该幅国有土地的使用权方可有偿出让	
②	《中华人民共和国土地管理法》	第44条第3款、第4款：在土地利用总体规划确定的城市和村庄、集镇建设用地规模范围内，为实施该规划而将农用地转为建设用地的，按土地利用年度计划分批次由原批准土地利用总体规划的机关批准。在已批准的农用地转用范围内，具体建设项目用地可以由市、县人民政府批准。 本条第2款、第3款规定以外的建设项目占用土地，涉及农用地转为建设用地的，由省、自治区、直辖市人民政府批准 第62条第3款：农村村民住宅用地，经乡（镇）人民政府审核，由县级人民政府批准；其中，涉及占用农用地的，依照本法第44条的规定办理审批手续	暂时调整实施宅基地审批权限的规定。使用存量建设用地的，下放至乡（镇）人民政府审批；使用新增建设用地的，下放至县级人民政府审批

续表

序号	法律名称	法律规定	调整内容
③	《中华人民共和国土地管理法》	第47条第1款至第4款、第6款：征收土地的，按照被征收土地的原用途给予补偿。 征收耕地的补偿费用包括土地补偿费、安置补助费以及地上附着物和青苗的补偿费。征收耕地的土地补偿费，为该耕地被征收前三年平均年产值的六至十倍。征收耕地的安置补助费，按照需要安置的农业人口数计算。需要安置的农业人口数，按照被征收的耕地数量除以征地前被征收单位平均每人占有耕地的数量计算。每一个需要安置的农业人口的安置补助费标准，为该耕地被征收前三年平均年产值的四至六倍。但是，每公顷被征收耕地的安置补助费，最高不得超过被征收前三年平均年产值的十五倍。 征收其他土地的土地补偿费和安置补助费标准，由省、自治区、直辖市参照征收耕地的土地补偿费和安置补助费的标准规定。 被征收土地上的附着物和青苗的补偿标准，由省、自治区、直辖市规定。 依照本条第二款的规定支付土地补偿费和安置补助费，尚不能使需要安置的农民保持原有生活水平的，经省、自治区、直辖市人民政府批准，可以增加安置补助费。但是，土地补偿费和安置补助费的总和不得超过土地被征收前三年平均年产值的三十倍	暂时调整实施征收集体土地补偿的规定。综合考虑土地用途和区位、经济发展水平、人均收入等情况，合理确定土地征收补偿标准，安排被征地农民住房、社会保障；加大就业培训力度，符合条件的被征地农民全部纳入养老、医疗等城镇社会保障体系；有条件的地方可采取留地、留物业等多种方式，由农村集体经济组织经营

北京市大兴区位列33个试点县（市、区）之首，开展农村集体经营性建设用地入市试点。

2015年12月27日，第十二届全国人民代表大会常务委员会第十八次会议决定：授权国务院在北京市大兴区等232个试点县（市、区）行政区域，暂时调整实施《中华人民共和国物权法》《中华人民共和国担保法》关于集体所有的耕地使用权不得抵押的规定；在天津市蓟县等59个试点县（市、区）行政区域暂时调整实施《中华人民共和国物权法》《中华人民共和国担保法》关于集体所有的宅基地使用权不得抵押的规定（见表7）。上述调整在2017年12月31日前试行。

北京市大兴区等232个试点县（市、区）开展农村承包土地的经营权抵押贷款试点；天津市蓟县等59个试点县（市、区）开展农民住房财产权抵押贷款试点。

表7　授权国务院在北京市大兴区等 232 个试点县（市、区）、天津市蓟县等 59 个试点县（市、区）行政区域分别暂时调整实施有关法律规定目录

法律名称	法律规定	内容
《中华人民共和国物权法》	第 184 条："下列财产不得抵押： （一）土地所有权； （二）耕地、宅基地、自留地、自留山等集体所有的土地使用权，但法律规定可以抵押的除外； （三）学校、幼儿园、医院等以公益为目的的事业单位、社会团体的教育设施、医疗卫生设施和其他社会公益设施； （四）所有权、使用权不明或者有争议的财产； （五）依法被查封、扣押、监管的财产； （六）法律、行政法规规定不得抵押的其他财产"	暂时调整实施集体所有的耕地使用权、宅基地使用权不得抵押的规定。在防范风险、遵守有关法律法规和农村土地制度改革等政策的基础上，赋予农村承包土地（指耕地）的经营权和农民住房财产权（含宅基地使用权）抵押融资功能，在农村承包土地的经营权抵押贷款试点地区，允许以农村承包土地的经营权抵押贷款；在农民住房财产权抵押贷款试点地区，允许以农民住房财产权抵押贷款
《中华人民共和国担保法》	第 37 条："下列财产不得抵押： （一）土地所有权； （二）耕地、宅基地、自留地、自留山等集体所有的土地使用权，但本法第三十四条第（五）项、第三十六条第三款规定的除外； （三）学校、幼儿园、医院等以公益为目的的事业单位、社会团体的教育设施、医疗卫生设施和其他社会公益设施； （四）所有权、使用权不明或者有争议的财产； （五）依法被查封、扣押、监管的财产； （六）依法规定不得抵押的其他财产"	

与以往的改革试点方式不同，全国人大常委会上述的两个授权决定，是我国首次将改革试点工作纳入立法轨道的重大标志性事件。北京市大兴区成为全国农村集体建设用地入市试点、农村承包土地的经营权抵押贷款试点地区，这也成为北京市依法推进改革试点的地区。

与全国一些地区类似，北京在推进城市化进程中，一些地方也不同程度地存在强征、强拆问题。2010 年 6 月 1 日，北京市施行的《关于建立制止和查处违法用地违法建设联动工作机制的意见》规定，区县政府和乡镇政府可以直接强制拆除所谓的违法建筑，不再经由法院裁决。同时，要求水电气热等市政公用服务单位不得向违建提供服务。①

---

① 《北京区县政府可直接强拆违建可不经过法院裁决》，新华网，http://news.xinhuanet.com/politics/2010-06/12/c_ 12212618.htm。

三 推进法治城市化的思考与建议

美国法学家埃德加·博登海默说过:"法律是人类最大的发明,别的发明使人类学会了驾驭自然,而法律让人类学会了如何驾驭自己。"2014 年 10 月,党的十八届四中全会通过的《中共中央关于全面推进依法治国若干重大问题的决定》,对建设法治中国进行了全面部署安排。2014 年 12 月,中国共产党北京市第十一届委员会第六次全体会议审议通过了《中共北京市委关于贯彻落实党的十八届四中全会精神全面推进法治建设的意见》,提出了要建设法治中国首善之区的目标。《汉书·儒林传序》云:"故教化之行也,建首善,自京师始。"所谓首善之区,就是社会治理最好的地方。《中共北京市委关于贯彻落实党的十八届四中全会精神全面推进法治建设的意见》对建设法治中国的首善之区进行了全面部署,内容十分丰富,任务相当繁重。在全面依法治国的背景下,必须加快法治政府建设,将城市化纳入法治的轨道,以法治思维和法治的方式推进城市化建设,在城市化进程中规范和约束公权力,尊重和保障公民权利,维护社会公平正义,促进社会文明进步。法治城市化是新型城市化的基本特征和重要内容,也是国家治理现代化的根本要求和重要体现。背离法治的城市化,既谈不上新型城市化,也谈不上国家治理现代化。

(一) 把政府和领导带头守法作为头等大事

人类走向文明经过了三次跨越式的飞跃,第一次飞跃是人类实现对自然界凶猛野兽的驯服,从而使人类在丛林法则的残酷竞争中生存下来。第二次飞跃是人类实现对社会共同体成员中的普罗大众即老百姓的驯服,从而使人类社会建立了基本的公共秩序。第三次飞跃是人类实现对社会共同体成员中的关键少数即当权者的驯服。只有实现对当权者的驯服,人类社会才能跨越贪权作恶的人性陷阱,跳出官民对立的历史性怪圈。在法治中国建设中,核心任务是实现对公共权力的驯服。习近平总书记在中国历史上第一次明确提出"将权力关进制度的笼子里",开启了中国迈向现代政治文明的新征程。

在城市化进程中,严重的社会问题是政府不守法,甚至带头违法。建设法治中国首善之区,必须抓住两个关键,一是在全社会中要抓住各级政府带头守法这个关键点,二是在全体党员干部中要抓住各级领导干部带头守法这个关键少数。将权力关进制度的笼子里,就是要让政府守法,建设法治政府。没有法治政府，就不可能有法治城市化。推进法治城市化，必须建设法治政府。建设法治政府的难点和重点就在于各级政府和各级领导要带头守法。

古人说过："治国者必先受制于法。"我国自古就有"以吏为师"的传统。孔子说过："政者，正也。子帅以正，孰敢不正？"按照孔子的说法，我们完全可以说，只要政府和领导带头守法了，谁还不愿意守法呢？孔子还说过："君子之德风，小人之德草，草上之风，必偃。"就是说：政府和领导好比风，百姓好像草，只要风吹草，草必顺风倒。只要政府和领导守法践行法治，老百姓必然上行下效，社会的治理必然实现孔子所说的"子欲善而民善矣"的目标。国务院原副总理、全国人大常委会原副委员长田纪云认为："决不可把法治只看做治民的工具，是用来对付老百姓的，只想让老百姓守法，自己却可以不受法律的约束，甚至任意胡为。依法治国重在依法治权、依法治官，而不是治老百姓。"只有政府和领导带头转变人治观念，树立法治意识，弘扬法治精神，主动以法治思维和法治方式推动工作，全社会的法治意识就会明显增强。建设法治中国的难点在政府和领导，关键在政府和领导。必须把政府和领导带头守法作为法治中国首善之区建设的头等大事，进行部署安排。

一是加强对各级党员干部的法治培训。各级党校、行政学院要把对领导干部的法治培训教育作为重要内容。要将法治纳入国民教育体系，培养全体国民的法治素养。

二是要加强有关城市化方面的立法工作，按照法治原则修订已有的法律法规。当前的重点是要全面修订《北京市建设征地补偿安置办法》（北京市人民政府令第148号），改革征地制度，坚持只有公共利益的需要才能征地的原则，其他经营性建设需要土地的，通过市场协商渠道租用农民土地，将农民集体建设用地入市试点成果上升成为政策制度。取消凡征必转的规定，停止办理农转居。户籍制度改革后取消农业户籍与非农业户籍的划分，农民也是居民，不必办理农民转居民的手续。着力推进城乡基本公共服务均等化，实现城镇常住人口基本公共服务全覆盖。建议借鉴台湾地区的经验，加强城中村改造方面的地方立法，制定城中村改造条例或办法，将城中村改造纳入法治轨道，使城中村改造有法可依，实现政府、社会与城乡居民的共赢。

三是要处理好政府与市场、政府与社会的关系。要划分政府、市场、社会的边界，特别是要改变政府过度侵占市场、干预市场、侵占社会、干预社会的局面，从制度上明确政府、市场、社会的活动范围与责任，把该由市场办的事还给市场，该由社会办的事还给社会，政府全力做好法定职责范围内的公共事务。一方面要建立健全城乡统一的土地市场，改变长期以来政府以行政方式配置土地资源的状况，真正将中共十八届三中全会确定的让市场在资源配置中发挥决定性作用的重大原则应用于城乡土地领域。另一方面要支持和促进社会组织的全面发展，激发社会的活力。

四是要及时纠正和严格处理政府和领导干部的违法犯罪行为。对城市化进程中的政府和领导干部侵害企业、农村集体经济组织、城乡居民财产权利和人身权利的违法犯罪行为，要坚决予以纠正并严格追究相应的法律责任。动员千遍不如问责一次。要像强力反腐败一样反侵权，使政府各部门和领导干部不敢侵权、不能侵权、不想侵权。

（二）理性认识和对待权力与资本

权力与资本是影响城市化公正发展，以及左右城乡居民命运的两种超级力量。在如何认识和对待权力与资本上，我们还存在许多认识上和实践上的误区，从而使城市化发展面临许多矛盾和问题。在城市化进程中，如果我们不能正确地认识和对待权力，就可能造成社会的无序与混乱，损害公民的基本权利。

在如何对待权力上，有三种基本的认识和态度，一是消灭权力的无政府主义的观点，二是迷信权力的国家主义观点，三是驯服权力的现代法治主义。既然公权力不能消灭，也不能迷信，那么唯一现实和理性的选择，就是驯服权力，建设现代法治国家。罗素曾说过，除非权力能被驯服，否则世界是没有希望的。习总书记也明确提出要把权力关进制度的笼子里。在城市化进程中，一个重要方面，就是要处理好维权与维稳的关系。2014 年 1 月 7 日，习近平总书记在中央政法工作会议上的讲话中明确指出："维权是维稳的基础，维稳的实质是维权。"这是正确处理维稳与维权关系的科学论断，必须成为各级各部门做好维稳和维权工作的根本原则。北京在建设法治中国首善之区工作中，必须贯彻落实习总书记的法治思想，在做好维稳和维权关系上做出表率、成为标杆。党的十八大以来，中央强力反腐，推进全面从严治党，一大批侵害老百姓基本权利的腐败分子落马，使实现把权力关进制度的笼子里的治理目标取得了新的重大进展。下一步，应当按照全面从严治党与全面依法治国的要求，加强以政治文明建设为取向的现代国家制度建设，将公共权力全面纳入法治的轨道，实现良法善治。

在如何对待资本上，也有三种基本的认识和态度，一是消灭资本，这就是传统共产主义的理论学说。马克思的《资本论》对原始资本主义进行了最彻底的批判。20 世纪 50 年代，我国根据马克思主义理论进行社会主义改造，公权力与人民群众结盟，彻底消灭了资本主义。但客观地说，将资本消灭了，当然就不存在资本主义的种种弊端了，但也产生了其他问题。二是崇拜资本，放纵资本的横行。这就造成了原始资本主义的泛滥成灾。地方公权力不是为人民服务，而是为资本服务，民众则饱受资本横行和权力滥用之苦。三是驾驭资本。既然资本不能消灭，同时也不能崇拜和放纵，那么现实的理性选择就是在法治的框架内，驾驭资本，节制资本，发掘资本在经济社会发展中的积极作用，同时抑制资本的危害。对于资本的贪婪，马克思已有非常深刻的分析："一旦有适当的利润，资本就胆大起来。如果有 10%的利润，它就保证到处被使用；有 20%的利润，它就活跃起来；有 50%的利润，它就铤而走险；为了 100%的利润，它就敢践踏一切人间法律；有 300%的利润，它就敢犯任何罪行，甚至冒绞首的危险。"① 我们既要看到市场经济对计划经济的取代与超越，也要看到市场经济发展中所产生的新问题新矛盾。应当借鉴《资本论》对资本的批判精神，加强对资本的驾驭，着力建设"法治的市场经济"。

一是要坚持政府的公共性和中立性定位。政府是代表全社会利益的公共机构，必须坚持依法行政，在各个组织和个人之间要保持中立性和公平性，不能偏袒任何组织与个人，以防止损害社会公义。必须处理好政府与资本、政府与民众的关系，政府要在资本与民众关系上保持公正，依法维护资本与民众的基本权益，特别是要剪断官商勾结的利益链条，防止资本依赖政府撑腰损害民众基本权益的现象出现。

二是取消土地财政，建立健全土地税制。在土地财政中，政府成为从土地中获取巨额利益的牟利型当事人，这严重扭曲了政府的职能和定位。要从根本上改变政府一手征地、一手卖地的不当做法，取消土地财政，建立健全土地税制，政府只能通过法定税收获得财政收入，而不能通过经营土地牟利。

三是全面加强制度建设，将权力与资本纳入法治运行的轨道，加强对权力与资本的制约和监督。不受制约的权力，必然导致腐败；不受约束的资本，必然导致贪婪无底线。如任由权力任性和资本放纵，民众的权益和社会的公序良俗都将遭受严重侵害。制度建设要围绕制约权力、驾驭资本，加强各个层级的法治建设和道德建设。

---

① 马克思：《资本论》第 1 卷，人民出版社，1975，第 829 页脚注。

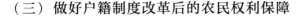

（三）做好户籍制度改革后的农民权利保障

城乡统一的户籍制度改革后，最现实的问题是，我们将怎样识别农民？如何维护和发展农民权利？这是一个需要进一步理清和回答的现实问题。

一是要区分身份和职业。现在推进户籍制度改革，取消农业户口和非农业户口的划分，指的是取消了农民的户籍身份，而不是取消了农业这种职业。只要存在农业这种产业，就会有从事农业这种职业的农民。在现代社会，由于分工越来越细，社会可以有千差万别的各种不同的职业，但每个人都拥有一个共同的身份，那就是中国的公民。户籍制度改革后，不是没有农民了，而是不再有农业户口了。作为职业农民，与其他所有社会阶层一样，都应当享有宪法和法律赋予的平等的公民基本权利。

二是要弄清三种不同形态的农民。户籍制度改革后，我国事实上存在三种不同形态的农民：一是作为集体经济组织的成员，拥有土地承包经营权的农民，可以称为土地承包型农民，这是取得农村土地承包经营权资格的原初农民。土地承包型的原初农民都是拥有农业户口的农民。二是随着承包权与经营权的分离，通过流转承包土地的方式而从事农业生产经营的农民，这可称为土地流转型农民。土地流转型农民主要从土地承包型农民手中流转土地进行农业生产经营活动。近些年来，一些非农业户口的人通过土地流转加入了农业生产的大军，成为新农民。三是为农业生产的产前、产中、产后各环节提供社会化服务的人员，这些人员有传统农业户口的农民，也有非传统农业户口的人员，但他们都属于农业这个大产业的从业人员，暂且称为社会服务型农民。据有的专家研究，美国农业人口占全国人口的 2%，而为农业服务的服务业人口在全国人口中的比重为 17% ~ 20%，平均一个农民有 8 ~ 10 人为其服务。随着我国农业现代化的推进和三次产业的融合发展，为农业提供各种社会化服务的从业人员将不断增加。这三种从事农业生产和服务的人员，就是我国农业现代化进程中不同形态的新型职业农民群体。

三是要加快实现城乡基本公共服务均等化。取消农业户口与非农业户口的区分，统一登记为"居民户口"，不能只在农民的户口登记簿上做些文字上的更改，而是要弥补农民社会保障等基本公共服务的短板，实现城乡基本公共服务的一体化和均等化。党的十六大以来，我国农村基本公共服务体系逐步建立起来，农民告别了没有社会保障的历史。但与城镇居民相比，农民享有的基本公共服务水平还比较低，城乡基本公共服务的差距还比较大。2015 年，北京市城乡居民低保标准实现了并轨，这是朝着城乡基本公共服务均等化方向迈出了重要的一步。与建立城乡统一的居民户口制度相适应，各级政府需要加快建立城乡统一的社会保障等基本公共服务制度，尽快实现城乡居民公平享有均等的基本公共服务。当前，重点是要完善公共财政制度和社会保障制度，要将提高农村居民享有社会保障等基本公共服务水平作为优化财政支出结构的重要内容。特别是要结合中央"反四风"的积极成果，将各级各部门节省下来的"三公"经费更多地用于农村民生支出，大幅度提高农村居民享有医疗保障、养老保障、社会福利等基本公共服务的水平。要大力加强基本公共服务方面的立法建设，将城乡居民平等享有基本公共服务纳入法治的轨道。

四是要全面深化农村集体产权制度改革。土地承包经营权和宅基地使用权是法律赋予农户的用益物权，集体收益分配权是农民作为集体经济组织成员应当享有的合法财产权利。现阶段，不得以退出土地承包经营权、宅基地使用权、集体收益分配权作为农民进城落户的条件。推进农村集体经济产权制度改革，加强农村集体资产监督管理，维护集体经济组织和成员的合法权益。建立城乡统一的居民户口制度，只是在户籍身份上实现了城乡居民的平等，至于农民原本享有的农村集体财产权利，如土地承包经营权、宅基地使用权、集体收益分配权、林权等，不因户籍制度的改革而受影响。一句话，户籍制度改革只是取消了农民的户籍身份，并不取消农民的财产权利。但各级政府要适应城乡统一居民户口制度建立的新形势，全面推进和深化农村集体产权制度改革。农村集体产权制度改革的核心要义是，确定农村集体经济组织的成员身份，明确集体经济组织的成员权利，保障集体经济组织成员的财产权利。在户籍改革中，既要防止一些地方借统一城乡户口之名，剥夺农民应当享有的土地承包经营权、宅基地使用权、集体收益分配权等财产权利，也要防止非集体经济组织成员借机掠夺或参与瓜分集体财产权利。应当借鉴长三角、珠三角、京津等经济发达地区探索开展农村集体产权制度改革的基本经验，从国家层面加强对全国深化农村集体产权制度改革的指导、部署和安排。当前和今后的一个时期内，土地承包权、宅基地使用权、集体收益分配权等财产权利，只有集体经济组织成员才能享有。建立城乡统一的居民户口制度，不应影响作为集体经济组织成员的农民所享有的各项集体财产权利，但户籍制度改革将倒逼农村集体产权制度改革全面推进。

五是要建立新的人口统计制度和强农惠农富农政策。建立城乡统一的居民户口制度后，原来以农业户口和非农业户口为指标类别的统计制度已失去意义，应当废止。新的人口统计制度应当有三方面的重点内容。其一是坚持以常住人口的居住生活为基本依据，进行城镇人口和农村人口的统计，住在农村的人并不一定都是农民。其二是加强对农业从业人口的统计，将农业从业人员作为支持现代农业发展的重要指标，同时要加强从事农业服务人员的统计工作。其三是创新集体经济组织成员或股东的统计工作。统计农村集体经济组织成员或股东，与统计农业从业人员同样重要。特别是随着农村集体产权制度改革的推进，广大农民作为集体经济组织的成员身份将进一步明确和界定下来，他们作为集体经济组织的成员或股东的权利义务将日益凸显。与此同时，强农惠农富农政策需要作相应的调整与完善。以农业户口为依据，实施强农惠农富农政策已经不合时宜，在城乡统一居民户口制度后，应当以土地承包型农民、土地流转型农民、社会服务型农民为依据，完善相关强农惠农富农政策，实施对"三农"的精准扶持。

各级人大及其常委会，要按照法治中国建设的总要求，切实转变思想观念和工作方式，特别是要改变过去那种以政府工作的方式开展人大工作的做法，全面实施宪法赋予的立法权、重大事项决定权、人事任免权、监督权等职权，坚持法定职责必须为，大力加强有利于维护和发展公民权利、实现城乡发展一体化方面的法制建设。在全国 31 个省份全部取消农业户口和非农业户口后，1958 年 1 月 9 日全国人民代表大会常务委员会第 91 次会议通过的《中华人民共和国户口登记条例》已名存实亡，全国人大常委会应当尽快予以废止，同时制定新的、体现现代法治精神的户籍法，保障公民的居住权和迁徙自由权。

（四）实现外来常住人口市民化

北京的常住人口中，有 1/3 以上的人口是没有北京市户籍身份的外来常住人口。2016 年以前，外来常住人口须办理暂住证。2016 年 1 月 1 日施行的《居住证暂行条例》规定居住证持有人在居住地依法享有劳动就业、参加社会保险，缴存、提取和使用住房公积金的权利，并要求县级以上人民政府及其有关部门应当为居住证持有人提供义务教育、基本公共就业服务、基本公共卫生服务和计划生育服务、公共文化体育服务、法律援助和其他法律服务、国家规定的其他基本公共服务以及办理出入境证件、换领或补办居民身份证、机动车登记、申请机动车驾驶证、报名参加职业资格考试和申请授予职业资格、办理生育服务登记和其他计划生育证明材料、国家规定的其他便利。

2016 年 10 月 1 日起施行的《北京市实施〈居住证暂行条例〉办法》规定本市按照国家要求根据城市综合承载能力和经济社会发展需要，以具有合法稳定就业和合法稳定住所、参加城镇社会保险年限、连续居住年限等为主要指标，建立积分落户制度。2017 年 1 月 1 日起施行的《北京市积分落户管理办法（试行）》规定申请积分落户应同时符合下列条件：①持有本市居住证；②不超过法定退休年龄；③在京连续缴纳社会保险 7 年及以上；④无刑事犯罪记录。但有多少外来常住人口能够落户成为正式市民，还是个未知数。

从严控制人口一直是北京市户籍管理的总基调。可以说，不管是在计划经济时期，还是市场化改革以来，北京都是全国户籍控制最严格的城市。常住外来人口不能取得所在城市的户籍身份，不能公平享有所在城市的基本公共服务，这是传统城市化的重大制度性弊端。党的十八大以来，党和国家明确提出要走以人为核心的新型城镇化道路，把推进农业转移人口市民化、常住人口市民化作为新型城镇化的首要目标。2014 年 7 月，《国务院关于进一步推进户籍制度改革的意见》中明确提出，要促进有能力在城镇稳定就业和生活的常住人口有序实现市民化，推进城镇基本公共服务常住人口全覆盖。积分落户作为特大城市和超大城市户籍制度改革的过渡形式，在改革方向和价值定位上，应当体现以人为本的新型城镇化的总要求。

北京市积分落户政策既严于《国务院关于进一步推进户籍制度改革的意见》对积分落户政策的条件规定，也严于上海、广州、深圳等特大城市的积分落户政策，被称为"史上最严、门槛最高"的积分落户政策。

目前尚不清楚北京市每年给予积分落户多少名额指标。从广州的积分落户实践来看，2014 年，广州市常住外来人口通过积分落户的名额指标只有 3000 人。照此积分落户速度，100 年也只能解决 30 万人的外来常住人口落户。这种积分落户，对于促进常住人口市民化，只是杯水车薪。

不能把积分落户简单地当作城市人口控制管理的新手段，而应当将之作为特大城市促进常住人口市民化的政策创新。一方面，要处理好严格控制人口规模与切实保障公民权利的关系。目前，北京正面临有序疏解非首都功能、治理"大城市病"的重大压力和战略任务。表面上看，北京的"大城市病"是人口太多引起的，实质上是城市规划滞后、经济发展方式粗放、产业布局和公共资源高度集中等深层次原因造成的。但传统的城市治理思维和方式就是简单地排斥外来人口，以限制外来人口及公民权利来谋求城市的治理，而这恰恰是现代城市治理的诟病。北京现有 800 多万人的常住外来人口，即使没有获得北京户口，他们毅然一如既往地在北京就业和生活，只是因为没有落户未能公平地享受到基本的公共服务，他们的公民权利在这座城市未能得到充分实现。积分落户既可以作为控制外来人口的政策闸门，也可以作为促进外来人口市民化的政策通道。这取决于积分落户的定位，也将决定积分落户的价值所在。

另一方面，要处理好吸引高素质人才与尊重普通劳动者的关系。目前的积分落户条件明显倾向于选拔高素质优秀人才，排斥学历不高、年龄较大的普通劳动者。其实，城市不是科研院所等专业机构，只向具有高学历的专业人士开放。城市首先是人们居住和生活的地方。任何一座城市都是由各种各样的人群组成的，人群的多样性和包容性正是城市的自然特征，也是城市生活丰富多彩、有序运转的基础和保障。单一的高素质人才只集中于一些科研机构而不是一座城市——即使是高素质人才高度集中的科研机构，也离不开一定比例的普通人员为其提供相应的服务保障。如果我们以科研机构选拔高素质人才的思维和方式去选拔一座城市的外来人口，将现代社会治理中的人口登记管理功能异化为人才择优选拔功能，这不是深化户籍制度改革，而是给传统户籍制度提供还魂的新土壤。

在实现外来常住人口市民化上，要特别重视保护家庭，彻底改变长期以来破坏家庭的传统城市化模式，走保护家庭的新型城市化道路。在理念层面，必须高度认识和重视家庭的价值。社会学认为家庭是人类最古老、最基本的社会制度，家庭既是人最初的诞生地，也是人最后的避风港和歇息地。生活在地球上的每一个国家，不管是东方还是西方，不管是何种肤色，不管是哪种信仰，不管是发达国家还是发展中国家，不管是说英语的人还是说汉语的人，不管是所谓的资本主义国家还是社会主义国家，虽然有不同甚至冲突，但每一个国家的人们都自然而然地组成了家庭。家庭是人类自生自发演变而来的最符合天道自然的秩序和制度。家庭是情和爱的高地，是种族的繁衍室，是生活的自然所在，是安全和文明的堡垒。保护家庭就是保护情和爱，就是保护我们的未来，就是捍卫人类的文明。

在制度层面，必须改变一切破坏家庭的政策法律，建立保护家庭的法律制度。首先，要坚决改变城乡二元体制，允许和鼓励城乡居民实现家庭式的自由迁徙。要尽快实现城乡基本公共服务的均等化，以及全国范围内社保的自由转移接续，为保障农民的家庭式迁移提供制度通道和保障。各项社会制度都要体现全国统一、开放、平等与公正，这样才能确保公民自由迁移的权利，才能保障家庭不被制度割裂。其次，要制定家庭保护法律法规，从法律上明确保护家庭的各项具体规定，对破坏家庭的行为要依法予以惩处。最后，要建立普惠型的家庭教育福利制度，要尽快建立家庭教育福利、生育福利、妇女福利、儿童福利、老人福利等各项家庭教育以及福利保障制度。特别是要将"反四风"取得的重大成果与优化财政支出结构结合起来，将"反四风"节省下来的公共财政资金用于加大教育投入和社会保障制度建设，全面提高家庭福利保障水平。

在行动层面，各级领导干部特别是政治领导人以实际言行重视家庭显得非常关键。中国人讲究上行下效，一级做给一级看。习近平主席以自己的言行为中国当代政治生态树立了一个新标杆。中国人重视"修齐治平"。如果政治领导人不重视家庭，甚至带头破坏家庭，那么社会的道德秩序就会很快沦陷。在西方发达国家，政治公众人物如果有不重视家庭的现象被发现，其仕途将面临被中止的重大危机。有重视家庭历史传统的中国，更应当将重视和维护家庭提上重要日程。组织部门应当将维护和重视家庭作为选拔任用领导干部的重要依据。此外，我们要允许和鼓励公民依法建立各类保护家庭的社会组织，充分激发社会的活力，调动社会保护家庭的积极功能。

（五）制止和消除城市化中的违法犯罪现象

由于国家治理体系和治理能力的滞后，一些地方政府在推进城市化进程中，任性地使用公权力，暴力强征强拆，严重侵害了城乡居民的财产权利和人身权利，出现了一些违法犯罪现象，这是传统城市化最让人揪心的社会政治问题。

2011 年 1 月，国务院发布《国有土地上房屋征收与补偿条例》第 30 条规定："市、县级人民政府及房屋征收部门的工作人员……构成犯罪的，依法追究刑事责任。"第 31 条规定："采取暴力、威胁或者违反规定中断供水、供热、供气、供电和道路通行等非法方式迫使被征收人搬迁，造成损失的，依法承担赔偿责任；对直接负责的主管人员和其他直接责任人员，构成犯罪的，依法追究刑事责任。"中央纪委、监察部也曾发出通知，要求各级纪检监察机关切实加强对征地拆迁政策规定执行情况的监督检查，坚决制止和纠正违法违规强制征地拆迁行为，并明确在土地管理法等法律法规修订之前，集体土地上房屋拆迁，参照《国有土地上房屋征收与补偿条例》的精神执行。

在侵犯财产罪上，《刑法》第 275 条规定："故意毁坏公私财物，数额较大或者有其他严重情节的，处三年以下有限徒刑、拘役或者罚金；数额巨大或者有其他严重情节的，处三年以上七年以下有期徒刑。"在侵犯人身权利罪上，《刑法》第 233 条规定："过失致人死亡的，处三年以上七年以下有期徒刑；情节较轻的，处三年以下有期徒刑。"《刑法》第 234 条规定："故意伤害他人身体的，处处三年以下有期徒刑、拘役或者管制。犯前款罪，致人重伤的，处三年以上十年以下有期徒刑；致人死亡或者以特别残忍手段致人重伤造成严重残疾的，处十年以上有期徒刑、无期徒刑或者死刑。"

刑法对侵犯人身权利罪和财产权利罪都做了明确规定，但长期以来各地非法强拆现象屡禁不止。法律的生命力在于实施，法律的权威也在于实施。如果公民在基本权利遭受严重侵犯之时，法律不能及时公开站出来保障公民权利，那么，不仅是法律，甚至整个国家，在公民心中的地位就会自然坍塌。

针对城市化进程中的一些地方暴力强拆式违法犯罪，不但要依法追究直接责任人和相关责任人的党纪政纪责任，而且要依法追究其刑事责任；不但要依法追究侵权者的个人刑事责任，而且要依法追究侵权单位的刑事责任。建议对刑法进行修订，进一步明确包括地方政府在内的任何组织和个人，侵犯公民私有财产权和人身权利的罪名，可以根据城市化中的普遍性问题，设立强征土地罪、强拆住宅罪。同时，要大力加强刑法的实施，使任何侵犯公民财产权利和人身权利的犯罪行为都必须受到法律的追究。习近平总书记指出："如果不努力让人民群众在每一个司法案件中都感受到公平正义，人民群众就不会相信政法机关，从而也不会相信党和政府。"

古今中外，保护产权都是国家繁荣、社会安定、百姓幸福的不二法门。孟子云："民之为道也，有恒产者有恒心，无恒产者无恒心。"2016 年 11 月 27 日，中共中央、国务院联合发布《关于完善产权保护制度依法保护产权的意见》，这是我国首次以中央的名义出台产权保护的顶层设计政策，该文件从 11 个方面对完善产权保护制度、推进产权保护法治化进行了全面部署，这是推进国家治理体系和治理能力现代化的重要举措。没有产权保护，就不可能有国家治理的现代化，也不可能有社会的文明进步。保护产权是各级政府的重大职责。提供完备的产权保护，是各级政府应当提供的最重要的社会公共产品。各级政府必须摆脱利益集团的干扰，切实担负起保护产权的历史使命。当务之急就是国家要下决心治理各地的暴力强拆运动，严格追究一些地方当政者侵犯老百姓私有产权的法律责任。

在法治中国的大背景下推进新型城镇化，应当让广大老百姓在城镇化进程中享有基本的权利和尊严，而不是失去家园和生命。当前，要把保护产权和人权作为法治中国建设的主线，从根本上消除一些地方以违法犯罪的方式推进城镇化建设的现象。

课题主持人：张英洪

课题组成员：向春玲　杨俊锋　吴有龙　刘　伟

　　　　　　程雪阳　黄文政　伍振军　刘　雯

　　　　　　杜树雷　纪绍军

执　笔　人：张英洪

2017 年 5 月 4 日

·专题研究篇·

北京市大兴区集体经营性建设用地入市试点研究

2015 年 8 月开始，全国 33 个试点行政区域陆续推出集体经营性建设用地入市项目。截至目前，已有多宗土地入市项目落地。2015 年 12 月 11 日，北京市国土资源局大兴分局发布西红门镇集体经营性建设用地使用权出让公告，这是首都北京首宗农村集体建设用地入市，公告一经发布立即引起了社会的广泛关注，本部分将结合有关背景对大兴区集体经营性建设用地入市进行研究。

一 农村集体经营性建设用地入市的相关背景

2013 年 11 月 12 日，中共十八届三中全会通过《中共中央关于全面深化改革若干重大问题的决定》，明确指出："建立城乡统一的建设用地市场。在符合规划和用途管制前提下，允许农村集体经营性建设用地出让、租赁、入股，实行与国有土地同等入市、同权同价。"2014 年 12 月 2 日，中央全面深化改革领导小组第七次会议审议《关于农村土地征收、集体经营性建设用地入市、宅基地制度改革试点工作的意见》，进一步指出："坚持土地公有制性质不改变、耕地红线不突破、农民利益不受损三条底线，在试点基础上有序推进。"2015 年 1 月，中共中央办公厅和国务院办公厅联合印发了《关于农村土地征收、集体经营性建设用地入市、宅基地制度改革试点工作的意见》，正式从中央层面拉开了我国农村土地制度改革的大幕。2015 年 2 月 27 日，全国人大常委会通过了《关于授权国务院在北京市大兴区等 33 个试点县（市、区）行政区域暂时调整实施有关法律规定的决定》，授权国务院在北京市大兴区等 33 个试点县（市、区）行政区域，暂时调整实施《土地管理法》《城市房地产管理法》关于农村土地征收、集体经营性建设用地入市、宅基地管理制度的有关规定，在 2017 年 12 月 31 日前试行，标志着"三块地"改革试点进入实质性的实施阶段。2015 年 8 月 19 日，浙江省德清县以协议出让的方式成功入市了首宗农村集体经营性建设用地，此后又有贵州湄潭、四川郫县多宗地块集中入市，拉开了农村土地改革的帷幕。

二 北京首宗农村集体建设用地入市基本情况

大兴区为北京市唯一获批的试点区。北京市农村集体经营性建设用地入市试点以来，首宗入市交易地块为大兴区西红门镇 2 号地小 B（2-004）地块 F81 绿隔产业用地集体经营性建设用地，位于范家庄西路东侧（见图 1），使用权以挂牌出让的方式入市交易，出让方为北京市盛世宏祥资产管理有限公司（西红门镇镇级联营公司，其股东为大兴区西红门镇、村村民委员会和经济合作社）。我国境内外企业、其他组织和个人均可参加竞买，但不接受联合竞买。

根据《挂牌文件》〔京土集使挂（兴）〔2015〕001 号〕（以下简称《挂牌文件》），该宗土地总面积 26700 平方米，土地使用权出让年限为 40 年，规划用途为绿隔产业用地，建筑使用性质为公建、商服、办公、多功能等与产业相关，建筑密度≤50%，建筑控制规模≤53400 平方米，容积率为 2.0。挂牌出让起始价为 45428 万元人民币，竞价阶梯为 200 万元人民币，竞买保证金为 9000 万元人民币。该宗地以临时"三通一平"形式供地，竣工验收前达到"六通一平"的标准。

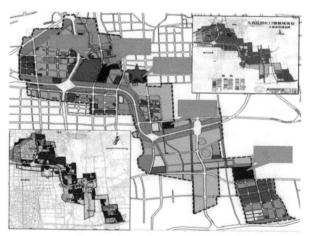

图 1　大兴区西红门镇镇域规划

该宗土地设定了 5 项开发建设条件：①要求优先安置西红门镇劳动力就业；②要求项目投资强度不低于 1.2 亿元/公顷；③要求年纳税额不低于 600 万元/公顷；④建设期间，建设税需在本地缴纳，经营公司在本地注册；⑤为保障以上顺利落实，需在项目用地内选取 3400 平方米经营性用房（地上）作为上述要求的履约保证。竞得人如未按以上要求落实，上述建筑物所有权及分摊的土地使用权面积一并无偿划转北京市盛世宏祥资产管理有限公司使用。

地块成交后，竞得人与北京市盛世宏祥资产管理有限公司签订了土地出让合同。土地出让价款要求一次性付清，出让价款的一定比例作为土地增值收益调节金，上缴大兴区财政。北京市盛世宏祥资产管理有限公司取得剩余出让价款，各村集体经济组织按照其在该公司中所持股份参与分配。2015 年 12 月 15 日，经过近 80 轮激烈竞价，该地块的使用权最终以 80500 万元由北京赞比西房地产开发有限公司竞得，溢价率 77.2%。

三　大兴土地入市试点有关问题分析

与国有建设用地使用权出让相比，集体经营性建设用地使用权出让在限制条件、推动机制、整体规划、实施主体、出让形式和利益分配等相关方面都有不同。

（一）集体经营性建设用地入市的限制条件

首先，本次试点的是存量集体经营性建设用地使用权的入市，不是所有的集体所有建设用地均可入市，也不是集体经营性建设用地所有权的入市。根据我国《土地管理法》的相关规定，农村集体建设用地包括宅基地、公益性公共设施用地和经营性建设用地，宅基地、公益性公共设施用地是不包括在入市试点内的。准予入市的集体经营性建设用地必须是存量集体经营性建设用地，从而禁止为获取入市的经济利益，盲目地新增集体经营性建设用地，坚守耕地红线不突破的底线。而且，试点是集体经营性建设用地使用权入市，不是其所有权入市，而是坚持土地公有制性质不改变。就大兴区的情况看，按照 2014 年度土地变更调查结果，全区 14 个镇共有 7.96 万亩集体经营性建设用地存量，并且碎片化严重、分布不均衡，具体表现在：北多南少，北五镇 4.4 万亩，南九镇 3.56 万亩，宗地 4200 多个，最大一宗 614 亩，最小的宗地不到 1 分。

二是要符合规划、用途管制。取得土地使用权后要建设什么，必须服从国家的统一管理。使用土地的单位和个人必须严格按照土地利用总体规划和城乡建设规划确定的用途使用土地。比如，本次大兴区入市的地块其规划用途是"绿隔产业"，根据《关于促进本市绿化隔离地区经济发展的若干意见》（京政办发〔2001〕37号），北京市将本市绿化隔离地区现行规划工业、仓储和商业用地的用途划分，统一调整规划为产业用地。在规划的产业用地内，各区（县）可根据实际情况，自主确定符合首都经济要求的绿色产业项目和第二、第三产业项目。且相关政策明确规定，绿隔产业用地不得用于房地产开发。按照规定，本次入市地块的建筑使用性质为公建、商服、办公、多功能等与产业相关，并且有控制性地详细规划。

三是，必须依法取得农村集体经营性建设用地使用权。这包括两个方面：一方面集体经营性建设用地所有人应当依法取得拟出让的集体经营性建设用地所有权，在出让前，应当由国土资源主管部门进行确权登记并颁发权属证明；另一方面，受让方取得集体经营性建设用地使用权的程序和方式应当合法，以出让、租赁、入股方式取得，并由政府主管部门进行登记和颁发相应的权属证明。

（二）集体经营性建设用地入市的推动机制

1. 领导机构

市级：组建了以北京市委常委、副市长陈刚为组长，副市长林克庆为副组长，赵根武、张维为副秘书长，19个市级部门为成员的试点工作领导小组及其办公室。

区级：组建了以大兴区委书记李长友为组长，区长谈绪祥为第一副组长[①]，3个副局级干部为副组长，12个区级部门和14个镇级部门为成员的试点工作领导小组；从相关部门抽调了12位精通业务、熟悉政策的同志，组建专门办公室。

镇级：各镇成立镇级集体经营性建设用地入市试点领导小组，实行镇党委负责制。

同时，国家土地督察北京局牛珏专员和耿未名处长分别参加了市、区领导

---

① 2016年3月，北京市委任命谈绪祥同志为中共北京市大兴区委书记、北京市委经济技术开发区工委书记，大兴区委原书记李长友已于2016年1月当选北京市政协副主席。

机构，全程参与并指导试点工作，确保改革任务的顺利进行。

2. 联审机构

成立了以 20 个区级单位和 14 个镇为成员单位的大兴区农村集体经营性建设用地试点领导小组项目入市审核委员会，作为项目入市审核机构。主要职责是对入市地块项目提出审核意见，以会议纪要的形式形成审查决议，为区级决策提供参考。

3. 联动机制

加强市、区、镇、村的沟通和协调力度，建立和完善定期联席会、领导包片、信息反馈、督查督导、评估考核、信息报送等机制①。

4. 政策制度

一是编制总体实施方案。编制《北京市大兴区农村集体经营性建设用地入市试点实施方案》，并制定《大兴区农村集体经营性建设用地入市试点三年工作计划及 2015 年工作计划》，在明确试点工作的指导思想、基本原则、工作目标、主要任务、进度安排、组织保障、工作机制等内容的基础上，对试点实施方案进一步细化，确保试点工作能够规范有序地进行。

二是编制制度层面文件。由北京市国土局牵头制定《北京市农村集体经营性建设用地入市试点暂行办法》，对入市办法进行了详细规定。同时，完成《北京市农村集体经营性建设用地入市审核管理程序》《北京市农村集体经营性建设用地使用合同》等 13 个配套文件的编制工作，对入市审核管理程序、使用合同等进行了详细规定。

（三）集体经营性建设用地入市的整体规划和统筹兼顾

一是确定集体经营性建设用地利用专项规划。结合城市规划没有完全覆盖农村的实际，以及存量集体经营性建设用地碎片化严重、分布不均衡的特征，大兴区在尊重农民规划选择权的基础上，深入研究整体规划全区土地使用方向。从总体布局上看，集体经营性建设用地分布为"四个集中"，即向产业园区集中、向新城集中、向重点小城镇集中、向重大基础项目集中；从实施步骤上看，结合市场成熟度、土地价值走势和城镇发展规律，确定了"四大梯

---

① 据了解，工作组先后召开 49 次协调会，其中包括市主要领导专题会 3 次、市区试点工作领导小组成员联席会 4 次、市试点工作领导小组成员会 9 次、区主要领导专题会 7 次、区试点工作领导小组成员会议 22 次，和银行、企业等有关单位协调会 4 次，参与国土资源部、市委市政府、市级有关部门的调研 24 次。

次"，即由城乡接合部，向人口资源环境敏感区、条件成熟功能区和都市型现代农业发展区顺次推进，既考虑在全区展开，又兼顾不同区域、不同级差地租的实际。

二是做好集体经营性建设用地入市的统筹兼顾。大兴区以镇为基本实施单元，一方面，镇政府做好发展统筹。以农民就地城镇化为抓手，统筹进行土地的规划、拆除腾退、土地整理、开发建设等，提高土地整体使用效益，综合解决"人向哪去""业从哪兴""房在哪建""钱从哪来"等问题。另一方面，联营公司做好工作统筹。农民通过土地入股设立联营公司，按照"一次授权、全权委托"的原则，把土地使用权全权交给联营公司，公司依照现代企业治理结构自行负责拆除腾退、土地开发、收益分配、经营管理和指导监督等内容，提高农民组织化程度，增强市场竞争能力。

（四）集体经营性建设用地入市的实施主体

按照试点工作相关要求，村集体经济组织可以委托授权的具有市场法人资格的土地股份合作社、土地专营公司等作为入市实施主体，代表集体行使所有权。大兴区根据实际情况，在镇级统筹下由镇集体资产管理委员会牵头，成立镇土地股份联营公司——北京市盛世宏祥资产管理有限公司作为入市主体，并对其组建与运行做出明确规定，为集体经营性建设用地入市提供有效的实施主体和运行机制支撑。根据规定本宗地的土地所有权人为西红门镇集体经济组织，通过集体经济组织民主程序，"一次授权，全权委托"，实现对联营公司的委托授权①，北京市盛世宏祥资产管理有限公司作为该地块入市实施主体，代表村集体行使所有权，使用权属于该公司。北京市盛世宏祥资产管理有限公司是由西红门镇政府组建，其股东为大兴区西红门镇、各村民委员会和经济合作社，法人代表为西红门镇副镇长王彪。北京市土地储备中心大兴区分中心负责出让的组织和实施工作。

（五）集体经营性建设用地入市的出让形式

一是本次集体经营性建设用地入市采取挂牌出让的形式。从全国试点的情况看，项目上市都遵循着一定的流程，如图2所示。大兴区通过建立城乡统一

---

① 授权内容包括用地报批、整治开发、拆除腾退、规划建设、入市交易、合同签订、运营管理、收益分配等。

的建设用地市场，利用区级土地市场交易平台，实现国有工业用地与集体经营性建设用地"统一平台、统一规则、统一管理、统一操作"，确保交易程序依法、自愿、有偿、公平，全面解决暗箱操作、私相授受等不正规交易问题。

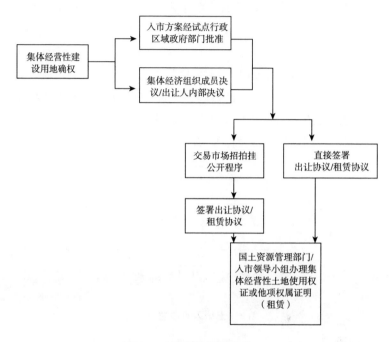

图2　试点项目的操作流程

二是地块价格参照国有土地相关用途水平。根据规定，该宗地以临时"三通一平"的形式供应，竣工验收前达到"六通一平"，据此集体经营性用地使用权的地价定义是指在现状为"三通一平"的基础上，设定土地用途和规划条件的集体经营性用地土地使用权价值。北京市未制定集体经营性建设用地使用权出让价格的有关政策文件，可参照2014年北京市国有建设用地使用权基准地价进行分析。该宗地位于土地级别7级地内，区片价格商业为每平方米7450元，办公为每平方米7430元，级别平均容积率为2.5。该宗地容积率为2，按国有商业用途7级地基准地价修正体系计算，结果为每平方米8570元。该宗集体经营性建设用地使用权挂牌出让起始价为人民币45428万元，折合楼面价每平方米8500元，可见该地块价格参照了国有土地商业用途的水平。

（六）集体经营性建设用地入市的收益分配

一是确定土地增值收益调节金比例。根据大兴试点现状建设用地建设密度大、拆除腾退成本高、农民收益保障要求高、入市获取较高收益难度大的情况，大兴区确定征收土地增值收益调节金的比例范围是土地交易总额的5%～30%。经北京市试点领导小组批复，西红门镇2号地小B（2-004）土地增值收益调节金收取比例为土地交易总额的12%（见图3）。土地增值收益调节金由镇土地股份联营公司上交大兴区财政，设立专项账户，主要侧重统筹用于农村基础设施建设支出，周转垫付集体经营性建设用地土地开发、土地整理资金，以及农村经济困难群众的社保补贴和特困救助。

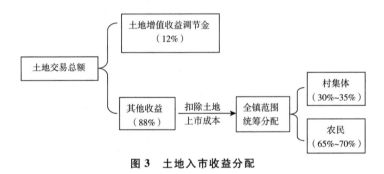

图3　土地入市收益分配

二是全镇统筹分配土地增值收益给各村集体。在扣除土地增值收益调节金和拆除腾退费、交易公告广告费等各项土地上市成本后，土地上市后获得的其余增值收益在全镇进行统筹分配，各村将土地使用权量化为股份资金（参股土地面积以实测土地为准），确定股份份额，镇土地股份联营公司按照各村的股权进行分配[①]。股权结构包括基本股和投资股。基本股，是指按照一定标准确定各有关农村集体经济组织的基本入股比例，确保一定的保底收益，主要体现公平原则[②]；投资股，是指基本股之外，各集体经济组织本着获取额外投资收益的目的，而投入的股份，主要体现效益原则。外来资本不许入股。镇土地

[①] 具体方式：首先，确定各村入股资金。根据现实土地租金，兼顾区域位置及人均确权面积等因素，核定每亩土地折价标准。然后，确定股份份额。按照"同股同价"的原则，股份份额按5万元为1股核算。计算公式：各村社股份份额=入股土地面积×核定地价÷5万元。

[②] 保底收益就是在原有的土地租金收入基础上上浮一定的比例，大兴区目前定的比例是20%，兑现保底收益，并建立了递增机制，今后五年，每年递增5%。保底收益按照土地的规模兑现给村集体，西门红地区保底收益一亩地1.98万元。

股份联营公司在后续运行过程中，新吸收了部分村集体闲置资金，最后形成土地股和现金股构成的股权结构，如图4所示。

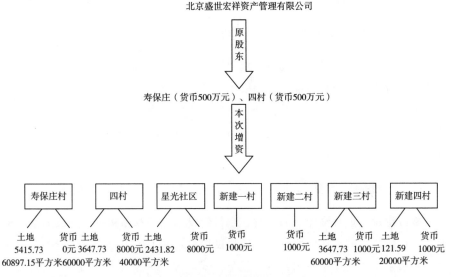

图4　镇土地联营公司股权结构

三是确定在村集体和农民之间进行收益二次分配的比例。已经分配到各村的土地增值收益，村集体留存30%~35%，其余65%~70%在按照全区2010年产权制度改革确定的集体经济组织成员之间按股分配。需要说明的是，试点通过入股村民地租保底，每5年增长5%，确保农民既得收益不因改革试点而减少。同时，在征得群众同意的基础上，土地入市收益暂不进行"一次性分配"，而是优先用于项目滚动发展，等待联营公司所统筹土地全部入市即项目决算后，再对所有集体经济组织成员进行"二次分红"。

四　大兴集体经营性建设用地入市的现实意义

（一）保障农民集体的权益，增加农村集体资产

试点集体经营性建设用地入市，主要目标是与国有建设用地"同权同地同价"，无须通过"收归国有"的中间阶段。使得原来只能将集体经营性用地变为国有，农民集体获得相对较少收益，转变为现在不仅收益增加，而且所有权依旧属于农民集体，更好地保障农民集体的权益，增加农村集体资产。大兴区集体经

营性建设用地入市的相关配套制度，建立起兼顾国家、集体、个人的土地增值收益分配机制，切实维护农民土地财产权益、保障农民公平分享增值收益，为全国农村土地制度改革提供可复制、可推广、利于修改法律的经验成果。

（二）农村土地资产价值将得到显化

按照规定，集体经营性建设用地使用权可以用作抵押，也可以转让等。从挂牌价来看，西红门集体经营性建设用地挂牌总价约 4.5 亿元，使得集体土地资产价值得以显化。如果用于抵押，按照 6 成的额度贷款计，可获约 2.7 亿元的贷款规模，进一步显化了土地资产价值。集体经营性建设用地使用权的入市，在破除土地二元化后，农村土地资产价值将得到显化。

（三）盘活闲置集体土地资源，促进就业和区域经济发展

城市建设用地日渐短缺的同时，乡村建设用地却利用粗放，造成大量用地闲置。目前，交易出让的集体经营性建设用地基本上属于原村集体所办企业用地，原来租给一些业主使用，每年租金较低。大兴区集体经营性用地的入市，将赋予农民更多的财产权利，同时也盘活了闲置的集体土地。集体经营性建设用地使用权出让收益作为村里的公益金、公积金、风险金以及村民共同分配。有了资金以后，可进一步发展相关产业，带动经济发展，增加农民就业机会，促进当地农民增收致富。

（四）有效扩展区域未来经济发展空间

新时期农村集体用地改革，正逐步推动建立城乡统一的建设用地市场，盘活农村资源，激活农村资产。国务院办公厅印发的《关于推进农村一二三产业融合发展的指导意见》指出，未来中国将着力推进新型城镇化，将农村产业融合发展与新型城镇化建设有机结合，同时也鼓励社会资本投入。现阶段农村所拥有的存量建设用地，将有可能成为驱动经济增长的"下一个风口"，将这些沉睡的农村资产盘活，不仅关系到农民的收入，更关系到中国农村经济发展的未来。

（五）集体经营性建设用地入市，符合供给侧改革的发展方向

中共中央提出的供给侧改革在政策手段上，包括简政放权、放松管制、金融改革、国企改革、土地改革、提高创新能力等。集体经营性建设用地入市丰

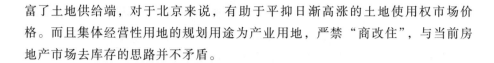

富了土地供给端，对于北京来说，有助于平抑日渐高涨的土地使用权市场价格。而且集体经营性用地的规划用途为产业用地，严禁"商改住"，与当前房地产市场去库存的思路并不矛盾。

五 大兴土地入市试点存在的一些问题

（一）关于收益调节金征收比例的确定问题

大兴的试点有其特殊性，主要在于现状建设用地建设密度大，拆除腾退成本高（如西红门镇拆建比为5∶1），农民收益保障要求高（既得、交易及长远），入市获取较高收益难度大。目前大兴区按照总交易额5%～30%的比例征收调节金，而依全国其他试点的情况看，土地增值收益调节金的比例范围大都是土地交易总额的15%～30%。由于这一比例过高，而且标准的制定缺乏统一的规范，这样有的地块可能会出现负利润。

（二）关于集体土地拆除腾退缺乏上位法支持的问题

集体土地的拆除腾退不同于国有土地的征地，拆除腾退的政策大都是区域自定，大兴区地上物的拆除腾退政策分三个时间段进行补贴，2006年以前是每平方米1600元，2006～2009年是每平方米900元，2009年以后的违章地上物一分不补。这是拆除腾退区域的政策，区级层面拆建比为2∶1，即把8万亩集体建设用地通过拆除腾退瘦身到4万亩，而镇级层面的拆建比要通过各镇调整规划，算平衡账，争取拆建比达到5∶1相对合理的拆建比。

（三）关于土地优先开发权与入市交易之间矛盾的问题

集体经营性建设用地入市原则规定"保持公有制不变"，土地所有权依然归集体所有。从法理上说，集体在符合规划，且依法取得的前提下，无可争议地拥有土地开发优先权。在实际操作中，联营公司（或集体）必然会有自主开发集体经营性建设用地的诉求。按现有试点规定，如果该主体不通过入市方式取得使用权（出让方与受让方为同一主体），国家则无法征收土地增值收益调节金，与入市交易"同权同价同责"的设计相违背。

（四）关于集体用地科学合理规划以及规划的调整问题

由于目前对集体经营性建设用地集约利用的规划问题缺乏标准和依据，导致过去规划得不合理、不科学和不平衡，限制经济的发展。同时，由于历史因素，大兴区很多区域存在零星国有土地，如南郊农场及镇村供销社、粮库、食品收购站、仓库等，布局零散、分布全区，新布局规划的集体建设用地不可避免地要面对现状零星分散的国有建设用地问题，规划调整周期长、审批多，设计成本高、操作难度大。

（五）土地入市后竞拍资金的安全管理问题

集体经营性建设用地入市后，统筹土地联营公司的运行，竞拍资金的安全管理，是大兴区和入市地块所在镇的一个重要课题。例如，西红门的首拍地块8.05亿元的交易总额，扣除12%的调节金，还有7个多亿的净收益，以及连带的联营公司的人财物事的管理，还有区别于农村财务的记账方式，同时工商注册、税务缴纳等，以及企业的记账模式和科目的设置都是亟须解决的问题。

（六）农村基层组织的作用发挥不够充分的问题

试点项目入市虽然按照"政府主导、农民主体、市场化运作"的原则，通过政府引导、群众表决，各村以集体土地入股组建联营公司，成为土地整理开发、建设运营的主体，但在具体操作上，政府还是实际意义上的主体，如何让农民在土地入市的过程中真正成为主体是值得思考的问题。

六 关于大兴集体经营性建设用地入市试点的几点建议

（一）建议出台试点项目相关的指导意见

加强试点工作的调查研究，结合试点情况尽快出台相应的集体建设用地入市指导意见，主要是对于土地增值收益调节金、拆除腾退等方面的指导意见，对土地增值收益调节金的性质、征收依据和比例范围给予明确规定，同时解决集体建设用地拆除腾退具体操作中的难题，有效摘除城乡接合部的大城市病和部分地区农村病的病灶，这个病灶就是低效、无序和社会治安状况差。

（二）既要保障土地优先开发权又要符合入市交易规定

在制度设计上，有效解决集体对土地优先开发权与入市交易要求之间的矛

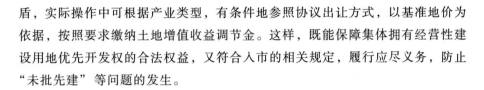

盾，实际操作中可根据产业类型，有条件地参照协议出让方式，以基准地价为依据，按照要求缴纳土地增值收益调节金。这样，既能保障集体拥有经营性建设用地优先开发权的合法权益，又符合入市的相关规定，履行应尽义务，防止"未批先建"等问题的发生。

（三）科学合理地进行规划和进一步简化规划调整程序

坚持"开门搞规划"，深入各镇和重点村进行调研，征求村委会干部、村民代表等的意见，将农村集体组织经济成员的真实想法和主观愿望融入规划中，加快对不合理规划的修改、调整和纠错，解决城市规划圈内与圈外集体经营性建设用地入市交易的差距问题，让规划更加科学合理。同时，提高规划的效率，对镇域内的单个地块整理项目，采用"土地整治"的方式，把分散的地块集中，实现镇域内"增减挂钩"，将审批权下放到区里，报市国土资源局备案。对镇域间"易位"、需要区级协调的，再采取严格意义上的"增减挂钩"模式。此外，开展国有土地与集体土地共同使用问题的专门研究，明晰相关的具体操作办法。

（四）进一步完善土地入市的收益分配方案

虽然目前确定了土地入市的收益分配的初步方案，但方案的许多方面还需要进一步细化，并且要参照大量的比较案例让分配方案更加合理和接地气，切实保障农民合理、长久、稳定的收益。同时，在方案施行前必须充分公开化，让广大农民能够充分接受，坚持"保既得、利当前、重长远"的原则，保证农民既得收益不因改革试点而减少，在保障壮大集体经济、提高资金使用效率的基础上增加经济组织成员收益，通过合理设计留地、留物业、留资产和入股经营等方式，确保农民每年都有稳定的收入，让农民成为"带着资产进城"的新市民。

（五）建立健全入市土地收益金管理制度

进一步完善联营公司的财务管理制度，加强财务公开力度，保障股东的知情权和监督权，充分发挥监事会职责，利用内部审计与第三方审计相结合，依照《北京市农村集体经济审计条例》对农村集体经济组织的财务账目和财务公开内容进行监督，确保土地收益"管得住、用得好、让干部清白、让群众放心"。同时，建立健全内部管理制度和银行专户管理相关制度，将入市集体经营性建设用地取得的收益纳入农村集体资产统一管理，由镇级经管部门进行"账款双托管"，实行专户存储。在联营公司分配和使用该款项时，按照"初始动议、决策留痕"的民主程序，严格审批手续，做到专款专用，切实做到坚持用制度管人、管财、管事、管物，形成保障落实的长效机制。

（六）充分发挥农村基层组织的积极作用

可以根据各镇的实际情况，通过政府引导、群众表决，各村以集体土地入股组建镇级联营公司或片区联营公司作为土地整理开发、建设运营的主体突破单个村的局限性，在镇域范围内优化土地资源配置。同时，坚持基层创新，发挥农村"两委"和村民自治组织的作用，提高农民参与改革的积极性、支持改革的热情、推进改革的能力。

附　表

附表1　全国部分试点集体经营建设用地入市项目情况

行政区域	入市方式	出让人	受让人	入市途径/交易场所	用途	使用年限	到期后地上建筑物归属	其他
浙江德清	拍卖出让	德清县洛舍镇砂村股份经济合作社	法人、其他组织和个人，可联合申请	德清公共资源交易中心	商业服务业设施用地	40年	—	—
	协议出让	德清县莫干山城建发展有限公司	德清县莫干山镇醉清风度假酒店		商业服务业设施用地	40年	—	拟办理抵押贷款
	挂牌租赁	德清县新市镇蔡界村股份经济合作社	—		工业用地	50年	—	地价支付方式以五年为期，每周期递增10%
	挂牌出让	德清县雷甸镇洋北村股份经济合作社	—		工业用地	50年	使用权到期后，地面建筑物和其他附着物残值处置方式经评估折价补偿	本宗地块涉及地上建筑物、构筑物等资产的处置由竞买人与出让方另行协商解决

续表

行政区域	入市方式	出让人	受让人	入市途径/交易场所	用途	使用年限	到期后地上建筑物归属	其他
贵州湄潭	拍卖出让	土槽村村委会	个人竞得	拍卖会	—	40年	—	—
山西泽州	租赁	—	科沃商贸有限公司	就地入市	工业用地	20年	—	—
四川郫县	挂牌出让	郫县唐昌镇战旗资产管理公司	—	郫县公共资源交易服务中心	村庄商业服务业设施用地	40年		
甘肃陇西	拍卖出让	—	甘肃印象核桃开发有限公司	交易会	—	—	—	可以办理抵押
甘肃陇西	协议出让	巩昌镇西街村委会	华宝食品公司	—	—	—	—	
佛山南海	挂牌出让	沥镇太平村北海股份经济合作社	—	南海区公共资源交易中心	科教用地	30年	到期后土地使用权和上盖物业返回经济社集体所有	交易成功后该宗地块还缴纳出让收入10%的土地增值收益调节金
佛山南海	采用竞价方式进行招租	丹灶镇石联村石西股份合作经济社	—	—	工业用地	50年	—	按地块现状交付竞得人使用；每五年为一个递增周期，租金在上一周期的基础上递增15%
重庆大足	拍卖	宝顶镇东岳村2组	重庆大足石刻国际旅游集团有限公司	重庆市大足区公共资源综合交易服务中心	商业服务业设施用地	40年	—	—
重庆大足	公开出让询价方式	龙水镇保竹村1组集体经济组织	—	重庆市大足区公共资源综合交易服务中心	工业用地	50年	—	—

续表

行政区域	入市方式	出让人	受让人	入市途径/交易场所	用途	使用年限	到期后地上建筑物归属	其他
北京大兴	挂牌出让	北京市盛世宏祥资产管理有限公司	法人、自然人和其他组织均可申请参加竞买，不接受联合竞买	北京市土地交易市场大兴分市场	绿隔产业用地	40年	—	—

资料来源：根据搜集到的2016年2月以前的网络资料整理。

课题负责人：张英洪

课题组组长：杜树雷

课题组成员：刘　雯　北京市农研中心调研综合处博士

　　　　　　李艳梅：北京市大兴区农委产业发展科科长

　　　　　　董　明：北京市大兴区农委调研室副主任科员

　　　　　　杜树雷：北京市农研中心调研综合处主任科员

执　笔　人：杜树雷　北京市农研中心调研综合处主任科员

北京市控制外来人口与治理
城市病问题研究

在严控特大城市人口规模的思路下，北京市"十三五"规划纲要要求，全市常住人口总量控制在 2300 万人以内，城六区常住人口比 2014 年下降 15% 左右，以期有效缓解大城市病的各种问题。为了实现这些控制目标，北京市在落户、租房、买房、就业、就学等各方面不断推出限制外来人口工作和居住的各种措施。比如，2016 年 12 月 21 日公布的北京网约车管理细则就要求，想要从事专车运营，司机需要具有北京市户籍，车辆必须是北京市交管部门核发的本地号牌。

本篇首先从土地、水资源、环境几个方面探讨北京市的城市规模是否达到或接近自然资源的极限。其次研究北京市的交通拥堵、上学难、就医难、高房价等大城市病与人口规模的关系。再次分析控制外来人口对北京市的长期影响。最后则讨论了北京未来的发展思路并提出一些具体的政策性建议。

（一）北京的自然资源是否达到或接近极限

北京市控制人口的主要理由之一是城市规模过大，人口过多。那我们首先从城市的空间区域上来把北京放在世界其他城市进行比较。由于对城市的界定千差万别，需要使用相同的标准才能进行有效的对比。为此，我们使用美国宇航局（NASA）制作的"夜晚灯光地图"来对城市空间聚集规模进行相对客观且直观的比较。

该地图根据卫星在 2012 年某些特定日子里对大气层和地表的遥感数据编辑而成，大致反映不同地区的灯光分布。图 1 用相同比例尺分列了世界部分城市及地区周边的灯光分布。该图显示，北京加天津及其周边地区的空间聚集规模在国内比不上长江三角洲和珠江三角洲，在亚洲比不过首尔和东京甚至曼谷，在欧洲也不如巴黎、伦敦，甚至莫斯科，在美洲则比不过纽约、墨西哥城和圣保罗。

北京和天津及周边

长江三角洲

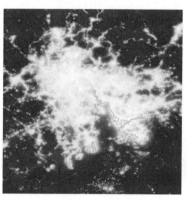

珠江三角洲

首尔及周边

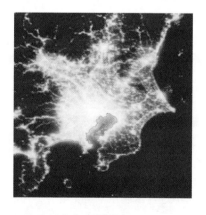

东京及周边

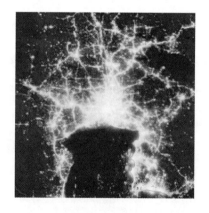

曼谷及周边

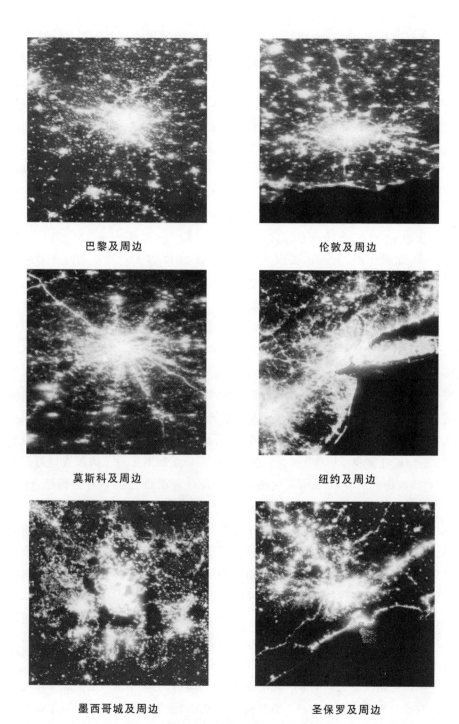

巴黎及周边   伦敦及周边

莫斯科及周边   纽约及周边

墨西哥城及周边   圣保罗及周边

图1 世界部分城市和地区周边灯光分布

当然，长江三角洲和珠江三角洲乃至国外的聚集区域并不只是一两个城市，而是巨大的城市群。不过，真正决定就业、交通、居住等条件的是地理和经济上融为一体的整个区域的状况。比如，波士顿市在2016年人口的数量仅为67.7万人，按一般人的理解，这是个不大的城市。但实际上，波士顿市与周边一百多个城镇完全连成一体，整个区域超过400万人。按中国行政区划的惯例，这些不同的城市很可能被归为一个城市。

在目前有关城市的建成区和人口的各种数据源中，Demographia城市聚集体的定义最具经济学意义和可比性。该数据源把城市聚集体定义为空间上连成一片的建成区，其面积主要根据卫星地图并按统一的规则计算得出，人口数通过将次级相关行政区域的人口统计数据加总后扣除农业人口得出。按Demographia 2016年发布的人口排名，北京以2039万人（指空间连续的城市建成区的人口数量，不包括远郊区的人口）居第11位。

那么北京的拥挤程度如何呢？如果把一个城市聚集体的拥挤度定义为建成区的人口密度，即建成区人口/建成区面积，根据Demographia 2016年发布的统计结果，在全球506个人口数量超过100万人的城市聚集体中，北京的拥挤度排在第290位，属于中等偏轻水平，高于大部分发达国家的大城市，如东京、巴黎、纽约等，但低于大部分发展中国家的大城市，如巴西的圣保罗和里约热内卢、阿根廷的布宜诺斯艾利斯、墨西哥的墨西哥城、土耳其的伊斯坦布尔和安卡拉、伊朗的德黑兰等。巴西的面积是中国的89%，人口仅为中国的14%；阿根廷面积是中国1/4，但首都布宜诺斯艾利斯集中了该国人口总量的1/3；墨西哥、伊朗和土耳其这些国家的人口密度也分别只有中国的45%、32%和70%。

很多中国人觉得北京拥挤是基于与发达国家的比较，却不知道发达国家的城市整体上并不拥挤。城市的拥挤是为了得到人口聚集带来的效率的提高所付出的代价。在同等人口规模下，城市的拥挤程度取决于居住和交通形式。发达国家更有意愿和条件改善居住和交通条件，让城市密度较低也能达到效率的提高。相反，贫穷国家即使人口稀少，其城市也很拥挤。三十年前，中国城市的人口远少于现在，市区密度却比现在高得多。所以真正降低城市拥挤的出路是通过发展经济，壮大财力，改善居住和交通条件。

中国是全世界人口最多、经济快速发展，且权力集中的国家。北京作为中国的政治、文化、教育中心，即便成为全球人口最多、面积最大的城市也是情理之中。但上述比较说明，无论是人口规模、城市面积还是人口密度，北京在全球都排不上号。

那么北京的未来发展是否受制于土地资源呢？其实，即便包括周边的河北与天津，北京行政区划内都还有不少土地可供发展之用。根据《北京统计年鉴（2015）》中 2014 年的土地数据，全市城镇村及工矿用地、水域及水利设施用地、交通运输用地、耕地、园地、林地、草地分别为 3029 平方公里、470 平方公里、784 平方公里、2199 平方公里、1351 平方公里、7375 平方公里、851 平方公里。即使在 3029 平方公里的建设用地中，还有很多是村庄和工矿用地。现有建成区内都还存在大量土地利用不足甚至建筑物废置的情况。

而且北京是整个国家的一部分，没有必要设定粮食和能源自给的下限。中国目前的城市人均建设用地只有农村的 1/4，所以真正实现人口的城市化其实会节省土地。严格限制特大城市的建设用地只会损害土地资源的配置效率，不利于国家整体的健康发展。

水资源匮乏一直被认为是北京城市规模达到自然资源极限的主要理由之一。比如，由中国社会科学院、首都经贸大学、国家发改委、北京市发改委等单位专家组成的课题组完成的《京津冀发展报告（2013）：承载力测度与对策》（下称《报告》）就把淡水资源列为北京承载力的最大短板。《报告》称北京市人均水资源为 119 立方米，远低于人均 1000 立方米的联合国标准，但这种说法存在误导性，因为联合国引用的标准适用的是地区而非城市。在相同的气候和地质条件下，水资源量与土地面积成正比。北京市域虽涵盖大片农村，但与一般的地区比，人均土地面积也不高，其人均水资源自然很低。

如果真以行政区划为范围，世界上无数大城市的人均水资源都远低于北京。比如雨水充沛的城市国家新加坡，其人均水资源只有 113 立方米，比北京还低。美国第二大城市洛杉矶市 85% 的用水从外地调入，北京目前仅为 8%。如果由人均水资源就判定北京远超承载力，那洛杉矶就不该存在。

北京缺水的主要原因是境内没有大江大河。根据各年的《北京水资源公告》，北京地下水平均埋深在 1980 年、2000 年、2010 年、2011 年、2012 年、2013 年、2014 年、2015 年分别是 7.8 米、15.4 米、24.9 米、24.5 米、24.3 米、24.52 米、25.66 米、25.75 米，这说明地下水位曾快速下降，但近年已缓和，图 2 显示地表和地下水资源在过去十多年来一直很稳定。

从 2000 年到 2015 年，北京人口增加超过 59.2%，但由于各种节水措施的实施，用水总量从 40.4 亿立方米降至 38.9 亿立方米。海水淡化成本在过去数

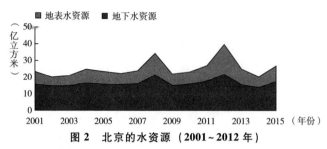

图 2　北京的水资源（2001～2012 年）

注：数据来自北京统计局历年统计年鉴。

十年来快速下降，已成为缓解水资源匮乏的方案之一。《北京日报》2016 年
12 月 3 日报道，① 目前河北曹妃甸的首钢京唐海水淡化成本已接近城市自来水
价格，项目二期将于 2018 年底投用，届时日处理海水的能力将达 15 万立方
米，部分将进入北京市政自来水管道。规划中的三、四期项目完成后，日处理
的能力达到 280 万立方米，年供水可超 10 亿立方米，与南水北调一期工程向
北京的输水量 10.5 亿立方米相差无几，相当于目前北京市用水总量的 1/4。
2013 年的一个报道称，② 曹妃甸海水淡化工程的水质完全符合国家饮用水 108
项标准。因此，北京的水资源尽管不丰富，但缺水的问题并非不可解决。

　　美国加利福尼亚州水资源匮乏，特别是占该州人口 2/3 的南部地区，年
降水量仅北京的 70% 左右，用水量大的夏季有时连续数月无降水。但该州通
过建立世界规模最大的调水工程体系确保了南部的各项用水（Undley，
2001）。目前，该州人均用水量为美国平均水平的 91%（美国地质调查局
2009 年数据）。虽然水资源匮乏问题将长期存在，但控制人口从来不是选
项。加利福尼亚水计划就考虑了不同情形下的人口增长，其中高方案的估计
是未来 40 年该州人口数量从 3800 万增长到 7000 万（加利福尼亚水务局
2009 年数据）。

　　日益频繁和严重的雾霾天气是许多人相信北京应控制人口的直观理由之
一。但控制人口真能改善空气吗？根据绿色和平组织在环保部公开的信息平台
上收集整理的 190 个城市 2014 年年均 PM2.5 指数，全国当年雾霾最严重的 10
个城市不包括北京，其中有 6 个在河北。这说明北京的空气污染有很大的区域
性因素，部分原因可能是北京所处的京津冀地区乃至周边河北省的污染源。如

---

①　http：//district. ce. cn/newarea/roll/201612/03/t20161203_ 18356384. shtml.

②　http：//www. china. com. cn/news/env/2013-03/17/content_ 28266321. htm.

果整个区域的污染得不到整治，即使把北京的人口减少到河北一个中等城市的规模，北京的雾霾天气也未必能得到根本性缓解。相反，如果把控制人口的决心和力度用来治理污染，完全可能让环境改变。

伦敦曾被称为雾都，1952年持续五天的大雾霾导致12000人非正常死亡（Bell等，2004）。此后，英国通过一系列法案加大措施治理空气污染。虽然伦敦都会区的人口比1952年增加了15%，但现在伦敦的空气质量在全球143个人口200万以上的城市中居第38位（世界卫生组织2011年数据）。又如，洛杉矶从20世纪40年代至20世纪80年代也经历过严重的雾霾天气，但在各方共同努力下，特别是1970年美国《空气清洁法案》实施后，洛杉矶的空气质量逐步改善；一级污染天数从1977年的121天降至1989年的54天，再降至1999年的0天。从1950年到2000年，洛杉矶都市区的人口从425万增至1466万，汽车数量翻了数倍，空气质量却经历了脱胎换骨的提升。伦敦和洛杉矶的例子都表明，提升空气质量不需要控制人口。

（二）北京大城市病的症结在哪里

如前所述，无论从土地、水资源还是空气质量角度来看，所谓北京的人口规模达到极限的说法是站不住脚的，但交通拥堵、高房价和入学难等大城市病的征兆是人们的普遍感受。这些是否因为北京人口太多呢？

根据导航服务商TomTom公司2016年的交通指数①，全球交通最拥堵的前5个城市分别是墨西哥城、曼谷、伊斯坦布尔、里约热内卢、莫斯科，北京排在第14位。虽然排名并不十分靠前，但北京交通拥堵严重不可否认。这是否因为汽车太多了呢？表1列出了全球一些主要城市的汽车保有量。

表1　世界一些主要城市的汽车保有量

城市	汽车保有量统计范围内				Demographia 聚集体（2016年）	
	范围	汽车保有量（万辆）	面积（平方公里）	人口（万人）	面积（平方公里）	人口（万人）
北京	行政辖区	544	16410	2115	3937	2039
纽约	纽约市五区	196	850	780	11642	2068
	纽约联合统计区	1037	30670	2209		

① http：//www.tomtom.com/en_gb/trafficindex/list.

续表

城市	汽车保有量统计范围内				Demographia 聚集体（2016 年）	
	范围	汽车保有量（万辆）	面积（平方公里）	人口（万人）	面积（平方公里）	人口（万人）
东京	东京都	385	2188	1319	8547	3775
	一都三县	1379	13556	3562		
洛杉矶	洛杉矶县	580	10518	989	6299	1516
	二县	832	12520	1283		
	五县	1052	87490	1808		
伦敦	大伦敦	269*	1572	817	1738	1035
巴黎	大巴黎	489*	12012	1179	2845	1087
圣保罗	圣保罗都会区	697	7944	1989	2707	2061

注：大伦敦和大巴黎的汽车保有量仅含私家与轻型车，数据来自地区的政府网站和相关报道。

　　由于汽车保有量数据往往与行政区划挂钩，表1只能列出相应统计范围内的面积和人口。在可能的情况下，对同一城市列出了不同层级范围下的数据，如洛杉矶的数据就有三级。该表说明，北京的汽车保有量在全球大城市中并不算太多。既然如此，北京的交通拥堵为何如此严重？从正面来看，这是因为北京并未像发达国家城市那样无节制地向郊区扩张导致内城空心化。从负面来看，北京的拥堵与城市布局有很大关系。图3是根据谷歌地图截下的北京四环以内和纽约曼哈顿及邻近地区的相同比例尺下的卫星地图。明显的差异是纽约的街道密度远大于北京。实际上，纽约市范围内，道路面积占25%（纽约市政府交通局，2012），而北京建成区中道路面积仅占7%（《北京统计年鉴2012》）。北京虽然道路宽阔，但间隔很远，几乎没有高架路，不仅老城区道路密度低，新建的城区也是如此。

　　2015年底，在疏解北京非首都功能的大旗之下，北京行政副中心在远离市中心的通州区开始建设。按计划，北京市委、市人大、市政府、市政协四套班子将搬迁至行政副中心，并带动相关部门迁到通州。这一措施的目标是实现40万人向外疏解，但实际上带来的问题可能远多于缓解的问题。

　　市政府行政中心是服务整个城市的，所以位于市中心才比较合理，这样到每个地方都比较方便，中心虽堵，对需要到市政府办事的老百姓和各区政府的工作人员而言，平均的出行成本是最低的。把市政府迁到东郊的通州，这样可能方便了东城区的居民，却给其他城区的居民带来了极大不便。住在海淀区或

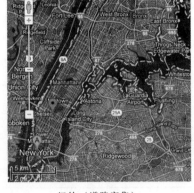

北京（道路稀疏）　　　　　　　　纽约（道路密集）

图3　相同比例尺下北京与纽约市区道路密度比较

门头沟区的人去市政府来回可能就要一天时间，耗时耗力。搬迁到通州办公的工作人员，除非在通州买房或租房，否则需要花费更多时间和开支在通勤上。买房、租房需要考虑配偶和孩子的工作和学习地点，并不是简单的工作地点的变化，北京市属机构搬至通州最终可能导致大量工作人员怨声载道。

通州到市中心的交通本来就比较拥堵，将北京市属机构搬迁至通州也在变相地增加这个方向的交通压力。其实，如果一部分机构搬迁到郊区，那么整体搬迁中央部委比搬迁北京市属机关更合理，因为去中央部委办事的主要不是北京市民和各区的工作人员，而是外地来的下属和相关机构的人员，后者造成的交通压力主要在机场、火车站和办事地点之间，不会影响全市的交通。

为了缓解道路交通压力，北京自2010年底，规定购车者需摇号才能获得购车资格。2014年初，申请者在第一年摇到购车资格的概率已降至6%以下。该政策让新来者为所有用车者带来的问题付出代价，这种不公平阻碍了城市的发展，因为新来者往往是城市的新鲜血液和强劲的上进动力。再者，由于能否摇到号仅取决于运气而非个人努力，很多本来并不需要购车的居民也会参加摇号，导致资源配置更不合理。

比起限购汽车这种懒政，缓解道路拥堵更有效的是经济手段。导致道路拥堵与其说是"拥车"，不如说是用车。道路拥堵一般出现在部分时间和路段，因此对特定的时间和路段收取拥堵费更合理。这只需要监测和记录过往车辆的牌照并定期收费，类似技术已用于交通违规处罚。拥堵费的计算方式可逐步调整，以优化道路使用。如果说收取拥堵费的方式过于复杂，也可增加燃油税费来提高用车成本。收取的拥堵费和燃油税则可用来补贴公共交通，或提升道路等基础设施建设。

地铁的拥挤也是人们用来说明北京人口太多的例子。那么与世界其他城市比，北京地铁的拥挤程度到底如何？如果把年客运量除以运营里程的值作为拥挤指数，北京地铁的拥挤度在表2所列的全球客运量最大的10个地铁系统中排第8位，仅高于上海和纽约，低于东京、香港、广州和首尔，甚至也低于莫斯科、巴黎和墨西哥城。不过北京地铁线路在空间分布上比较均匀，与人口分布关联不大，这样容易导致人口密度大的中心区相对拥挤。

表2 世界年客运量最大的10个城市地铁系统

城市	年客运量 （百万人次）	运营里程 （公里）	年客运量/运营里程 （百万人次/公里）
北京	3250（2015年）	574（2016年）	5.66
上海	3068（2015年）	588（2016年）	5.23
首尔	2620（2013年）	331.5（2015年）	7.90
东京	2497（2015年）	195.1（2008年）	12.80
广州	2400（2015年）	308.7（2016年）	7.77
莫斯科	2384.5（2015年）	338.8（2016年）	7.04
纽约	1763（2015年）	375（2015年）	4.70
香港	1707（2015年）	174.7（2016年）	9.77
墨西哥城	1624（2015年）	226.5（2012年）	7.16
巴黎	1526（2015年）	214（2013年）	7.13

注：不同城市的数据来自相应机构的网站或相关报道。

只要有足够的人口规模，建设地铁是一项社会回报率极高的投资。哪怕低廉的收费导致账面亏损，地铁带来的整体效益也远超投入。如果北京没有这么多人，经济总量不会这么大，建设地铁的需求和财力没有这么强，也就不会有现在这么多的线路和车次。人口多的这些好处虽然更基本、更长效，却不直观易懂。

不管道路交通能否改善，大力发展公共交通是值得肯定的。北京地铁线路虽然在空间分布上比较均匀，但与人口分布关联不大，容易导致人口密度大的中心区相对拥挤。未来北京地铁规划可更着重于按人口分布和流动模式来优化。不过，随着严控人口政策的实行，北京未来经济增长和财力的增加都会放缓，将来建设地铁的融资前景会变得暗淡。人口控制本质上是对发展釜底抽薪。

居高不下的房价让许多年轻人"望房兴叹"，但房价除了受人口规模的影响，更受发展模式、分配机制、金融政策和经济周期的影响。与 1980 年相比，北京城镇人口增加了数倍，人均住宅面积增长 3 倍以上。日本在 1990 年经济泡沫化以后，东京和大阪等地的人口还在增加，房价却降了一半以上①。美国人口一直稳步增长，但 2007 年次贷危机之后，各地房价也经历了大幅下跌。

北京的房价在中国首屈一指，这与北京独特的地位和相应的人口聚集有关。对人口流动在政策上进行限制，对包括房价在内的生活成本进行调节将是市场调节人口流动的决定性因素。但在市场之外用行政手段来控制人口则是在扭曲这个调节机制。

北京市小学入学难一直是公众关注的热点。这真的是因为北京人口太多吗？如果生育率处于可持续的更替水平，人口结构稳定，以北京 2015 年的2170.5 万人的常住人口来和 80 岁的人均预期寿命来计算，每个年龄层的人口数量应在 27（即 2170.5/80）万人左右。再考虑到处于育龄期的年轻人口的比例较高，北京每年正常入学人数应该约 30 万人，小学在校人数应该约 180 万人。但实际上，根据北京市统计局的数据（包括京籍和非京籍），2015 年，北京市小学入学人数只有 14.6 万人，不到维持人口更替正常数的一半，小学在校人数只有 85 万人，仅为正常水平的 47%。

孩子如此之少，怎么还会入学难？根源是对教育资源投入不足。比如，从 1995 年到 2015 年，北京市的人口增长 73.5%，但小学入学人数从 16.8万人降至 14.6 万人，北京的小学数量则从 2867 所缩减至 996 所，减少了65.3%；专任小学教师数量从 6.2 万人减少至 5.0 万人，下降了 19.4%。从有统计数据的 2003 年到 2015 年，北京市初中数量从 434 所缩减至 340 所，减少了 21.7%；专任初中教师从 3.4 万人减少至 2.1 万人，减少了 38.2%。

综上所述，北京所面临的公共资源压力与其说是人口太多，不如说是规划失误和管理不当。其背后的根源恰恰是人口控制观念。按 2004 年制定的规划②，北京中心城区人口规模到 2020 年将控制在 850 万人以内。其实，只要跳出违反自然规律的人口控制思想就知道这种规划完全脱离实际。2015 年，全

---

① http：//www.mof.go.jp/english/pri/publication/pp_ review/ppr009/ppr009d.pdf.
② http：//www.bass.gov.cn/8063/8168/55501.asp.

球人口在 1000 万人以上的城市聚集体（连成一片的城市区域）有 36 个，超过 2000 万人的有 12 个。中国是世界人口最多、国家权力集中且经济高速发展的国家，北京是中国的政治、文化、教育中心。除非剥离许多功能，否则把北京中心城区人口数量控制在 850 万人无异于天方夜谭。

实际上，2000 年至 2015 年，北京的总人口就增长了 59.2%，达 2170.5 万人，中心城区则超过 1300 万人，大幅高于 2020 年控制目标的 850 万人。有人抱怨北京人口控制不力，这完全是本末倒置。真正的症结是短视的人口规划本身，因为按如此脱离实际的人口目标来规划配置公共资源必然造成资源的全面短缺。不符合基本经济规律的规划自然会被经济现实的浪潮否定，然而，很少有人会去反思过去的规划为何会屡屡失误，以及该如何制定更合理的规划。相反，在把人口当成洪水猛兽的观念下，各种问题都被归咎于所谓的人口失控，掩盖了真正的症结，更加不利于问题的有效解决。

（三）严控外来人口的影响

如果没有人口控制，城市规模会不会无限增长呢？其实，城市的意义在于人口集聚带来工作和生活效率的提高。在给定的交通等技术条件下，随着城市规模的扩大，聚集的边际好处会递减，边际代价则会上升，城市规模在自然状态下也就不会继续扩张。如果没有限制，城市规模最终会处于边际好处等于边际代价的水平上。比如，来回 5 小时的通勤时间可能是上班族的极限，要是工作地点和居住地点相距单程超过 2.5 小时，这两点处于同一城市也体现不了聚集的好处，超过这个极限，自然扩张的动力也就消减了。当然，交通等技术条件的改变会带来平衡点的漂移，目前，城市人口在控制之下依然面临膨胀则表明，现有技术下的平衡点还未达到。

五六十年前，世界上最大的城市大概只有 1000 万人，今天世界最大的城市有 3700 万人。长期来看，我们无法预料未来的城市规模会多大，就像 200 年前，没有人可以想象人类社会会出现几千万人口的城市。但可以肯定的是，如果未来人类出现更大规模的城市，只要这是一个自然过程，那只会随着技术水平的进一步提升和生活条件的进一步改善。

如果没有限制，不同城市的人口会处在不同平衡点上。愿意为更多好处付出更大代价者会流向大城市，持相反观点者会流向小城市乃至乡村，导致人口向规模不等的城市聚集。一个国家人口众多的优势之一是不同规模等级上可形成更多城市让人们有更多选择。在中国，建成区聚集人口超过千万的就有上海、北京、广州、深圳等，希望到这个规模级别的城市奋斗但不喜欢北京的人，可去上海、广州或深圳。在地域广袤、资源丰富的俄罗斯，聚集人口千万以上的只有莫斯科，别无选择。

使用 Demographia2016 统计结果中除中国以外的数据，根据各国的人口总数、人均 GDP 和土地面积来拟合该国人口排名第一和第二城市的人口数量，并考虑被拟合城市是否为该国首都。根据此拟合模型，作为中国人口排名第二且是首都的北京的人口预测值为 3000 多万人，远高于目前北京建成区（不含远郊区）的 2039 万人。该预测值可被认为是从国际比较角度对北京无限制下自然均衡人口的估算。此外，在更富裕的国家里，大城市人口占全国总人口的比例也更高。如果中国的人均 GDP 是现在的 3 倍，北京的人口预测值则是 3800 万人。当然，这些估算只是参考值，而不是控制目标。城市发展思路应该是顺应经济规律、尽量准确地预测人口变化，并依此来规划公共资源和基础设施。

在深受计划生育宣传影响的人看来，即便 3000 万人也会压垮北京。但实际上，没有任何城市曾被人口压垮。相反，城市的盛兴往往表现为人口增长，衰败才恰恰表现为人口萎缩。北京市区的人口在 1984 年仅 500 万人，那时很难想象 2000 万人的北京会是怎样的情况。但 30 多年来，市区人口从 500 万人增至 2000 万人，北京并没有垮掉，反而变得更好：人均住宅面积从不到 7 平方米增至约 30 平方米；地铁线路从 2 条增至 19 条；机场年客流量从 100 多万人增至两个机场共约 9500 万人；去上海的航班从每天几班增至上百班。在 30 年前，从北大乘公交车到王府井要近 2 小时，现在乘地铁不到 1 小时。

当然，这些进步很大程度上得益于经济发展。但如果在这 30 多年里成功地把市区人口控制在 900 万以内，即便全国经济发展水平与现在一样，北京不会比现在更好。可料想的是：北京的财政收入会不到现在的一半；公共福利和社会保障会因为人口更老化而更差；地铁里程会因为财力和需求较小可能不到现在的一半，平均行车间隔时间更长；北京不会拥有客流量全球第二的机场，去外地的航班密度会小一半以上，更不可能像现在这样另建一个更加现代化的大型机场；空气质量也未必更好。事实上，建成区人口仅北京 1/6 的石家庄的空气污染就超过北京。

北京目前建成区人口是 2000 万人，远低于上述根据国际比较估算的 3000 万人的均衡人口，这在很大程度上可归因于人口控制政策。那控制政策的后果是什么？

北京是全国性的高校、科研机构和高科技企业的集中地，在该地的需求和供给匹配能体现中国科技发展的人口规模优势。但严控北京人口规模的政策却在阻止这种具有全国性规模效应的供需匹配，让很多潜在的创新创业机会消弭于无形。产业聚集可刺激创新、提升效率、促进创业，带来更高薪的职位。比如，中国许多电视剧在北京拍摄，重要原因就是产业聚集导致专业分工更细、配套更全、成本更低。在各行业更专业化的同时，不同行业之间的互动也会产生新的机会，如电子商务对传统行业的改造。人口聚集的特大城市更容易促进行业间的互动。产业聚集伴随着人口聚集，控制人口则在阻隔聚集力的作用，消减各种潜在的经济机会。

人口控制政策也在阻断不少年轻人的梦想。根据智联招聘《2013春季职场才情报告》，各地求职者中，户籍不在工作地的求职者的比例在一线城市中最高，达70%，即外地户籍者是一线城市求职者的主体，户籍政策严重滞后于人力资源优化的需要。该报告还显示城市越大竞争压力越大，但压力并不能阻止求职者对大城市的向往，因为大城市有更高的薪酬和更大的发展空间。该报告所列的24个城市中，上海、深圳、北京和广州一线城市的薪资最高，是其余20个城市一倍以上。

那控制特大城市人口能否将高薪职位转移到规模较少的城市呢？其实，同样的年轻人在不同的环境会有不同的机遇和成就。如果李彦宏不在北京，而是回到家乡山西阳泉创业，他难以成功创建中国最大的网络搜索公司。如果刘强东不在北京，而是回江苏宿迁，他可能不会创办中国最大的自营式电商企业京东。马云在家乡杭州创立了阿里巴巴，杭州本身也是一个创业中心。如果北京等一线城市成功实行了严控人口的政策，很多高附加值的企业和高薪的工作乃至相应的消费都会消失，这种损失对迫切需要创新和创业的中国经济转型来说难以估量。就像我们不应刻意阻止年轻人创业一样，也不应阻止年轻人去大城市实现自己的梦想。

此外，大城市不但需要大量的高端人才，也需要大量的所谓"低端人口"，因为城市高端人才的集聚必然会带来更多对于低技能劳动力的需求。金融和高科技行业离不开餐饮、保洁、安保、快递等服务业的支撑。驱赶"低端人口"只会加大高端行业的成本并普遍降低本土居民的生活水平。大城市的公共政策应该着眼于为低技能劳动者的下一代提供公平的如教育等基本公共服务的机会，让其充分融入大城市，成为适应大城市发展需要的劳动者和内需的创造者。

如果北京的建成区人口达到前面估算的 3000 万人，而非目前的 2000 万人，北京的人均 GDP 应更高。即使假设人均 GDP 依然是 2015 年的 10.6 万元，人口控制使北京所减少的 GDP 也有（3000-2000）×10.6 = 10600 亿元。当然，北京的减额会部分地成为外地的增额，但由于被阻止流入北京的人口在外地创造和消费的价值要低于在人口更聚集的北京，外地的增额要小于北京的减额，从而在整体上对国家造成损失。根据目前北京一般预算收入与 GDP 的比例，人口控制让北京减少了约 2000 亿元的地方财政收入。尽管北京也因此节省了支出，但因为本来要流入更多的劳动人口，人口控制带来的收入减少要大于节省。

在以个人所得税为主要税种的国家，上述结论不言而喻：少一个人就少一份税收，所以各地会竭力吸引人口，特别是劳动人口。人口增长是政绩。但在中国的税制下，人口规模与城市发展的正面关系并不直观，长期的计划生育宣传更让地方政府把人当成负担。这种观念的偏差在北京尤其突出。

当然，政策的目标不应只是发展经济，而应是提升生活品质。如果规划恰当并管理得当，在促进经济发展的基础上，人口聚集更能提升生活品质。北京等一线城市在医疗、教育、文化环境和基础设施上好于一般城市，很大程度得益于人口聚集的规模效应。比如更多医治对象涵盖更多疑难杂症，可以促进不同医院更加专业化，也可以帮助医生积累更多经验，最终带来整体医疗水平的提升。

人口控制政策对无数家庭来说也有大弊端。在北京的工作人口中，外地户籍者已占 46%，其中很多人长期缴纳北京社保，孩子也一直在北京上学，与原籍已没多少联系。但因为控制人口而收紧非京籍学生升学的政策，让其中一些人不得不把孩子送回原籍上学，这种方式不利于这部分人对子女的教育，也不利于家庭亲情的维护和发展，引发一系列诸如留守儿童等社会问题。

简言之，北京实施控制人口的政策不仅伤害了国家的整体利益，而且伤害了北京自身的利益，同时给无数家庭带来隐患。

严厉的落户限制和将各种权益与户籍挂钩的政策，是严控外来人口的主要手段。十八届三中全会确定了市场在资源配置中的决定性作用，但同时也提出了严控特大城市人口规模，这相当于否定了市场决定人口流动的作用。相对于庞大的体量，中国在种族、语言和文化上的内部差异性很小，但在隔离性的户籍制度下，中国的城乡和地域差距不仅远大于发达国家，也远高于印度等发展中国家。这种现象对中国的整体发展特别是内需的提振尤其不利。经脉畅通才能健康，各种要素充分流动才能促进经济结构的优化。比起财和物，人是更核心的要素，人的自由迁徙对经济的健康发展更重要。

无论是根据什么指标，中国的贫富差距都排在世界前列，不仅高于许多发达国家，也高于包括印度在内的大部分发展中国家。中国的贫富差距主要体现在城乡之间。从1952年有数据起，中国城乡的收入比在1.82到3.2之间，而印度介于1.25到1.72之间。中国的城乡收入比是印度的1.66倍，甚至中国这些年的最低值1.82也要高于印度的最高值1.72。2015年，中国城镇人均可支配收入依然是农村的2.73倍，这种差异在全国各地普遍存在，只是东部略好于西部。发达国家的城乡和地域之间也有差距。比如，2012年，美国农村家庭的收入中值约为城市家庭的78%，尽管这个比值与中国的数据并不可直接比较，但它所反映的美国城乡收入差距要明显小于中国。

之所以有这种反差，是因为绝大部分国家都没有户籍制度对迁徙的人为阻隔，人口可以在城乡和各地之间自由流动。在美国，昨天中部堪萨斯乡村小镇的园艺师，也许今天就能成为纽约的白领，明天又可能去佛罗里达享受退休生活。只要自己愿意，随时都能回到城市或者乡村，可以去自己想去的地方生活。这种高度的流动性有助于缩小贫富差距，因为如果一个地方收入太低，劳动人口就会离开，直到当地劳动力价格因为劳动力短缺上升到可比的水平。这种人口的自由流动并不只是发达国家的特征，而是世界各国的常态。去哪里工作和生活是个人的选择，政府的职责只是按合理的预测来规划和提供公共服务。甚至在欧盟各主权国家之间，人口也可以自由迁徙；一个来自波兰农村的年轻人只要愿意，就可以去巴黎工作和生活，并享有与当地人相同的就业、居住以及孩子受教育的权利。

相比而言，中国各省、市、区虽然都属于同一个主权国家，中国人在种族、语言和文化上的内部差异性很小，但不能在城乡之间、地域之间完全自由地流动。一个河北农民在北京工作一辈子也可能无法获得北京户籍，甚至他的孩子都不能在北京正常上学。实际上，中国政府一直致力于缩小城乡和地域之间的差距。中共中央每年的1号文件都专注于农业、农村、农民问题，新农村建设、村村通、新农保等一系列倾斜性政策更是在扶助农村的发展。然而，中国的城乡差距，纵向来看几十年里几乎没有缩小，横向来看仍位于全球排名的前列。可以说，限制性的户籍政策是导致这个后果的重要原因。

与其他城市相比，北京的户籍限制更严厉。曾有北京市政府的工作人员感叹，要是每月办理几十个海外回国人员落户，北京根本无法承受。这是一种典型的视人为"洪水猛兽"的思维。其实几十人只是十年来北京每月正常流入人口的千分之一。又如 2013 年 10 月清华大学城市规划专家文国玮称,"外来人口想要取得北京户口,可以考虑进行考试审核……也可以建议参照国际经验,要有'工作许可制度',没有工作许可就是'非法打工',就要处理"。这其实是混淆视听。在国际上,"工作许可"针对的是外国人,不针对本国人。相反,一些国际性都市甚至对来自国外的非法移民也网开一面。比如,纽约市在 2003 年发布的第 41 号行政令就规定,如果非法移民申请市政服务或福利,寻求警察帮助,或作为犯罪行为的受害者或证人,除非法律专门要求,市政公务员和警察不得询问其移民身份。

纽约的做法未必值得借鉴,但不论贫富贵贱,给所有居民提供尽量公平的环境是纽约成为国际性都市的成功之道。相比之下,北京一边出资吸引海外高端人才,一边以产业调整为名驱赶所谓的"低素质"人口。抛开公平和道义不说,即便为了维持健康的发展,比起大力吸引在海外功成名就的高端人才,北京更应善待在本地奋斗的普通劳动者。

首先,现代经济技术的发展是一个持续的过程,比不断改变的结果更重要的是形成能培育优秀结果的环境,特别是公平而有效的竞争和筛选机制。引进海外高端人才如果没有整体环境作为支撑,只会陷入"引进—落后—再引进"的循环。

其次,谁是人才应由市场而非政府判定。政府的介入有可能扭曲人才市场,并破坏其公平性。分别毕业于杭州师范学院和深圳大学的马云和马化腾,在阿里巴巴和腾讯壮大之前大概都不会被政府机构归为杰出人才。

再次,行业是否高端也应由市场而非政府判定。比起介入产业布局,政府更应提供和维持公平合理的环境。而且,所谓高低端行业是相辅相成的,金融和高科技行业离不开餐饮、保洁、安保等服务业的支撑。驱赶所谓的"低素质"人口只会加大高端行业的成本并普遍降低居民的生活水平。

最后,雪中送炭远比锦上添花更能带来凝聚力和归属感。人们与居住地之间的联系,除了经济利益之外还有情感成分。基于情感联系而形成的认同感,是一个城市最宝贵的核心精神之一。在落魄时被公平对待所产生的认同感最持久和真诚,也更容易让人们把自己与城市的命运相连。

由于人口随经济机会流动,户籍限制无法阻挡人口迁徙,却让很多在当地工作和居住的人,无法在职业和事业乃至家庭生活上做长远打算,甚至存在捞完钱就走的心态。这些现象不利于当地经济的可持续发展和内需的提振。目前，北京的年轻就业者中，外地户籍者已占一半，很难想象如此大比例的人永远是法律意义上的"二等公民"，由此产生的愤懑长期累积只会消耗北京乃至国家的凝聚力。

现行户籍政策滋生本位思想。外地人的涌入既带来好处也带来问题，但在把人当成负担的计划生育思维下，本地人看到的更多是代价。如果没有户籍区隔，这种情绪的对立就不存在明确的界限。而且，人们也会按自己的偏好去选择居住地。如果外地人大量流入，那些更在乎人口聚集的代价而非好处的本地人就会迁出。但在当前政策下，户籍与各种福利挂钩，拥有北京户籍的本地人几乎不会改变户籍和居住地，只好承受人口增长带来的各种代价。

户籍政策的改革方向应是逐步放松直至完全取消限制。实际上，在 2000 年，随着经济的自然发展，户籍的功能已开始淡化。但之后更多政策与户籍挂钩，让户籍的限制性功能死灰复燃。现在严控大城市人口的政策，更让基于户籍的控制手段变本加厉。

实施多年的收容遣送制度在 2003 年被废除后，原先担心的所谓"流民"失控并未发生。同样，户籍政策改革只是让当前状态正常化，会消除而非引发社会矛盾。目前的医疗和社会保障已基本与工作地而非户籍所在地挂钩，基于户籍的某些限购措施是反市场的短期特殊政策，不应成为长期障碍，初等教育按家长居住地来实施本来就是演变的方向，大学录取可从按学生的户籍地逐步过渡到按学习地进行，并最终实现全国一视同仁。

如果流入的人口能合法生存，他们就应成为法律意义上的当地人。在经济社会的持续发展下，改革措施只要设计得当，就可确保当地人原有福利不被降低。其实，当地人拥有先到优势，外来移民只会让当地人的生活条件更加完善。消除户籍区隔会缩小城乡和地域的差距，促进经济更健康地发展，让所有人受益。现在许多城市居民的上辈或上几辈来到城里成为当地人，如果当年也有各种限制，中国现在的城市不会这么繁荣，城市居民整体上也不会这么富裕。

（四）北京的未来发展之路

北京人口控制政策减少了多少人口？这些减少的人口降低了多少资源需求？又可缓解多大的交通压力？可在多大程度上改善空气质量？应选取何种指标来衡量这些效果？这些指标的选取又是否得到学术界的普遍认可？即便假定这些指标有所改善，那么这种改善在实证分析上多大程度可以归因于人口控制？此外，人口控制对北京乃至全国的创新有多大的负面影响？这种机会成本是否有过评估？人口控制减少了北京多少税收？通过减少税收又在多大程度上影响了北京的城市建设和市民福利？更进一步，北京人口控制政策又造成了多少孩子必须离开父母回原籍上学？这种代价对受影响的家庭有多大，对政府的形象和信誉的影响又有多大？如何证明这些代价是值得的？

如果要继续以严控外来人口的方式来缓解北京的"大城市病"，那么首先就应该深入研究上述这些问题，并且在每一点上找到足够的证据和充分的论证。做不到这点却继续进行人口控制，等于把城市建设的理念基于想当然之上。但迄今为止，并未见到针对上述问题有过被学术界认可的详细的评估报告。而我们前文的分析表明，所谓北京的城市规模已经达到或接近自然资源极限的说法是站不住脚的，各种"大城市病"的问题与其说是人口过多，不如说是人口控制思路下的规划和管理的失误，严控外来人口不仅损害了外地人的利益，更危害了北京自身乃至国家整体的发展。

可以预料，根据不符合经济规律和不切实际的人口控制目标来规划北京的建设，一边享受人口聚集所带来的收益，另一边却将规划失误和管理不当造成的种种问题归咎于人口太多，同时用把居住、教育等权益与户籍挂钩的方式来限制外来人口的流入，其后果将是：一方面，人口增长将高于控制目标，北京的公共资源和基础设施将一直滞后于现实需要，流入人口中有很多处于无法安顿的状态中，愤懑的情绪不断积累；另一方面，人口规模被控制在均衡水平以下，北京所感受的只是人口膨胀的压力，根本看不到人口控制所造成的发展机遇和经济效益上的巨大损失。

中国是世界人口最多的国家，目前也是世界第二大经济体并且在可预见的将来成为世界最大的经济体。作为中国的政治、文化以及北方的交通枢纽和经济中心之一，北京的发展不仅关系到北京居民的福祉，也关系到中国的整体利益，并且将对中国其他城市起到示范效应。北京也是高校、科研机构和高科技企业最为集中的城市，北京的科学研究、创新、创业最能体现中国的人口规模优势。因此，我们希望北京能顺应经济的自然规律，在突出北京首都功能的同时，充分认识并发挥其自身的优势，在推动中国的创新、创业、促使发展水平更上一层楼的过程中起到主导性作用。这么做需要开阔的视野、创新的思维和高效的执行力。虽然面临巨大的挑战，但也可能开拓出一条合适的道路，引领世界未来超大城市的发展方向。

首先，应该以真正合理的人口规模预测值为基础，将河北的邻近地区和天津纳入规划，建设全球首屈一指的大都市圈。这需要在规划和建设上打破行政区划的樊篱，互通有无，营造一个公平、透明、法治的环境，让企业和个人自然聚集，在这里做长期打算，不仅在这里工作，而且在这里居住，成家立业、养育子女。目前，京津冀一体化的设想虽然超越了行政区划，但出发点主要是减轻北京因为规划失误和管理不当所遭受的压力，而不是经济发展的互补性的需要。不同地区间的户籍区隔及其对人口迁徙的限制会阻碍北京与河北和天津的自然融合，让画地为牢的思想根深蒂固。如果连天津与河北的车辆都不允许在北京行驶，京津冀一体化就是空话。

其次，在北京行政区划内和邻近地区，离中心区距离不等的地方规划一些区域，并用高速轨道交通将城市中心与郊区、郊区与郊区连接起来。目前的郊区轨道交通，要么是平均 2 公里一站的低速地铁，要么是 50 公里一站的城际高铁。从郊区的发展来看，建设 10 公里左右为一站的郊区高铁，才具有更大的社会和经济效益。比如，在日本，横滨距离东京市中心不到 30 公里，两地就是由只停一站到两站的高速列车连接。为了进一步减少通勤时间，郊区的卫星城，可以规划商业和教育资源，混合居民区、商业区、办公区、学校和医院等，而不一定要集中建设商务中心。新加坡就通过在居住区附近规划购物、学校等各种便利设施，大幅减少了通勤时间。万达商业地产的成功之处就是把办公、商业、酒店混在一起集中开发。

再次，在新区建设上，至少应以每户两辆汽车的正常使用方式为标准来规划道路网络。即使在寸土寸金的地方，将合理比例的土地用于道路建设，不仅不会降低土地收益，反而会推升道路以外的土地价值，让区域土地整体价值提高。老城区的拥堵，则需要更精细化的改造和管理。除了进一步改造路网，疏通某些节点外，还可以优化交通信号系统，充分利用现有道路。道路拥堵一般出现在部分时间和路段，因此对特定时间和路段收取拥堵费是合理的。这只需要监测和记录过往车辆的牌照并定期收费，类似技术也已经逐渐成熟，国外一些城市已有应用。拥堵费的计算方式可逐步调整以优化道路使用。如果说这样做过于复杂，也可增加燃油税费来提高用车成本。收取的拥堵费和燃油税可用来补贴公共交通，或提升道路等基础设施。

最后，逐渐取消各种政策性限制，最终实现人的自由流动。在市场经济中，人会随着经济机会而流动，其动力是需求和供给的匹配能带来更高的经济产出。限制人口流动自然会造成经济机会和效率的损失。经脉畅通才能健康，各种要素的充分流动才能促进经济结构的优化。比起财和物，人是更核心的要素，人的自由迁徙对经济的健康发展更重要。更重要的是，人本身是目的，不是手段。城市发展是为了满足人的愿望和追求，实现人的自身价值，而不是服务于其他功利性的目标，更不是去达成某些臆想出来的指标。所有的国家，人们去哪里工作和生活完全都是个人的选择，政府的职责只是按合理的预测来规划和提供公共服务。北京应该坚持以人为本的原则，更人性化地规划和建设宜居区域，兴建更多的托幼、学校、医院等服务设施，让北京不仅成为更多有志者成就事业的奋斗之地，也成为他们安家、养育、生息的栖居之地。人，也只有人才是一个城市的根本。

执笔人：黄文政（美国约翰·霍普金斯大学生物统计学博士，人文经济学会特约研究员）

2017 年 1 月 2 日

城镇化过程中土地征收范围的限缩

——各地实践及其对北京的启示

陈　敦　郭志京*

我国的征地制度脱胎于高度计划经济时期，为适应经济社会发展不断改革完善，但终有其难以克服的弊端。近年来，随着城镇化步伐的加快，一轮又一轮的"开发区热""房地产热""城市新区热"，使农民的集体土地不断地变成国有建设用地，征地矛盾日益尖锐，征地制度改革已经成为全社会共同关注的话题。征地制度存在的问题，长期以来理论和实务主要集中在征地范围、补偿标准、征地程序、征地争议解决四个方面，其中征地范围是前提性、根本性问题。关于征地范围，存在征地范围过于宽泛，特别是如何界定"公共利益"的范围等难题，十七届三中全会和十八届三中全会的决议中已经明确指出，要缩小征地范围，由此成为征地制度改革的方向。

一　我国征收范围的现状及缩小土地征收范围的必要性和紧迫性

近六十年来，征地制度的不断发展和完善，对于规范征地行为，调整征地过程当中各个主体的利益关系，发挥了非常重要的作用。但由于法律制度不统一等原因，土地征收范围仍然存在扩大化的现实，具有极大危害性。

（一）我国土地征收法制的现状

目前，我国规范土地征收的法律主要有宪法、物权法、土地管理法、城市房地产管理法等，它们共同构成了我国现行的土地征收法律制度。《宪

---

* 陈敦，北京工商大学法学院副教授，法学博士；郭志京，天津大学法学院教师，法学博士。

法》第 10 条第 3 款规定："国家为了公共利益的需要，可以依照法律规定对土地实行征收或者征用并给予补偿。"这一条规定奠定了土地征收法律制度的基调，是赋予国家土地征收权的规定，同时提出了土地征收必须符合特定的目的，即为了"公共利益"的需要，从而对国家土地征收权给予了适当的限制。《物权法》第 42 条第 1 款规定："为了公共利益的需要，依照法律规定的权限和程序可以征收集体所有的土地和单位、个人的房屋及其他不动产。"该条规定实际上是在《宪法》的赋权行为下对土地征收的范围和程序做出的更为具体的规定，即哪些财产是可以征收的，依据什么程序来征收。《土地管理法》第 2 条第 4 款规定："国家为了公共利益的需要，可以依法对土地实行征收或者征用并给予补偿。"本条明确了对土地征收或征用应当给予补偿。《城市房地产管理法》第 9 条规定："城市规划区内的集体所有的土地，经依法征收转为国有土地后，该幅国有土地的使用权方可有偿出让。"本条明确了集体所有的土地只有经过征收变为国有土地后，方可完成有偿出让程序。

由此可见，我国目前土地征收法律制度的现状是：宪法明确土地征收权，并以公共利益目的予以限制，辅之以补偿的制度安排；物权法划定土地征收的范围，并规范征收的程序；土地管理法明确征地的补偿措施；城市房地产管理法规定了城市规划区内集体土地有偿出让的程序。可见，唯有为了"公共利益"的需要才能进行土地征收是宪法、物权法、土地管理法等法律的明确规定，那么，按照这些规定，公共利益以外的其他用地则不能通过土地征收的方式取得。然而，根据城市房地产管理法的规定，城市规划区内集体土地唯有先征收为国有土地后方可出让，而不论出让的土地用于何种目的，这凸显了土地征收制度中隐藏的矛盾。

（二）我国土地征收范围扩大化的现实及其危害性

2013 年，我国国有建设用地供应总量为 750835.48 公顷，其中体现了公共利益的用地（公共管理与公共服务用地、交通运输用地、水域及水利设施用地等）为 328305.67 公顷，约占建设用地总面积的 43.73%，其余工、商、住宅用地占了年供地总量的 56.27%。而在 2012 年，这个比例分别为 47.59% 和 52.41%。也就是说，我国每年有一半以上的用地不属于"公共利益"的范围，而这些用地主要依靠土地征收制度的运行来供应。这实际上是违背宪法和物权法等法律规定的，同时，也带来了相当多的社会问题。

首先，征地范围的不确定纵容了政府的制度性寻租行为。立法上对于征地范围界定不清，给政府在实施征地行为时留下了巨大的自由裁量空间。在巨大的利益驱动下，某些地方政府对于一些经营性的用地也同样以公共利益的名义进行征收，之后再将地块有偿出让给经营者。这样的行为已偏离了征地制度所确立的公共利益目的，成为某些地方政府和经营者相互联系、共同盈利的工具，严重影响了政府的公信力。

其次，征地范围的扩大化也不利于对耕地的保护。耕地保护是关系我国经济和社会可持续发展的全局性战略问题，"十分珍惜、合理利用土地和切实保护耕地"更是我国必须长期坚持的一项基本国策。然而，某些地方政府在利益的驱使下，征收大量的耕地作为经营性建设用地。在这种情况下，保护耕地也就沦为一种空谈。

最后，征地范围的扩大化与法律所追求的公平、平等的价值不符。在实践中公共利益屡屡被扩大适用范围，地方政府通过征地的行为从中牟取利益的做法，实质上是一种与民争利的行为，这必然是与法律所追求的公平价值所不符的。随着越来越多的集体土地被征收，作为经营性用地，原来的土地所有人与经营者之间的利益差也日益扩大，利益分配不均衡的弊端日益凸显。在这种情况下，政府与失地农民、失地农民与用地企业之间的矛盾也越来越尖锐。频繁发生的征地冲突事件就是经济利益分配不均的直接体现。

二　限缩土地征收范围的主要困难

为了促成新一轮土地制度改革的有序进行，缩小土地征收的范围成为改革的重点。然而，要真正"缩小"征地范围，则必然会对现行征地制度做出限缩性的调整，但是现存的征地制度不仅承载着为我国高速进行的城市化建设提供足量土地的社会功能，还在很大程度上肩负着给地方政府的发展提供资金支持的经济重任。面对这样的现状，想要限缩征地的范围可谓困难重重。

（一）政治因素

1. 缺乏有效的建设用地供地方式

建设用地取得方式的替代方式尚未建立，缩小征地范围将面临限制现阶段我国城市化建设进程的困境。目前的征地制度承载着为我国城市化建设提供大量建设用地的社会功能。在现行征地制度下，各省份几乎一半的新增建设用地属于工商业用地，而依据我们现有的法律，这些工商业用地的取得全部来源于土地征收。在这种情况下，如果一味要求将征地的范围限制在"公共利益"的范围内，不考虑开辟新的土地流转途径的话，我国的城市化建设必将面临建设用地资源不足的尴尬境况。各省在推行自己的土地政策时，也不得不考虑限缩征地范围可能带来的建设用地不足的情况，取得新的建设用地的来源与途径尚处于探索阶段，还无法承担起补足城市化建设用地缺口的重任。因此，由于社会实际情况的限制，这项改革势必不能孤立进行，在缩小征收范围的同时，新的土地取得方式也必将同时建立。

2. 地方政府对缩小土地征收范围缺乏激励

随着我国经济的发展，土地利用需求的扩大，国有土地出让金已成为我国财政收入的一项重要来源，以河北省 2015 年全省财政收入数额为例，[1] 国有土地使用权出让的收入是河北省全年收入的重要组成部分，而国有土地出让的主要来源便是土地的征收。根据前文的数据，河北省城镇村建设用地中 89.7% 的土地属于商业用地，若这些土地的流转完全退出土地征收的范围，对地方政府的财政将是一个沉重的打击。实际上，由于近年来缩小土地征收范围的呼声不断高涨和试点工作的不断开展，这种影响已经开始初露眉目。2015 年，河北省仅国有土地使用权出让收入一项就比 2014 年减少了 18%。另外，由于这种缩小土地征收范围的机制尚在探索与试点中，相应的替代机制尚不完善，因此，在办理相关用地手续时，试点项目仍然需要占用当地政府的农转用指标，并由地方政府缴纳新增建设用地土地有偿使用费，随着城市化建设的逐年发展，这项费用的支出将会逐年呈现递增趋势。支出的增长加上收入的缩水，这对地方政府的经济建设将造成不可预估的影响，因此，地方政府推动试点的积极性不高。

---

① 2015 年全年，河北省政府共计收入 57246390 万元，财政预算收入实际完成量共计总额 26484899 万元，占总收入的 46.26%，其中税收收入 19340103 万元，非税收入 7144796 万元，分别占财政收入的 73.02% 和 26.98%。政府收入的另一个重要来源，政府性基金收入（包括城市公用事业附加收入、国有土地收益基金收入、城市基础设施配套费收入、国有土地使用权出让收入等）13770617 万元，占总收入的 24.05%，其中主要部分就是国有土地使用权出让的收益，共计 10045667 万元，分别占到政府性基金收入总额的 72.95% 和河北省政府全年收入的 17.55%。资料来源：河北省财政厅官方网站，网址 http://www.hebcz.gov.cn/，最后访问日期：2016 年 6 月 7 日。

（二）制度因素

1. "公共利益"界定不清带来障碍

从目前的法律规定看，虽然我国现有法律中规定的征地范围是"为了公共利益的需要"，[①] 但我们对"公共利益"的界定不清晰，现行的法律并没有给出一个明确的回答，给缩小征地范围的实践造成了一定的困难。在"公共利益"概念尚不明确的情况下，《土地管理法》第43条规定："任何单位和个人进行建设，需要使用土地的，必须依法申请使用国有土地。""前款所称依法申请使用的国有土地包括国家所有的土地和国家征收的原属于农民集体所有的土地。"此条规定实际上是将土地征收权扩展到整个非农建设用地，将本应以市场行为获得的商业性开发用地也纳入国家土地征收权的行使范围，在一定程度上导致了征地权的滥用。在现实中，征地的目的早已不限于"公共利益"，而是已经扩大到企业利益和个人利益，任何单位和个人都可申请国家动用征地权满足其用地需求。在土地的规划、征收、征用、强行拆迁等方面出现的大量侵犯农民权益的案例，往往都是某些行政机关假借"公共利益"之名行损害农民利益之实，使大量商业性用地目的都成为公益目的，导致土地征收目的的泛化及土地征收行为的滥用，征地范围被无端扩大。

2. 试点改革缺乏上位法的支持

目前如果要申请一块土地进行商业开发，就必须进行土地征收，为了改变这种局面，我们正试图进行一种改革，转变这种商业开发性质的用地途径，换句话说，我们最终将采取使集体土地跳过征收的过程，直接投入建设的方式完成土地的流转。这是一次对土地征收乃至土地流转市场都极为重要的改革，为此国土资源部部署开展征地制度改革试点，按照《关于部署开展征地制度改革试点工作的通知》（国土资厅函〔2010〕633号）的要求，2011年6月至8月，国土资源部先后批复11个城市开展征地制度改革试点。天津、重庆、沈阳、武汉、长沙、成都这6个城市开始了缩小征地范围的试点。然而，目前支撑这项改革进行的却是国务院和国土资源部下发的一系列红头文件，所有与改

---

① 我国《宪法》第10条第3款规定："国家为了公共利益的需要，可以依照法律规定对土地实行征收或者征用并给予补偿。"《物权法》第42条第1款规定："为了公共利益的需要，依照法律规定的权限和程序可以征收集体所有的土地和单位、个人的房屋及其他不动产。"《土地管理法》第2条第4款规定："国家为了公共利益的需要，可以依法对土地实行征收或者征用并给予补偿。"

革土地征收制度，缩小土地征收范围有关的规定散见于这些文件中。例如
2011 年 2 月 28 日国土资源部关于印发《保发展保红线工程 2011 年行动方案》
的通知（国土资发〔2011〕1 号）中规定："推进征地安置补偿的制度改革试
点，完成《集体土地征收征用条例》起草。有序推进集体经营性建设用地流
转试点，起草有关规定。"2012 年 12 月 31 日《中共中央国务院关于加快发
展现代农业进一步增强农村发展活力的若干意见》（中发〔2013〕1 号）中
规定："依法推进农村土地综合整治，严格规范城乡建设用地增减挂钩试点
和集体经营性建设用地流转。农村集体非经营性建设用地不得进入市场。"
等等。

又由于这次试点活动完全由地方政府主持，各地规定并不统一，其结果也
尚未明朗。但这些部委文件的效力层级很显然低于土地管理法的规定，若要推
行缩小征地范围的政策，试点城市的用地企业首先要面对的就是违反土地管理
法规定取得的土地。这些土地无论是在取得方式上还是在今后的开发利用中，
都可能会面临一些根据目前的法律规定所无法预料的纠纷和问题。因此，各用
地企业并不是十分倾向于使用此种类型的土地，没有足够的需求市场，这是缩
小土地征收的试点工作开展困难的又一大原因。

（三）经济因素

1. 采用新的用地方式缺乏配套制度

采用新的用地方式由于缺乏配套机制，因而给予的经济激励不足，难以吸
引用地企业的目光。一般的商业用地在选址方面考虑的因素较多，一个合适的
地理位置往往对企业的经营成本和收益有很大的影响。同时，该地段的规划政
策和配套设施的完善也是企业用地需考虑的重要因素。因此，在目前的土地征
用制度下，企业在预付包括出让金、安置费、补偿费等成本后，往往能够取得
一块符合自身发展要求的合适的土地。但是，在缩小土地征收范围的试点中，
对于工业供地，地方政府更倾向于集体存量建设用地和规划区外的土地。这些
类型的用地虽然经济成本较征收来的土地低廉，但也存在一些自身固有的缺
陷，如其土地上的配套设施建设十分不完备，要投入使用的话，企业自身对地
上建筑的前期投资过大。这样，和直接使用国有土地相比，企业付出的成本并
没有明显下降，在同等的成本下，用地方自然更倾向于使用各项权益更有保障
的国有土地。

2. 采用新的用地方式需要用地方付出更高的谈判成本

缩小征地范围的替代措施缺乏协商规范，用地方可能需要付出更高的谈判成本。我们目前的供地模式是：用地方提出用地申请在先，政府在审查后，根据城市建设的规划划拨或实行征收，以满足用地方的需求。在此基础上，用地方支付相应的出让金和支付被征收者的补偿金和安置费用。在供地方的需求合理且符合城市规划的需求时，用地方往往能在自己预计的合理时间内取得土地的使用权。而在缩小土地征收的改革试点中，供地将变为如下的模式：用地方拿出自己需求的土地类型和用地规划文件，找到合适的供地方（通常为村集体），然后通过协商的形式取得供地方的同意，在全部的供地者同意后，以协议的形式取得土地的使用权。在这个过程中，将会存在两个主要的问题，一是对作为集体土地使用权的直接拥有者——农民而言，他们往往不能够从宏观的角度考虑一个用地方的需求，而且这个供地的群体的意见是以多数人为主的，实际上很难达成统一的意见。这就在无形中增加了用地方的谈判成本，原本短时间内就可以通过征收取得土地使用权的用地方可能要付出几倍于以前的时间来达到同样的效果。二是企业应支付的补偿费用，按照现在的制度，用地方一次性足额支付安置费和补偿费，这也是出于对失地者利益的考虑，且在支付费用后用地方取得的将会是一块没有任何负担的土地，也符合用地方的利益考虑。若改为以协议的形式取得集体土地，就存在一个利益的平衡问题，在土地的价值逐年提升的情况下，要求用地方一次性支付固定的价款给出让方可能造成出让方经济利益的损失，出让方也很可能因此不愿继续与用地方的协议而产生纠纷，存在很大的隐患。出于经济利益考虑，许多用地者对使用集体土地并没有太大的热情。

三 缩小土地征收范围的立法和实践探索

近些年，面对土地征收带来的各种问题，政府也在不断地试图找到一种合理有效的解决途径。2008 年 10 月 12 日，十七届三中全会通过了《中共中央关于推进农村改革发展若干重大问题的决定》，决定明确指出要："改革征地制度，严格界定公益性和经营性建设用地，逐步缩小征地范围，完善征地补偿机制。"在此思想的指导下，2010 年国土资源部下发了《关于部署征地制度改革试点工作的通知》（国土资厅函〔2010〕633 号），并于 2011 年 6 月至 8 月，先后批复重庆、沈阳、武汉、长沙、唐山、西安、天津、成都、杭州、佛山、

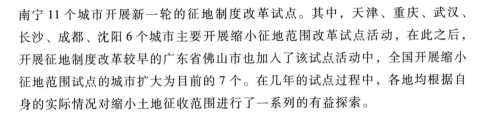

南宁 11 个城市开展新一轮的征地制度改革试点。其中，天津、重庆、武汉、长沙、成都、沈阳 6 个城市主要开展缩小征地范围改革试点活动，在此之后，开展征地制度改革较早的广东省佛山市也加入了该试点活动中，全国开展缩小征地范围试点的城市扩大为目前的 7 个。在几年的试点过程中，各地均根据自身的实际情况对缩小土地征收范围进行了一系列的有益探索。

（一）立法探索

2008 年 10 月，第十七届中央委员会第三次全体会议通过了《中共中央关于推进农村改革发展若干重大问题的决定》，其中规定"改革征地制度，严格界定公益性和经营性建设用地，逐步缩小征地范围，完善征地补偿机制。依法征收农村集体土地，按照同地同价原则及时足额给农村集体组织和农民合理补偿，解决好被征地农民就业、住房、社会保障。在土地利用规划确定的城镇建设用地范围外，经批准占用农村集体土地建设非公益性项目，允许农民依法通过多种方式参与开发经营并保障农民合法权益"，为土地征收制度改革指明了方向。

2011 年 1 月《国有土地上房屋征收与补偿条例》公布施行，为集体土地征收制度改革提供了借鉴。

2013 年党的十八届三中全会决定明确提出：缩小征地范围，规范征地程序，完善对被征地农民合理、规范、多元保障机制。

2014 年 12 月 31 日，中共中央办公厅印发《关于农村土地征收、集体经营性建设用地入市、宅基地制度改革试点工作的意见》，对农村土地征收制度改革进行总体部署。

2015 年 2 月 27 日，全国第十二届全国人民代表大会常务委员会第十三次会议审议通过《全国人民代表大会常务委员会关于授权国务院在北京市大兴区等三十三个试点县（市、区）行政区域暂时调整实施有关法律规定的决定》，授权国务院在北京市大兴区等三十三个试点县（市、区）行政区域，暂时调整实施《中华人民共和国土地管理法》《中华人民共和国城市房地产管理法》关于农村土地征收、集体经营性建设用地入市、宅基地管理制度的有关规定。根据试点实践的情况，修改完善有关法律。

（二）各地实践探索

1. 武汉：制度创新研究与实施试点项目相结合，周密有序地开展试点

2011 年 6 月，在国土资源部的批准下，武汉市在江夏、黄陂两区开展缩

小征地范围的试点。经过长达两年的准备，最终在 2013 年 11 月，确定了江夏区墨子岛湖光山色旅游度假项目为缩小征地范围试点项目。黄陂区天河机场 T3 航站楼留地安置项目被确定作为重大项目完善补偿安置机制专题试点项目，共涉及用地 280 亩。

在这两年的时间里，武汉市为试点工作做出了如下努力。

首先，武汉市明确了缩小征地范围工作的最终目的。即，对现有的征地制度进行控制，使非公益性用地退出征地的范围，防止土地征收权的滥用以及保护农民的土地利益。在此基础上，武汉市围绕"公益性"与"非公益性"这个基本概念，以《城市用地分类与规划建设用地标准》（GB50137-2011）为基础，并结合划拨用地目录和土地利用现状分类进行研究，初步研究制定了非公益性用地建议目录。该建议目录不仅严格遵守限制征地范围的原则，而且还考虑到建设项目是否为社会公众提供公共产品、市场公平与市场互补等原则。

其次，武汉市还以建设项目用地预审、农用地转用和新增建设用地报批、土地取得、土地登记发证、融资抵押等问题为重点，规定了一系列的报批程序，从实行层面给试点工作提供指导。其中规定：项目申报主体为村集体经济组织，集体土地流转方式包括出让、出租、转让、转租、抵押、入股以及其他经协商一致的流转行为。具体操作程序如下：规划条件申请—用地预审—农用地转用审批—集体土地所有权登记—集体建设用地使用权流转—土地利用情况监管—乡村建设规划许可证申请—集体建设用地使用权登记。最终，用地人将取得国土规划局批准核发的《集体土地所有证》，土地使用权以此为证完成转移。

最后，具体设定了集体建设用地使用权流转步骤。主要分为四个方面，分别为：①申请的提出，即由村集体经济组织制定并在该村内部公布土地流转方案，待该方案经村民会议 2/3 以上成员或者 2/3 以上村民代表同意后，由村集体经济组织持相关资料向国土规划局申请公开交易；②确定流转价格，即由村集体经济组织为主体，委托具备资质的土地评估机构对集体经营性建设用地使用权进行评估，考虑土地征收补偿标准及相同用途的国有建设用地或同等级别、同等用途的国有建设用地价格后确定；③设定竞买条件，此为一个程序性的规定，即要求在竞买过程中用地单位必须提交符合要求的书面文件；④签订土地流转合同，规定合同应进行司法公证，并报市国土规划局备案。

从整体上看，武汉市的试点工作前期准备相当完备，既制定了非公益性用地建议目录，使非公益性用地的审批有了一个相对确定的范围，又从土地流转

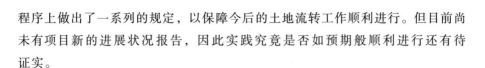
程序上做出了一系列的规定，以保障今后的土地流转工作顺利进行。但目前尚未有项目新的进展状况报告，因此实践究竟是否如预期般顺利进行还有待证实。

2. 重庆：多方入手，结合已有制度进行创新探索

2011年6月，重庆关于缩小征地范围改革试点的实施方案获国土资源部批准，随后，重庆市就选定了永川区为试点地区。首批试点项目建设用地为50.7亩，位于永川区青峰镇胡豆坪村，其中通过城乡建设用地增减挂钩方式取得建设用地45.7亩，存量建设用地4.98亩。

在此基础上，重庆市在试点工作中有如下的创新之处。

第一，课题研究成果与试点工作相结合。为保证试点项目的非公益性，市国土房管局委托西南大学开展了对征地中公共利益界定与征地范围划分问题的研究，并以此研究成果为基础推出了公益性用地目录。

第二，把缩小征地范围的试点与增减挂钩、征地补偿安置等试点政策结合起来，统筹解决用地指标、补偿补助标准等问题。在一期试点的50.7亩土地中，有45.7亩土地通过增减挂钩的方式解决用地指标，约占试点总用地量的90%。

在补偿方面，这部分土地上的青苗、附着物和房屋拆迁均参照永川区同期征地补偿标准执行。房屋补偿后，被拆迁人已通过进城购房或到该镇农民新村购房等方式得以妥善安置。未进行住房安置的，保留搬迁人今后征地中住房安置的权利。拆旧区建设用地复垦参照建设用地复垦实际成本，按照2万元/亩对农户进行补助后，由集体经济组织组织农户进行复垦，通过验收合格后支付补助款，复垦后的土地使用权仍由原使用权人继续使用。

第三，采用"出让+入股"的流转方式，以维护农民的土地利益。也就是说，农民将土地使用权一次性出让给企业，出让期为50年，并将出让所得中的1万元/亩进行入股，作为农民所持的"优先股"，每年获取等同于原土地作为农业用途的保底收益，该部分收益不受企业经营状况的影响，随市场粮食价格而波动，但入股的农民和农村集体经济组织不参与企业生产经营管理。

第四，设立运作土地交易所。这部分的实践活动也就是目前被称为"地票交易"的土地流转模式。2007年，重庆市人民政府办公厅发布《关于加快农村土地流转促进规模经营发展的意见（试行）》（渝办发〔2007〕250号），2008年12月重庆市第一家土地交易所挂牌运营，其注册资金达5000万元，属于市国土局直属的副局级单位。所谓的"地票交易"就是通过"地票"置换城乡土地，把城市郊区的农业用地和农村的宅基地进行置换，既扩大城市的建设用地面积，又不减少耕地面积，这实际上是一种本市域范围内的建设用地和农业用地的"占补平衡"。① 通过这种交换，重庆市基本实现了建设用地的最大化利用，有效地减少了土地征收的范围，提高了土地的利用效率。

3. 成都：探索在非征地模式下配置土地，以确权为基础的土地流转方式

成都市对于土地征收制度的改革总结起来是比较复杂的，早在 2003 年成都市就以"统筹城乡、走城乡协调发展之路"作为地方施政的纲领开始了关于土地制度改革的探索，并取得了不错的成效。面对城市化建设对用地的需求不断增长与现行征地制度下农民利益缺乏保障的矛盾局面，成都市政府选择了在现行征地制框架下启动变革，也就是在维系现有城市化筹资功能的同时，以积极寻找增加农村和农民分享城市化土地收益的方式入手进行探索。

在"增减挂钩"以及"联建"等实践活动进行的同时，成都市选择了在以往经验的基础上，先行研究缩小征地范围涉及的相关制度创新，再选择退出征地范围的用地项目和意向用地单位组织实施试点项目的方式。四川省人民政府于 2012 年 4 月 7 日正式批准了《成都市城镇建设用地"转征与实施分离"用地审批方式实施办法》和《成都市缩小征地范围实施办法》，成都市开始全面启动城镇建设用地"转征与实施分离"试点工作。

目前，成都共有 10 个试点项目，涉及土地 154.6359 亩，全部属于商业、旅游等商服用地，均采用挂牌的方式进行流转，其中开工投产的项目有 2 个，已完成供地的项目 8 个。

4. 天津：国土资源管理部门介入，规范流转程序

2010 年，国土资源部决定在全国部分城市开展征地制度改革试点后，国家于 2011 年批复天津市征地制度改革试点方案，同意在天津市武清等区开展"缩小征地范围"试点。天津市选取了武清区王庆坨镇郑家楼村、黄花店镇八里桥村、汉沽港镇苑家堡村、下伍旗镇北齐庄村 4 个村作为试点，开展 6 个"缩小征地范围"项目，包括天津品源农产品有限责任公司等 6 家农产品加工企业，用地总面积 9.14 公顷。目前，上述 6 个项目均已办理土地转用和供地相关手续，其中 3 宗土地已办理集体土地使用权证手续。

在试点过程中，天津市已经初步形成了一套行之有效的运作模式：在土地

---

① 周靖祥、陆铭：《内地农村土地流转何去何从？——重庆实践的启示》，《公共管理学报》2011 年第 4 期。

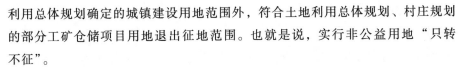

利用总体规划确定的城镇建设用地范围外，符合土地利用总体规划、村庄规划的部分工矿仓储项目用地退出征地范围。也就是说，实行非公益用地"只转不征"。

新型供地模式的整套程序由联合会审、签订协议、组织报卷、报批供地和办理权证5个步骤组成。① 用地单位向国土资源管理部门提出用地申请，国土资源管理部门会同发改委、规划、住建等部门对项目进行审核。村集体、用地单位双方，组织签订集体建设用地适用协议，国土资源管理部门根据协议、村民会议决议、公证书、项目批复文件、规划条件通知书等，办理新增建设用地审批手续。取得用地批复后，用地单位办理供地手续，国土资源管理部门给予公示，公示期满后，向用地单位颁发集体土地使用证。为了充分保护土地使用权人和所有权人的合法权益，天津市试点地区国土资源分局还依照用地单位申请，召开了土地所有权人和使用权人的座谈会，充分听取双方的意见和建议，尤其是收益的支付与使用部分，制定《协议》规范文本，指导和规范集体土地交易。用地单位与农村集体经济组织签订用地协议前，必须经村集体经济组织成员的村民会议2/3以上成员或者2/3以上村民代表同意。这些措施都对缩小征地范围的试点工作提供了宝贵的经验。目前，天津市的6个试点项目运行状态均良好，已经进入投产阶段2个，完成供地1个，完成转用审批3个。

四　缩小土地征收范围的改革建议

（一）制定"公益性项目用地目录"，缩小征地范围

拟定《公益性项目用地目录》实际上是在解决缩小土地征收范围的先决性问题，也就是"公共利益"与"非公共利益"的区分，只有最大限度地明确"公共利益"的边界，缩小土地征收范围的实践才能够最有效展开。从我国现实出发，可以"类型化＋兜底条款"的模式来界定公共利益的范围，"公益性项目用地目录"正是这一模式的具体化。具体而言，此"公益性项目用地目录"究竟应包括哪些内容，我们应借鉴域外的法律规定，并结合我国现行法律法规以及实践来最终决定。

关于公共利益的界定，域外立法例主要有两种不同的界定方式：概括式和

---

① 王仕程、高明、章波：《集体建设用地流转难在哪》，《中国国土资源报》2013年8月1日。

列举式。所谓概括式立法，即在于土地征收有关的法律中仅原则性的规定"为公共利益的需要可以征收土地"，不对哪些事项属于公共利益的范围做出明确的规定。代表性的国家有：美国、德国、英国、法国、加拿大、澳大利亚、荷兰、菲律宾等。第二种是列举式立法，列举式立法则是指，在与土地征收有关的法律中详尽列出哪些是属于出于公共利益目的可以行使征收权的事项。代表性的国家和地区主要有日本、韩国、印度、波兰、墨西哥、巴西、我国台湾及香港地区等。从各国及地区关于"公共利益"范围的规定来看，国防用地、市政建设用地、科教文卫等事业用地、能源、交通、水利等基础设施用地及公共福利用地和文物保护用地划入符合"公共利益"之范畴属于大多数的做法，当无争议。

我国宪法提出了"公共利益"这一概念，但并没有对其内涵进行界定，物权法也是如此。但我国立法对"公共利益"范围曾有过类型化界定的尝试，如《土地管理法》第54条规定，基于国家机关用地、军事用地、城市基础设施用地和公益事业、国家重点扶持的能源、交通、水利等基础设施用地等目的，可以划拨的方式无偿获得建设用地。此条规定实际上以列举的方式规定了公共利益的范围。2011年1月，《国有土地上房屋征收与补偿条例》（以下简称《条例》）正式实施，这意味着公共利益的范围首次在具体部门行政法规中得以界定。《条例》明确只有为了公共利益，国家才能进行国有土地上的房屋征收，相对于以往立法来讲，这无疑是一个巨大的进步，对限制政府的行政征收权、防止地方政府打着为了公共利益需要的幌子牟取商业利益进行房屋征收现象的发生具有重大意义。《条例》对公共利益的范围界定采取了"概括加列举"的形式，即将公共利益概括为"保障国家安全、促进国民经济和社会发展的需要"，这是政府征收的底线，又通过列举六种符合公共利益的基本情形，让政府和民众对公共利益的基本概念和范围界定有了法律上的判断，并为征收与补偿行为提供法律依据。《条例》第8条第7款采用兜底性条款，既防止了立法的滞后性又维护了法律的统一。我们认为，《条例》中对于"公共利益"范围的类型化描述值得我们在缩小土地征收范围的改革中借鉴，这种开放性列举加兜底条款的方式也正是土地征收改革应采取的方式。因此，我们建议在"公益性项目用地目录"中规定如下内容。

为了保障国家安全、促进国民经济和社会发展等公共利益的需要，有下列情形之一，确需征收房屋的，由市、县级人民政府做出房屋征收决定：

①国防和外交的需要；

②由政府组织实施的能源、交通、水利等基础设施建设的需要；

③由政府组织实施的科技、教育、文化、卫生、体育、环境和资源保护、防灾减灾、文物保护、社会福利、市政公用等公共事业的需要；

④由政府组织实施的保障性安居工程建设的需要；

⑤由政府依照城乡规划法有关规定组织实施的对危房集中、基础设施落后等地段进行旧城区改建的需要；

⑥法律、行政法规规定的其他公共利益的需要。

（二）拓宽建设用地途径

正如前文所述，若想要缩小土地征收范围的政策落到实处，我们首先要解决的便是"公益性"和"非公益性"的区分问题。但是，公益性项目清单所解决的只是缩小征收范围的前提问题，对于后续工作的实际操作影响有限。况且，通过上述分析我们可以得出结论，若只谈缩小征收范围这一个孤立的问题，而不考虑与之相关的替代制度建立的话，无论从经济层面还是政治层面都将面临很大的困境。因此，要将非公益性用地集体土地划出征地的范围，那么为了同时能够保障城市建设用地的充足供应，就必须为这些土地进入建设用地市场另辟途径。建立科学完善的土地征收制度和集体经营性建设用地流转制度并使之有效衔接，实现集体经营性建设用地不再履行征收程序而直接入市交易。

1. 普通的商服用地

对于这部分用地的需求，可以通过集体土地直接入市的方式来满足，具体来说，就是加强集体经营性建设用地的流转。参考六城市试点工作的经验，在集体建设用地流转活动中，应当建立一套合理的流转程序，完善此方面的规定，集体建设用地流转提供制度保障。从各地实践的经验来看，集体建设用地使用权入市流转大致需要经过以下几个流程。

（1）所有权人作为土地出让人向土地主管部门提出集体建设用地使用权出让的申请。

（2）土地行政主管部门在接到申请后，审查并实际勘察现场，审查内容主要包括以下几个方面。①是否经过村民会议2/3以上成员或者2/3以上村民代表同意出让。②是否具备规划和用途管制条件，包括符合城市总体规划和土地利用总体规划，这部分可以和国土资源部"增减挂钩"的实践结合起来完成，通过对土地的集约化使用和不同区域相同建设用地类型的置换来最大限度地实现规划建设。③完成农村集体所有权和使用权登记的发证工作。这是一个基本前提，集体建设用地若入市流转首先要解决的问题就是确权，这项工作能够使土地上的权利以法律的形式确定下来，之后无论该土地是出让或是租赁，都有一个明确的法律关系存在，可以避免日后土地流转市场的混乱，保护土地流转双方的合法权益。④确认拟出让土地属于非城市市区区域。

（3）主管部门出具供地地图及地籍调查表、规划设计的条件。

（4）主管部门编制《集体建设用地使用权招标拍卖挂牌出让方案》，方案包括土地面积、供应方式、出让年限、出让价格、土地收益分配等内容。

（5）市、县人民政府审批《集体建设用地使用权招标拍卖挂牌出让方案》，并发布出让公告、制作出让文件，组织出让活动。（3）、（4）、（5）主要是程序性的问题，由土地主管部门负责完成。

（6）签订成交确认书，并将交易结果公示，公示内容包括：土地使用者、面积、价款及投资项目性质等必要事项。公示无异议后，土地所有权主体确认交易结果。

（7）签订土地使用合同，办理土地登记手续。自此，集体建设用地的流转程序完成，土地可以投入使用。

2. 特殊用地

（1）采矿用地。矿业用地存在特殊性，现行土地管理制度不能满足矿产企业对矿业用地的需求是导致实践中出现"合法采矿，违法用地"现象的根本原因。为了解决这个问题，我们就必须对矿业用地的特殊性做一个全面的把握。在允许集体建设用地流转的大前提下，对于矿业用地的利用应遵循"不征不转"的原则。这是采矿用地阶段性特点的集中体现，采矿行业的阶段性特征决定了采矿用地无须以永久转移使用权的方式供应，这也意味着，原土地使用权拥有人可以不完全丧失原有权利的方式完成供地，无须国家公权力介入进行征收，这也就是采矿用地"不征"的由来。同样，既然采矿活动无须永久性地占用一块土地，那么，在矿产资源开采过后必定有一个归还土地和复垦的过程。既然如此，在土地利用的初期就将其作为临时用地对待，不改变它的用地性质，不占用当地农转用的指标是更合理的做法，这就是采矿用地的"不转"。采矿用地不征不转，是国家在多年土地利用的经验指导下找出的一条更为合理的土地利用方式，符合采矿业发展的实际需要。

（2）光伏用地。光伏产业与采矿产业一样，存在其行业的特殊性，在未来光伏产业发展的过程中，其供地模式必然向着多元化的方向发展。根据光伏产业发展的现状，目前对于光伏产业用地的供应应采取灵活的方式。首先，对于光伏产业的一般地面建筑用地来讲，仍需遵守一般的商服用地原则，使用国有土地的，符合国家相关政策的部分可以通过划拨来取得土地，使用集体土地的，则可以通过前文所述的集体土地流转程序来完成。其次，对于新型能源企业，除了以一般商服用地的供应模式流转外，应允许"先租后让，租让结合"的方式；对于使用未利用土地的，若项目建设不改变地表的形态，则不再办理改变土地类型的手续，并且可以租赁的方式取得用地，仅完成备案即可。最后，新产业小型配套设施可以依法取得地役权的方式进行建设。

（3）有关设施农用地。对于这部分土地的利用，只要不涉及占用基本农田，均可以通过简化或备案的方式来进行流转，无须设置特别的流转程序。

总　结

从我国六十多年的征地制度发展历程，可以看出征地制度与土地总体制度的变革息息相关，更是与国家政治经济形势的发展密不可分。征地制度在耕地保护、保护被征地农民利益和保障国家经济建设用地需求之间不断寻求平衡。总之，缩小土地征收范围的改革是一项牵一发而动全身的改革，土地问题也是我们国家发展的根本保障。要想顺利地完成这项变革，就必须在进行充分的论证后，以具体的实践为指导逐步推进。这不仅是完善我国法律理论体系的要求，也是保障广大农民切身利益的实际需要。把握"公益性用地"的尺度，建立健全与土地利用相关的配套设施建设，是我们今后缩小土地征收范围改革的重中之重。只要我们在今后的时期，合理界定"公共利益"的外延，积极统筹"缩小征收"和"加大供应"的关系，协调好供需关系中各方主体的利益，缩小土地征收范围的改革必将取得积极的成果。

城市化视角下的住宅建设用地
使用权续期问题研究

程雪阳*

引　言

根据现行《物权法》第 149 条关于"住宅建设用地使用权期间届满的，自动续期"的规定，住宅类的国有建设用地使用权到期之后自动续期已经是毫无争议的事情，无须过多讨论。但自动续期时要不要继续支付相关费用，以及按照什么标准缴纳相关费用，现行法律无法给出明确的答案，因此现在几乎成了"谜"一样的问题，引发了社会各界热烈的讨论。

出现这种现象，原因在于，立法者在《物权法》的制定过程中采取的是"有意的制度模糊"立法策略。① 即，首先确立"住宅建设用地使用权期间届满的，自动续期"这一原则，然后把其他问题进行模糊处理，留给"更聪明的下一代来回答"。然而，发生在温州的 20 年国有建设用地使用权到期续费问题引发的争议表明，② 我们已经无法再采用拖延战术来回避这一问题了。因为如果现在不直面这个问题，拿不出切实可行的解决方案，经济发展、社会的和谐稳定无疑都会受到严重的影响。党中央和国务院显然也同意这种看法，所以在 2016 年 11 月 27 日发布的《关于完善产权保护制度依法保护产权的意见》中，不但明确肯定了"有恒产者有恒心，经济主体财产权的有效保障和实现

---

*　苏州大学王健法学院副教授，法学博士。

①　"有意的制度模糊"是荷兰学者何·皮特（Peter Ho）教授在观察中国土地产权制度时所提出的一个理论。他观察到，中国的土地权属制度存在一定的模糊性，而且这种模糊性是政策制定者故意为之的结果。Peter Ho, *Institutions in Transition: Land Ownership, Property Rights and Social Conflict in China*, Oxford University Press, 2005, p. 3, 13.

②　相关报道可以参见马守敏《住宅用地使用权期满：提前爆炸的"定时炸弹"》，《人民法院报》2016 年 5 月 7 日。

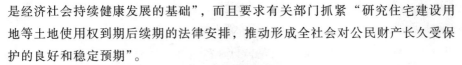

是经济社会持续健康发展的基础",而且要求有关部门抓紧"研究住宅建设用地等土地使用权到期后续期的法律安排,推动形成全社会对公民财产长久受保护的良好和稳定预期"。

那么,应当如何研究并解决"住宅建设用地到期后续期"问题呢?笔者认为,住宅类国有建设用地使用权的续期问题,不仅是一个经济政策或者民法技术问题,更是一个重大的宪法议题,需要上升到宪法层面来系统全面地进行分析,那么,我国现行宪法能为这个问题的解释和解决提供何种解决方案呢?为了更加清晰地分析和解决这一问题,笔者拟做出以下分析和论证。

一 国有土地的所有权归属问题

要解决住宅类国有建设用地使用权的续期问题,必须首先明确国有土地的所有权归属。如果仅从字面上理解,国有土地的所有权不应当有所争议,其自然应当归属国家所有。对此,我国现行《宪法》第10条第1、2款也明确规定"城市的土地属于国家所有。农村和城市郊区的土地,除由法律规定属于国家所有的以外,属于集体所有"。如果从这个角度来看,土地使用者在土地使用权期限届满之时,再重新缴纳土地出让金,似乎就不存在太大的法律障碍。因为国家有偿转让的是有期限的土地使用权,而不是所有权。

但问题并不这么简单,我国《宪法》除了确定国家对部分土地和自然资源拥有所有权之外,还有一个规定,即第9条所说的"国家所有,即全民所有"。依照这个规定,国家土地所有权实际上就是全民拥有的土地所有权。

那么,如何来理解"国家所有"与"全民所有"的关系呢?在美国的法律框架下,人们通常会用"公共信托"理论来回答这个问题,即认为,由于全民无法直接行使相关的所有权,所以全民将这种所有权信托给国家以及代表国家的建制化组织机构来具体行使。[①]在德国,人们可能会用"制度性保障"理论来处理这一问题,即认为,"全民所有"是一项不能任由立法者修改的"制度",这种制度要求国家所有权为"公民自由和自主发展提供制度、组织

---

① 关于公共信托理论在美国的发展及其在自然资源产权领域适用的研究,参见 Joseph L. Sax, the Public Trust Doctrine in Nature Resource Law: Effective Judicial Intervention, 68 Mich. L. Rev. 471 (1969). The Public Trust Doctrine in Natural Resource Law and Management: A Symposium, 14 U. C. DAVIS L. REV. 181 (1980). 侯宇:《美国公共信托理论的形成与发展》,《中外法学》2009 年第 4 期。

和物质保障"，不能为国家的私利而存在。① 如果用中国人熟悉的话语来表述的话，我们将其可以表述为，"国家所有，即全民所有"这一宪法规定，要求国家所有权必须服从于"服务全民，为全民所共享"这一政治愿景和政治要求。用更简单的话来说，国有土地既是国家的，也是全民的，而且后者是最主要的，前者是要为后者服务的。②

上述这些规定和理论，对于我们理性认识和全面看待国有建设用地使用权续期问题，是非常重要的。

一方面，既然住宅之下的国有建设用地使用权是从作为所有权人的国家有偿购买得来的，而且是有期限的，那么永久无偿自动续期的话，就不仅会造成国有资产的流失，还会导致国家所有权因为转让了一定期限就成为一个空洞和无意义的外壳。另外，永久无偿续期还会导致已经购买商品房与没有购买（以及没有能力购买）商品房的公民之间产生不公平，因为这相当于一部分人花了很小的代价占有了全体人民应该拥有的财产。

但与此同时，也要看到另外一个方面，即国家毕竟是通过全体公民"信托"来"代持"国有土地的。如果国有土地使用权期限届满之后，全体公民需要再次购买这项权利的话，"全民所有"就可能会蜕变为一个空洞的口号和虚幻的宣示了。虽然政府可以宣称其收取的土地出让金是用于全民福利的，但实际上作为"全民"组成部分的每个具体公民却并不一定能切实享受到这些福利。

由此观之，在住宅和商品房领域，要求"国有建设用地使用权期限届满之后永久无偿自动续期"和要求"国有建设用地使用权期限届满之后立即再缴纳一次土地出让金"都是不合适的，都不能完整全面地实现和落实我国宪法关于"国家所有，即全民所有"的这一要求。

二　合理的解决方案

那么，如何在国有建设用地使用权领域全面完整地落实"国家所有，即全民所有"的这一宪法要求呢？自 1988 年《宪法》第 2 条修正案关于"土

---

① "制度性保障理论"最初是由德国法学家卡尔·施密特提出的。相关详细内容可以参见〔德〕卡尔·施密特《宪法学说》，刘锋译，上海人民出版社，2005，第 183~185 页。
② 相关具体论证可以参见程雪阳《中国宪法上国家所有的规范含义》，《法学研究》2015 年第 4 期。

地的使用权可以依照法律的规定进行转让"的规定通过之后，实践中的做法逐渐发展为，首先由政府代表国家有偿出让土地使用权，然后将有偿出让的收益纳入国有土地收益基金，而国有土地收益基金则要用于改善城市建设以及其他公共福利和民生事业。① 这种落实方案非常重要且不可或缺，但其本质是"通过全民分享国有土地的收益"，而不是"全民直接（参与）行使国有土地所有权"。

那么，作为"全民"之一分子的个体公民可否通过某种方式来直接参与行使国有土地所有权呢？这一问题的答案目前在法律上是不明确的。当然，之所以出现这种不明确，主要原因在于，人们惯常认为，只要能够确保政府将国有土地使用权有偿出让的收益用于全民福利就可以了，公民不需要也不可能通过直接参与行使国有土地财产权来实现"全民所有"这一目标。笔者不同意这种观点，因为"财产权的行使"与"财产权收益的分享"虽然在一定程度上具有互替性，但毕竟是两个相互独立的问题，不宜混为一谈。

此次"温州土地使用权续期"事件恰好表明，公民是需要通过一定的方式来直接参与行使国有土地所有权的，而且通过宪法解释学上的努力，我们可以找到合理的方式来落实这一目标。依照笔者的看法，这种方式具体表现为，"住宅之下的一定面积（比如 50 平方米或 60 平方米的面积）的国有土地使用权应自动无偿续期一次，期限以 70 年为宜"。

之所以提出这种解决方案，主要有以下几个方面的理由。

首先，"自动无偿续期 70 年国有土地使用权"，可以落实"国家所有，即全民所有"这一宪法规定。因为"全民"并非虚幻的主体，而是由一个又一个、一代又一代鲜活的、有血有肉的公民组成的真实存在。"国有土地全民所有"并非只能由一个具体的代表机构来行使土地所有权，而是可以而且应该

---

① 国务院在 2004 年的《国务院关于深化改革严格土地管理的决定》（国发〔2004〕28 号）中提出，要"探索建立国有土地收益基金，遏制片面追求土地收益的短期行为"。2006 年，国务院办公厅发布的《国务院办公厅关于规范国有土地使用权出让收支管理的通知》（国办发〔2006〕100 号）要求，从 2007 年 1 月 1 日起，土地出让收支全额纳入地方基金预算管理。收入全部缴入地方国库，支出一律通过地方基金预算从土地出让收入中予以安排，实行彻底的"收支两条线"。在地方国库中设立专账，专门核算土地出让收入和支出情况。同年 12 月，财政部在《国有土地使用权出让收支管理办法》（2006 年 12 月 31 日财综〔2006〕68 号）中要求各地设立"国有土地收益基金"。该基金支出主要用于征地补偿款、被征地农民的社会保障、农业土地开发、农村基础设施建设、城市建设以及土地出让业务费、缴纳新增建设用地有偿使用费、国有土地收益基金支出、城镇廉租住房保障支出以及支付破产或改制国有企业职工安置费用等项目。

落实为每个具体的个体公民来直接参与行使国有土地所有权。对此，我国物权法也是支持的。根据该法第 118 条规定，对于国家所有或者国家所有有集体使用以及法律规定属于集体所有的自然资源，单位、个人除了可以依法分享收益以外，还可以依法占有和使用。

其次，之所以认为"自动无偿续期 70 年"比较合适，一方面是为了跟我国现行的住宅土地使用权期限制度相衔接，因为目前居住用地类的国有建设用地使用权最高出让就是 70 年。另一方面则是因为国人当下的平均寿命为 70 岁出头——根据世界卫生组织（WHO）发布的 2015 年版《世界卫生统计》统计，中国人男性公民的平均寿命为 74 岁，女性的平均寿命为 77 岁。[①] "自动无偿续期 70 年"意味着每个公民都可以在其有生之年参与行使"全民所有土地"的所有权。

再次，除了极少数特别富裕的公民之外，大多数公民都是工薪阶层，都可能需要靠按揭贷款或其他渠道借钱来购买房产，如果不"自动无偿续期一次"，就意味着很多低收入和中产家庭，刚还完房贷不久，又要再买一次土地使用权。如果这种情况真的发生，那不但会增加民众对于我国社会主义土地制度和法律制度的不满，而且会严重损害党和政府的威信和权威。[②]

最后，"自动无偿续期 70 年"之后，无论这个公民健在还是离世，如果其想继续享有这块国有建设用地的使用权，那原则上就应当再重新缴纳一次土地出让金。之所以提出这种制度建议，原因是可用于住宅建设的土地和空间资源毕竟是有限的，而每个公民作为"全民"的组成部分，只要能在有生之年参与一次国有土地所有权的行使，我们就可以主张说，这已经是对"国有土地全民所有"的合理落实了。对此，作为具体的公民，不应该有过高的要求，否则便会侵占他人以及后代人的机会和权利了。

如果上述方案可行的话，对于此次温州已经暴露出来的，以及未来许多城市都会陆续暴露的"国有建设用地使用权续期"问题，我们就可以提出一个比较合理的解决方案。即，无论当初买的是 20 年的使用期限，还是 30

[①] World Health Organization, *World Health Statistics*, 2015, p. 44.

[②] 正如一些学者所正确指出的那样，对于国有建设用地使用权续期收费问题，如果我们不能从国家承诺和人民认同的高度进行思考，对"自动续期"的理解和把握就会缺乏根本的方向。换言之，如果我们不能在如此重要的和基本的民生问题上保持清醒的政治头脑，人民的预期就会发生变化，可能会引发激烈的社会冲突，也可能会影响人民对国家和政府的认同。孙良国：《自动续期与国家承诺》，《大众日报》2016 年 4 月 27 日。

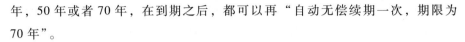

年，50年或者70年，在到期之后，都可以再"自动无偿续期一次，期限为70年"。

不过，依照笔者的看法，如果某位公民继承了一套建在国有土地上的住宅，这套住宅之下的国有土地使用权也是可以接续"自动无偿续期一次70年"这一规则的。当然，为了落实全民所有以及公民内部的平等问题，一个公民一生只应当参与一次国有土地使用权自动无偿续期，即只拥有一次"70年无偿续期的权利"，如果其重新购买了一套新的住宅类国有建设用地使用权，那就应该通过缴纳相应的土地出让金来获得相关权利，不能再无偿获得。

三　"自动无偿续期70年" 的限制性条件

是不是所有的住宅，无论面积大小，套数多少，都可以"自动无偿续期70年"呢？笔者认为，这是不妥的，必须分类处理。

首先，只有具有中国公民身份的人，才可以享有"自动无偿续期70年"这一权利。因为当宪法规定"国家所有，即全民所有"的时候，其指的是"全体中国公民委托国家行使全民在土地领域的财产权"，外国人和无国籍人（包括放弃中国国籍的原中国公民）如果在中国大陆持有住宅类建设用地使用权，不应当享有这一项权利，不能"自动无偿续期70年"，而应当"自动有偿续期"。[①] 当然，由于是有偿续期，期限可以灵活一些，10～70年或更长的期限应该都可以。对此，政府可以制定一个有偿续期期限价格表或计算公式，允许相关国有土地使用权人从中选择合理的期限。

其次，除了需要有中国国籍之外，也并不是说中国公民的所有房产都可以"自动无偿续期70年"。在承认具体公民有参与行使国有土地所有权这一项权利时，还要关注到公民的基本生活需求以及公民内部的平等权问题。其实，每个公民如果要过上有尊严的、体面的生活，只需要一定面积的居住空间（比

---

① 虽然我国现行《宪法》第32条规定，"中华人民共和国保护在中国境内的外国人的合法权利和利益"，我国宪法学界通常也认为外国人可以成为我国宪法秩序下基本权利的主体，但这并不意味着外国人在所有的基本权利问题上都享有跟中国公民同样的待遇，特别是在带有福利色彩的财产权领域，这一区别表现得尤为明显。不过，如果某个具体的外国公民或无国籍人通过合法的方式取得了中国国籍，那么我国法律也应当承认其作为"全体公民"的组成部分，也享有"70年无偿续期的权利"。

如 50 平方米或 60 平方米，具体的面积可以进一步测算和讨论）。如果占据过多土地和空间的话，那就超越了基本的生活需求，变成了一个资产投资问题。因此，"自动无偿续期 70 年"只应当针对公民所持有的满足基本生活需求的土地使用权面积有效。超出基本生活需求的土地使用权部分，需要"自动有偿续期"。有偿续期的期限和价格应该跟外国人在中国拥有的国有土地使用权续期规则一致。

最后，"自动无偿续期 70 年"并不意味着国家就不能再对该国有土地使用权收取任何费用。事实上，国家完全可以在"自动无偿续期 70 年"期间对相关土地以及地上房屋收取不动产税。因为土地出让金和不动产税的性质是不一样的，是两种不同的问题。前者是国家代表全民向具体的土地使用权人收取的土地使用权这一项权利的对价，即国有建设用地使用权这一权利本身的价格。后者是国家为了给公民提供公共服务和公共设施而征收的税收。当然，是否需要征收这一项税以及具体的税基和税率问题，在决策主体方面，不应由行政机关来决定，而应由全国人大或其常委会通过民主讨论后，以制定或修改法律的方式来加以落实。在决策时机方面，是否要征收这一项税种（或类似功能的税种），应当结合未来的土地制度改革具体进展来决定，不宜笼而统之地予以回答。

依照笔者的见解，如果集体土地上的房屋（包括商品房）届时也可以自由交易了，公民有自由选择在国有建设用地或集体建设用地上购买房屋和土地使用权的权利，那么作为主权者的国家可以要求公民缴纳不动产持有税，作为国有土地所有权人的国家也可以要求公民缴纳相应的土地出让金。不过，如果70 年免费续期届满之后，集体土地上的房屋依然被称作是"小产权房"而严厉禁止，国家还是在垄断住宅建设用地使用权一级市场，那就不能征收不动产持有税或功能相似税。

具体理由是，我国在过去 20 多年间所建立和发展的"建设用地一级市场"，一直都是由国家来垄断的，不仅导致了国有建设用地使用权价格奇高，而且还导致了不动产持有税实际上已经被隐形地包含到这种垄断价格之中了。在这一问题上，我们需要看到，当《宪法》第 10 条第 4 款规定"土地的使用权可以依照法律的规定进行转让"时，指的是"国有土地使用权"和"集体土地使用权"都可以依法转让，而不是说只有国有土地才可以依法转让。现行城市房地产法和土地管理法所确立的"农村集体土地原则上只能用于农业建设，集体建设用地原则上不得在土地市场上流通"等原则，

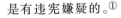
是有违宪嫌疑的。①

四 对反对意见的回应

在现有的讨论中，对于"70年无偿续期"方案，主要有四种反对意见。为了更好地分析和论证国有建设用地使用权续期问题，我们还需要对这些反对和批评意见进行细致的回应。

第一种批评意见认为，无偿续期会导致"国有土地所有权虚化"和国有资产的流失，比如在理论界，有学者认为，"土地使用权物无偿无限期续期就相当于个人对土地占有的永久化，本质上就是土地私有化。而土地公有制是中国特色社会主义的制度基础和基本标志，在这一点上的任何妥协都会动摇中国共产党的执政基础"。② 而在实践方面，温州市国土局相关人员在接受记者采访时就表示无偿续期不可能，因为这"会造成国有资产流失"。③

笔者以为，这种观点是片面的。不过，其主要谬误之处不在于立场利益方面，而在于其仅仅看到了"国有土地属于国家所有"这一现实，却没有看到国有土地除了属于国家所有之外，同时也属于全民所有。依照"一定面积内

---

① 关于这一问题，并不需要做太多的论证。只需要回顾一下20世纪后半期的宪法和土地法发展历程，就可以清晰明了。1988年4月，第七届全国人大第一次会议通过的第2条宪法修正案规定"土地的使用权可以依照法律规定转让"，同年12月第七届全国人大常委会第五次会议通过的《关于修改土地管理法的决定》将这一宪法修正案具体化为"国有土地和集体所有的土地的使用权可以依法转让。土地使用权转让的具体办法，由国务院另行规定。"（1988年《土地管理法》第2条第4款）遗憾的是，1990年国务院出台了《城镇国有土地使用权出让和转让暂行条例》（国务院55号令，1990年5月19日），却至今没有出台集体土地使用权出让或转让的具体规则。更为遗憾的是，1994年制定的《房地产管理法》第8条出现了"集体所有的土地，经依法征用转为国家土地后，该幅国有土地的使用权方可出让"的规定。1998年再次修改通过的《土地管理法》更是将1988年的"国有土地和集体所有的土地的使用权可以依法转让"的规定废除，并以第43条、第47条和第63条关于农村土地原则上只能用于农业建设，征收农村土地按原用途给予补偿，集体建设用地原则上不得在土地市场上流通的规定取而代之。然而，从宪法层面来看，1994年的《城市房地产管理法》和1998年的《土地管理法》改变了宪法所设立的规则，将原则变成了例外，例外变成了原则，对集体土地的发展权施加了严重超越财产权社会义务的不合理限制。值得庆幸的是，2015年2月，全国人大常委会已经授权国务院在北京大兴区等全国33个区县暂停实施这两部法律的相关规定，并要求试点单位探索集体建设用地使用权直接进入市场，实现与国有土地使用权"同地、同权、同价"的具体方案。

② 叶剑平、成立：《对土地使用权续期问题的思考》，《中国土地》2016年第5期。

③ 《温州土地年限到期事件发酵官方：不会免费续期》，财经网，http://bj.house.163.com/16/0421/07/BL5M1DNF00073SD3.html，最后访问日期：2016年11月21日。

无偿续期 70 年"这一方案，国家有偿出让土地使用权是对"国家所有权"的落实；每个公民、每代公民对一定面积的国有土地使用权享有"无偿续期 70 年的权利"，则是对"全民所有"的落实。这样一来，"自动无偿续期 70 年"非但不是对国家所有权的侵犯，更不是"国有资产的流失"，而是对"国家所有，即全民所有"这一根本法规定的全面完整的贯彻和落实。

第二种批评意见认为，"无偿续期 70 年"在落实"全民所有"这一宪法要求上不够彻底，"永久无偿续期"才是更好的处理方案。[①] 笔者认为，这种批评意见不宜采纳，原因主要有以下几个方面。

首先，在过去的 20 多年间，公民购买的是不同期限（20 年、30 年、50 年、70 年）的国有土地使用权，如果全部永久无偿续期，那会造成公民内部的不公平。第一，公民不能因为购买了一定期限的国有土地使用权，就永久地拥有了这块土地的使用权，这样确实会导致"国有资产流失"和国家所有权的虚化。第二，"全民所有"意味着，不仅当下活着的这几代公民有参与行使国家所有权的权利，而且意味着未来的子孙后代也应该有这一项权利。如果这一代人永久无偿续期的话，那就会剥夺或侵犯未来子孙的权利，因为土地和空间资源毕竟是有限的，并且作为个体的公民如果已经因为死亡而丧失了公民身份和权利能力，却还在享有这项无偿续期的权利，那也是不合理的。

其次，"国有建设用地使用权无偿续期 70 年"这一方案并不违背"有恒产才有恒心"的要求，也不会导致国民对自己的财产权没有安全感和信心。因为这一方案意味着当这一代公民的 70 年无偿续期期限到了以后，其子孙同样可以将其自己拥有的"70 年无偿续期权"用于从祖上继承下来的房产。如此一来，某个家族只要有后嗣延续，其就可以永久地在这块祖宅上自动无偿续期了（70 年+70 年+70 年+……）。不过，诚如上文已经提到的那样，为了公平起见，每个公民都只应当行使一次这样的权利。如果后代子嗣希望把自己的这项权利用于新购买的房产，那么就不能再用于这套房屋了。

最后，对于那些没有买房的以及买不起房的公民来说，这种方案也并非不公平。虽然这一类公民无法直接行使这项权利，但通过市场化的制度安排，我们是可以确保公民之间的平等权的，比如，上述方案一旦建立，那么我们的法律就应当允许没有或不愿直接行使"国有建设用地 70 年无偿续期权"的公

---

① 可以参见《住宅用地使用权期满续期引争议学者：续期应无条件》，《检察日报》2016 年 4 月 26 日。

民，通过市场化的方式自由转让他们的权利，从而确保每个公民和每代公民都可以分享这一权利所带来的财产性利益。要看到，当我们在说，"为了落实全民所有，每个公民和每代公民都应当对国有建设用地使用权享有70年无偿续期权"的时候，这一项权利虽然是有期限的，但也属于公民的一种合法财产权。既然是财产权，那就是有价值的，就应当允许按照民法的基本原理和规则进行自由流转。

另外，还要看到，建立一个"70年使用权交易市场"，不仅在于可以保护没有或不愿购买国有土地建设用地使用权的公民的权利，而且还有助于我们更好地发现和形成真正"住宅类国有建设用地使用权"市场价格。当下的"住宅类国有建设用地使用权"虽然也有市场价格，但定价权垄断在政府手里，参与这项权利竞价的主体也只能是房地产开发商，所以很难说这种价格是"住宅类国有建设用地使用权"价值的真正反映。

第三种批评意见认为，如果国有建设用地之上的商品房因为各种原因不能使用，那么该商品房之下的国有建设用地使用权自动灭失，然后国家应当立即将该土地使用权无偿收回。更有人主张说，为了防止开发商人为地延长商品房使用年限，法律可以规定强行报废制度——商品房使用一定期限之后，必须强行报废，这样就可以有效地避免土地使用权到期之后，出现"自动续期"的情形。①

这种观点毫无疑问是错误的，其原因在于，没有厘清国有建设用地使用权这一项权利的本质。就土地出让金的本质而言，其并不是国家作为土地所有权人收取的土地租金，而是国家有偿转让国有建设用地使用权的权利价金。② 就权利性质而言，公民从国家那里获得的国有建设用地使用权不是一项租赁权，

---

① 参见乔新生《土地使用权无偿续期有违宪法》，http：//www.cre.org.cn/index.php？m＝content&c＝index&a＝show&catid＝52&id＝3420，最后访问日期：2016年11月21日。

② 澳门法律中，人们把这一权利的价格称为"利用权价金"。澳门1980年《土地法》第46条规定，承批人因获长期租借方式批出而应缴付两种费用：利用权价金和地租。如果是公开拍卖，利用权价金即是公共拍卖的结果；如果不是公开拍卖，利用权价金则根据政府将来按地段位置及批出用途而核准的表计算得出。1991年《土地法》修改之后，澳门又引进了"土地溢价金"制度。所谓"土地溢价金"，是指随着市场价格变动将土地利用权增值的部分进行预收的费用。之所以要设立这一项制度，因为土地利用权价格是按照当时市场情况批出的，无法预估到未来的土地利用权价格变化，为了保护国有土地的出让价格，能够随着市场变化而进行调整。就土地溢价金的性质来看，我们可以将其视为对利用权价金的补充，或者用澳门当地通俗的说法叫作"补地价"。2007年澳门政府代表在向立法会分析土地及公共批给制度临时委员会介绍了溢价金订定的法律基础时指出，（转下页注）

而是一项独立的物权。这项权利是一项独立的物权，既独立于土地所有权，也独立于土地之上的房屋所有权。虽然这项权利具有一定的期限，但是在合法的期限内，这项物权是不会随着土地所有权或房屋所有权的变化而自动变动的。即便是住宅因为各种原因不能使用甚至灭失，享有该项土地使用权的公民依然可以在其合法使用期限内继续重建住宅。

当然，就这一项物权的具体性质来说，由于个体公民是"全民"的组成部分，因此个体公民对国有建设用地使用权所享有的"70年无偿续期权利"可以视为国有土地所有权的自物权或者成员权的组成部分。"70年无偿续期以外的有偿购买和续期权利"则应当被视为国有土地所有权之上的他物权组成部分。

（接上页注②）溢价金最初由第230/93/M号训令订定，计算溢价金所考虑的最主要的要素是价值及成本，价值减去成本为纯利，纯利的40%即为将批出土地的溢价金。现行订定溢价金的第16/2004号行政法规仍采用第230/93/M号训令的精神，即用纯利来计算溢价金，只是在酒店方面，没有采用价值和成本的概念，而是用单一价格，即按拟批出土地（利用）、已批出的土地（再次利用）及酒店所属的级数（二星级至五星级）而定的每一平方米建筑面积批地溢价金单价计算（第16/2004号行政法规第七条）。相关具体介绍参见澳门分析土地及公共批给制度临时委员会《工作情况介绍（2007）》，第8~9页。

我国征地制度改革研究报告

杨俊锋[*]

一 我国现行征地制度存在的主要问题

（一）征地的公共利益问题

征地必须出于公共利益已是常识，甚至有陈词滥调之嫌。它无异于正确的废话，因为公权力的性质决定了它只能为公共利益而行动——其中，保障民众的个人权利是最重要的公共利益。我国土地管理法等相关法律都仅是简单地复制宪法中征收土地"为了公共利益"的规定。而如前所述，仅作如此简单的规定实质上无异于正确的废话。因为公权力本身就意味着它的行使范围只能限于公共利益。更何况，征收是对个人重大财产最严重的限制，更应出于公共利益方可为之。再说，即便是那些明显的商业目的征地项目，不也与公共利益有或多或少，或远或近的关联？

从实践看，集体土地既转让于集体之外的用地方，又用于建设用途（无论是先建设后转让，还是先转让后由用地方建设），被法律完全禁止。对此，唯一的途径只能是：政府通过征收将土地"变性"为国有土地后，再由政府供给（《土地管理法》第43、63条）。[①] 即便是集体土地用于建设符合土地利用规划，如，原本就属于合法的建设用途，或新被规划为建设用地，也不能例

---

[*] 中国人民公安大学法学院副教授，法学博士。

① 《土地管理法》第43条规定："任何单位和个人进行建设，需要使用土地的，必须依法申请使用国有土地；但是，兴办乡镇企业和村民建设住宅经依法批准使用本集体经济组织农民集体所有的土地的，或者乡（镇）村公共设施和公益事业建设经依法批准使用农民集体所有的土地的除外。"同时，该法第63条又进一步规定："农民集体所有的土地的使用权不得出让、转让或者出租用于非农业建设。"

外。对此，有学者曾将其概括为"只许官圈，不许民卖"。①

近年来广受关注的查禁"小产权房""以租代征"等根本的，也是唯一的法律依据，即在于此。至少在此意义上，政府的征地权近乎无限。尽管土地管理法也照搬宪法的相关规定，要求征收要出于公共利益，但集体土地转让用于建设用途都要一律先进行征收的规定，才是实践中真正起作用的制度，这使该法中本就聊胜于无的征地的公共利益限定，彻底成为具文。这也构成了我国土地制度"根本的根本"，是理解我国土地制度的主线。因为农村集体土地通常只有用于建设用途，并同时转让于外部的用地方，才能实现其价值的最大化。

与之相配套的还有：①耕地、宅基地、自留地、自留山等集体土地的使用权，不得抵押（《物权法》第184条）；②限制乡镇企业用地、宅基地的转让。例如，乡镇企业因破产、兼并、分立等情形致使其使用的建设用地转让，继受取得土地使用权的企业不属于本集体经济组织投资设立的企业的，仍应办理土地征收和国有土地出让手续。总之，这些限制措施的共同目的，显然都是为确保集体土地转为建设用地必须征为国有的制度统一性。

值得注意的是，限制乡镇企业和宅基地转让其实并无直接的法律根据。对于乡镇企业用地，《土地管理法》第63条在规定集体土地使用权"不得出让、转让或者出租用于非农业建设"的同时，该条的但书条款又同时指出企业"因破产、兼并等情形致使土地使用权依法发生转移的除外"，并未设定限制条件。相似地，《土地管理法》也并未明确禁止宅基地的转让，而只是规定了"一户一宅"制度，即转让宅基地的唯一法律后果是不能再获得宅基地。限制乡镇企业用地或宅基地转让的直接依据，都是各种政策性文件。②

需要指出的是，在这一制度中，政府其实同时以双重身份出现：征收集体土地显然基于其主权者的身份，将土地批租给用地方则是作为特殊的民事主体出现。也即，政府一方面利用其主权者的身份，以公共强制力为后盾获得土地；另一方面又以建设用地总批发商的身份牟利。

---

① 秦晖：《什么是农民工的"退路"》，《经济观察报》2009年2月23日，第44版。
② 例如，禁止农民向城市居民出售住宅的规范性依据是：1999年国务院办公厅下发《国务院办公厅关于加强土地转让管理严禁炒卖土地的通知》（国办发〔1999〕第39号），2004年国务院做出《国务院关于深化改革严格土地管理的决定》（国发〔2004〕28号），2007年国务院办公厅又下发《国务院办公厅关于严格执行有关农村集体建设用地法律和政策的通知》（国办发〔2007〕71号）。这三个政策性文件明确要求，"农民的住宅不得向城市居民出售"，"农村住宅用地只能分配给本村村民，城镇居民不得到农村购买宅基地、农民住宅或'小产权房'"。

然而，这显然违背了政府所应恪守的最根本的本性，即公共性。为财政收入包括国库利益征地，也违背了征收的公共目的要求，虽然国库利益也可视作公共利益。① 因为政府财政收入应主要通过税收，税收必须通过议会审议，并符合公平负担原则。政府通过征收牟利，则既规避了议会审议程序，又使被征收人承受了不公平的负担。

（二）征地程序的问题

准确地讲，我国征地制度中不仅不乏程序制度，而且还极为烦琐、复杂，时限长、成本高。但这些程序大多属内部程序，与正当程序不仅无关而且相冲突。同时，正当程序所要的基本制度却仍极为匮乏。

我国土地征收立法只是规定征地决定做出之后，才发布一纸"公告（而非逐个通知）"了事，更无违反告知义务的法律后果。同时，征收决定机关并无必要的中立性。并且，现行征地制度并未对征收与补偿决定的做出规定任何听审程序，被征收人在征收与补偿决定做出前完全无置喙的机会，听取意见程序基本都是"马后炮"，且被征收人的意见并无法定的效力，实质上等于"说了也白说"。

总之，可否征收、如何补偿，基本仍是行政机关自己说了算，被征收人则沦为被动挨宰的"羔羊"。这既不利于约束征地行为、保障私人权利，也降低了民众对征收行为的认同和接受度，加剧了民众与政府的对立，极易出现征地中个人与政府双输的局面。

例如，在城市土地征收中，"收回"土地使用权只需土地主管部门报经"原批准用地的人民政府或者有批准权的人民政府"批准即可。作为申请人的"土地主管部门"往往即作为批准机关的直接下属部门，两者的利益高度一致，同时根本没有任何公开的听审程序（后续的房屋"征收"决定也基本如此）。

在集体土地征收中，现行法把征地审批权上收到国务院和省级政府，试图以此控制农地征收（这是我国的惯有思路，即依赖于纵向上由更高行政级别机关管辖而不是通过横向的正当程序来解决问题，如死刑复核）。但它们仍同为行政机关（省级政府有时本身就是征地方或利害关系方），作为最高两级行

---

① 在德国，这一原则已被联邦宪法法院所确认，参见陈新民《德国公法学基础理论》，山东人民出版社，2001，第 474~475 页；美国的代表性判例可参见 Courtesy Sandwich Shop, Inc. v. Port of New York Authority, 12 N. Y. 2d 379（1963）。

政机关又容易受制于信息不对称和"鞭长莫及"、执法资源短缺的困境（尤其是国务院作为征地审批机关时），而难以有效审查（如经常出现地方通过"化整为零"的方式规避审查）。更重要的是，征地审批过程也同样完全是内部程序。

另外，我国城市房屋征收条例规定补偿按照市场价评估，这当然是一大进步。但问题是，把评估价值作为决定补偿的直接依据，而非通过听审程序由补偿双方当事人辩论与质证，显然无法确保补偿标准的公正性与可接受性。尤其是在评估机构中立性较差的现状下，这对被征收人极为不利。这其实正是我国城市土地征收补偿纠纷的重要原因。

（三）征地补偿方面的问题

（1）我国征地补偿的基本标准及问题。众所周知，我国农地征收补偿的最根本原则为补偿是耕地年产值（其他土地则参照耕地补偿标准）的若干倍（而非市价）。同时土地管理法又规定了农地征收补偿的极限，即，"尚不能使需要安置的农民保持原为生活水平的，经省、自治区、直辖市人民政府批准，可以增加安置补助费"，但"土地补偿费和安置补助费的总和不得超过土地被征收前三年平均产值的三十倍"。

照此标准，不仅可能远未达到公正补偿最低限度的要求即土地的客观市价（因为农业用途通常并非土地"最高与最佳用途"，其比较收益往往是最低的），而且连土地原用途的价值也并未充分补偿。现有规定的要旨和上限乃是"保持农民原有生活水平不降低"，但问题是，农民为何不能从土地开发中获益并提高生活水平呢？

现行法规定这种年产值法，不仅测算麻烦，而且无法体现土地的区位价值差异（如靠近市区与距市区较远的土地，市场价值相差极大，但按农业产值的话补偿却是相同的）。因此2004年的国务院28号文中不得不提出了两种计算标准：统一年产值标准倍数法和区片综合地价法。但这两者又都无法完全体现同一区片内土地产值和价值的地段与时间差别（统一年产值标准和区片综合地价至少每2~3年才更新一次）。

此外，由于不存在正常的农地出让市场，因此，有学者提出的贴现值法（实即收入法）只能反映原用途收入的贴现值。隐性市场价和征收后的出让价格也都不能真正反映农地的客观市场价格。

再者，在补偿评估上往往违背以土地为中心、土地与地上改良物的整体估价原则（the unit rule of valuation）。实践中经常出现的不当做法主要是：补偿数额按土地面积"一刀切"，如只看被征收的宅基地面积大小，地上建筑物等改良物只有在价值特别大时（如三层以上的楼房）才予以考虑。这种简单化的做法显然不公。

还有一种错误倾向则是偏重地上改良物，忽略了更为根本和重要的地价，使补偿数额的多寡主要取决于地上改良物的价值。典型的，如农地征收中，补偿测算往往是按地上房屋或青苗、林木等改良物价值再加上统一地价。与之相似，在城市征地中，尽管早已规定了（按被征收房屋的）市价补偿，但实践中往往是房、地分割并偏重于房屋价值的补偿（其理据是房屋的市价中就包含了土地使用权的价值）。建设部颁布的《国有土地上房屋征收评估办法》虽宣称要补偿土地使用权，但仍以房屋为评估的中心，把土地（使用权）价值只作为一个影响补偿数额的变量。

这种将地上物作为补偿评估重心的做法，不仅必然导致最终补偿数额的偏差和不公，也必然在客观上造成"鼓励"为多套取补偿而突击"建房""插树"等行为的现象。

对其他通常损失的补偿，现行法仍多有空白，如残余地的分割损害（Severance Damage），即因为征地而导致剩余的未被征收土地的价值受到的损害。对此只能在特定情况下借助民法上的相邻关系损害赔偿获得有限的补偿，并且民法上的相关规定过于原则化，导致在实践运用中随意性极大。此外，因征地所造成的其他必要费用（包括律师、专家费用等，当然这是当下我国的普遍性问题）及农地征收中的经营损失也更无任何规定。

（2）农地承包经营权补偿的难题。更为现实和重要的问题是农地承包经营权的补偿。实行农地承包制度后，土地所有权的占有、使用、收益等大部分权能已转让给农户。后来，农村土地承包法明定耕地承包期 30 年不变（且以为在承包权长期不变被反复强调背景下，30 年不变与香港保持资本主义制度50 年不变的策略可能是一样的），很多农户已将承包地视同己有，并在地上大量投入甚至是直接"种房"或私下买卖，因此事实上 30 年后再重新调整已非常困难。十七届三中全会《关于推进农村改革发展若干重大问题的决定》更进一步提出"赋予农民更加充分有保障的土地承包经营权，现有土地承包关系要保持稳定并长久不变"。

凡此种种，事实上决定了土地承包权很可能将无期限限制。此或被称为土地承包权的永佃化。但承包权与永佃权不同的是：永佃制下佃农和地主是分离的，获得永佃权是以支付对价（如交租）为条件，集体土地承包权人则同时又是集体成员，其承包权是基于其成员身份而享有的当然权利。

准此以言，承包权将几乎完全"架空"集体土地所有权（除象征意义上的处分权外，失去实质意义）。这和英国尽管名义上土地属国王所有，但实质上私人的土地永久保有权（freehold）已完全相当于所有权，实乃有异曲同工之势（由此也可见，所有权与使用权之间事实上并非霄壤之别，有时难免失之于教条）。从而，农地征收补偿的核心问题事实上已转化为承包经营权补偿问题。

然而，作为征地补偿主要依据的《土地管理法》及《土地管理法实施条例》对此却并未规定。其后的《农村土地承包法》和《物权法》也都只简单宣示了事，缺乏可操作性。这怎能不导致农地征收补偿纠纷不断？

本来在法理上，对被征收土地上的他物权（承包经营权即为集体土地上最为重要的他物权）的补偿，究竟是分别直接补偿，还是将他物权的补偿纳入土地所有权补偿中再由所有权人和他物权人进行分配，实乃相对次要的技术性问题。

但在我国，这却成为学术界和实务届都头疼不已的难题。实践中承包经营权补偿的做法可归纳为三种。

第一，将土地补偿款留在集体或按人口均分，然后在集体内部重新调整承包土地。但对承包土地的调整损害了农民的土地承包权，违反了农村土地承包法。第二，将土地补偿款按照被征收土地的承包权归属直接分配给被征地农民，不调整土地承包。但这相当于承认了个人对被征收土地的所有权，忽略了集体土地所有权的存在，又违反了土地管理法。第三，一部分补偿留给集体或按人口均分，另一部分直接补偿给承包地减少的农户，但这经常因为分配比例问题而纠纷不断，且也容易滋生土地补偿款被贪污、挪用和私分的现象。可见，农地承包经营权补偿看似简单，实则近乎无解。

另外，不少人认为集体土地征收中的安置补助费，是对土地承包经营权的补偿。但从立法本意来看，土地补偿费实际上就已包括了土地全部价值（包括土地承包权价值）的补偿。此外，根据《土地管理法实施条例》所确立的安置补助费谁负责安置谁使用的原则，显然安置补助费属于对失地农民的失业救助也属前述社会补偿的范畴。再者，安置补助费标准极低远不能和土地承包权的价值相提并论，并且可操作性也极差，总之也应予改革。

（3）当前征地补偿制度的多重成本。当下我国征地补偿的做法首先是侵害征地人的权利，此可谓权利成本。这又造成征地冲突和寻租腐败频发，严重损害执政者的政治合法性，此可谓政治成本。这还造成征地补偿标准测算上的困难和纠缠不清，且自现行法颁布以来中央政府对征地补偿问题可谓不厌其烦、三令五申，此可谓行政成本。

低于市场价补偿也造成了政府征地的财政幻觉，必然导致土地资源配置的低效和错误，此可谓效率成本。直言之，市场秩序是终人类社会数千年试错而被证明是最合适的自发秩序，平等交易（征收也是一种交易，只不过是强制交易而已）乃市场经济的最基本法则，这无疑也适用于土地；反之其代价自然是多方面和严重的。

正是由于现行法的补偿标准过低，在各方的呼吁和压力下，实践中征地补偿标准也被不断提高。早在 2004 年，国土部 238 号文就不得不允许突破 30 倍的补偿上限，部分发达地区为减少抵制与冲突，也以各种方式变相提高征收补偿标准，征地成本的确是越来越高。

然而，这依赖于各地官员对社会稳定和农民权利的重视程度，以及被征地农民的抗争能力和力度。因此，党国英先生将当前征地补偿标准称为"政治价格（而非现行法上的法定价格，也非市场价格）"可谓形象至极。然而，这种做法却是超法律的，必然导致法律实施的不统一，有悖法治原则。此或可称为法律成本。

（四）征地救济制度的主要问题

首先要指出的是，在我国，无论是集体土地征收还是国有土地征收，补偿数额都是先由行政机关单方确定[①]。这可称为行政机关先行确定补偿的模式。若抛开其中具体的程序正当性缺陷不论，这当然也并无不妥——德、日等国也采取与之大致相似的模式。也正是基于此种模式，我国学界普遍认为，当事人在行政机关确定补偿数额之后仍不服起诉的，属于行政诉讼。我国司法界也多

---

① 其中，农村集体土地征收补偿数额的具体确定方式是："市、县人民政府土地行政主管部门根据经批准的征收土地方案，会同有关部门拟订征地补偿、安置方案……报市、县人民政府批准"参见《土地管理法实施条例》第 25 条第 3 款。而在城市国有土地征收中，对土地使用权补偿确定具体方式是："国家对土地使用者依法取得的土地使用权……根据土地使用者使用土地的实际年限和开发土地的实际情况给予相应的补偿。"参见《城市房地产管理法》第 20 条，同时《土地管理法》第 58 条也有类似规定。对其地上房屋等地上物补偿则是"由房屋征收部门报请作出房屋征收决定的市、县级人民政府……按照征收补偿方案作出补偿决定"，参见《城市国有土地上房屋征收与补偿条例》第 26 条第 1 款。

认为，集体土地征收的补偿数额争议应当属于行政诉讼的受案范围①。司法解释明确规定，集体土地征收中房屋等地上物补偿争议可提起行政诉讼②。此外，2001 年颁布的《城市国有土地上房屋征收与补偿条例》更明确地规定，在城市国有土地征收中，不服行政机关做出的地上物补偿决定可提起行政诉讼③。实践中，对补偿数额有争议（主要是在集体土地征收中的补偿数额争议）提起行政诉讼，虽还面临不少障碍④，但也并非完全不能获得受理。

但更为根本的问题在于，依我国现行的行政诉讼制度，法院即使受理也只能对补偿决定的合法性进行形式审查，并最多也只能判决撤销⑤，无权依法重新确定补偿数额。如此一来，即使被征收人胜诉、原补偿决定被撤销，还是由原行政机关再来做出补偿决定。若行政机关再次做出相似甚至更不利的补偿决定，对此最多也只能再提起行政诉讼，堕入循环诉讼的死结，徒费气力耳！如此一来，起诉又有何意义？那些本就非常罕见的、被征收人（即补偿权利人）获得胜诉的案例，就有力地证明了这一点。⑥

---

① 具有代表性的论述，可参见江苏省高级人民法院行政审判庭《农村集体土地征收行政案件审理疑难问题研究》，《法律适用》2010 年第 6 期。

② 参见 2011 年 5 月 9 日最高人民法院审判委员会通过的《最高人民法院关于审理涉及农村集体土地行政案件若干问题的规定》（法释〔2011〕20 号）。

③ 《城市国有土地上房屋征收与拆迁条例》第 26 条第 3 款明确规定："被征收人对补偿决定不服的，可以依法申请行政复议，也可以依法提起行政诉讼。"

④ 在我国，对征收补偿数额争议提起行政诉讼的障碍主要表现为以下几个方面：第一，我国立法在授权行政机关在征收集体土地过程中有权确定补偿的同时，却并未规定当事人对其不服起诉的权利。实践中，法院会以立法未规定不服补偿决定的诉权，或《土地管理法实施条例》只规定了行政协调和裁决为由，不受理当事人的起诉。参见林依标、华晓真《明晰制度安排，解决征地纠纷——征地补偿安置争议裁决制度若干问题探讨》，《中国土地》2006 年第 4 期。第二，《土地管理法实施条例》将其中设立的补偿数额争议的行政裁决程序规定为前置程序，依照该条例和土地管理法的规定，裁决机关只能是省级政府或国务院，但国务院的裁决在当下被我国视作终局裁决，对其裁决不得提起行政诉讼。第三，确定补偿数额的补偿方案常以市、县政府以政府文件的方式做出，并且所涉及的被征收人往往较多，因此外观上的确与抽象行政行为有很强的相似性，同时，抽象/具体行政行为的划分标准，本身就相对性极强，加之法院中立性有限和地方党政压力等现实原因，最终都往往导致法院以抽象行政行为为由不受理当事人起诉。参见程洁《土地征用纠纷的司法审查》，《法学研究》2004 年第 2 期。

⑤ 根据我国行政诉讼法的规定，法院审理行政案件原则上只能对具体行政行为的合法性进行审查。除显失公正的行政处罚外，不能对具体行政行为做出变更。对此可参见胡锦光《我国行政行为司法审查的演进与问题》，《华东政法大学学报》2009 年第 5 期。

⑥ 我国补偿数额争议获得法院受理，且被征收人胜诉的案例，目前所能找到的案例之一是"何爱华诉被告武汉市城市规划管理局、第三人武汉市土地整理储备供应中心行政裁决"案。该案的案情可参见武汉市汉阳区人民法院（2003）阳行初字第 2 号《行政判决书》。

可见，将补偿数额争议纳入行政诉讼，事实上等于将补偿数额争议错误地转化成了对行政机关的补偿数额决定的行政争议，从而实质上导致了补偿数额争议无法直接通过诉讼解决。这事实上构成了我国征收补偿数额争议司法救济的根本缺陷。

综上所述，加之法院权威有限的现状，就不难理解为何在我国，征地补偿争议如此频发和激烈，但又罕有诉诸司法的情况。在这种情况下，被征收人对于补偿数额不服怎么办？除非忍气吞声，否则便只能诉诸或围堵当地党政机关，甚至是暴力对抗、以死抗争，或者奔波于希望渺茫、充满不确定性的上访之路。

其结局很可能是，或者地方政府强硬坚持其补偿决定，或者是地方政府为息事宁人而给予超法定标准的补偿。由此而言，党国英先生把我国征地补偿数额称为"政治价格"，可谓形象至极。然而，这要么不利于当事人权利保障，要么客观上鼓励"大闹大解决、小闹小解决、不闹不解决"的做法，严重损害法律尊严、违背法治精神。

总之，我国征收补偿争议司法救济制度严重滞后于权利保障和纠纷解决的现实需求，亟待改进。这至少会为破解当下我国极为严重的征收冲突，提供另一条可选择的出路，这对推进我国的法治进程，有重要的积极意义。

二 改革与完善我国征地制度的若干思考与建议

（一）征地中公共利益认定机制之完善

如前所述，我国的征收补偿并不能完全体现土地的市场价值。城市土地征收中，尽管对房屋的补偿能在一定程度上体现土地的价值，但仍可能不完全。农村集体土地征收中，土地补偿的标准则远低于土地的市场价格。在政府同时垄断土地一级市场的情况下，征地的利益空间巨大。在这种情况下，如果不强调征收的公共目的限制，征地行为自然就更为泛滥，被征收人的损失也就更大。

我国正处于城市化进程中，且远未完成。政府有发展经济的广泛权限，有极大的征地权，也有现实的动力与压力。那种认为应把我国征地范围限定于严格、狭义的公共设施的主张，可能不敷实用。

各界一直对如何在立法中"明确界定公共利益"或制定一个公共利益目

录煞费苦心，但绝不可能在一部立法中明确穷尽规定征收的公共目的。其实，首要的问题是，征收必须获得作为立法机关的人大或其常委会（下简称人大）的明确、具体授权。而且，征地无疑属于法律规定的，应由人大审议的"重大事项"。然而，我国土地管理法等相关法则只是简单地复制宪法中征收土地"必须为了公共利益"的规定，实践中绝大多数征收也都没有人大的具体授权。

至于是采取英美的立法机关分散单项授权模式，还是采大陆法系全国性立法"集中授权为原则＋单行法律个别授权为例外"的模式，是相对次要的问题。就我国的实情而言，后者似更为适宜。

即使各地据全国人大的立法明确授权的可征收事项而试图征收时，仍可能需当地人大的审议、授权。尤其是大规模的征地，至少涉及耗费巨大的公共成本以及土地资源的重新配置，并对当地的社会经济影响巨大，无疑属于当地的"重大事项"。

即使依据人大授权启动征收，还应经过正当程序先行对征收进行申请是否合乎人大授权的征收目的进行判断，现行法和实践中根本没有此类程序规定，法院对此判断享有最终审查权。

困难在于，在现行法律框架下，对人大征收授权是否确属公共目的，法院无权直接审查，实际中对人大的监督机制又无从着手。尽管在法律上人大至高无上并近乎全能，但事实上其民意代表性及其地位与作用仍非常有限。在法院权威有限的情况下，对其可以审查的事项，也往往力不从心。

也正是上述缺陷，致使在不少征收实践中，尽管当地政府认为其征地行为完全出于公共目的，但被征收人和民众却难以认同。许多征地行为往往涉及大量的商业因素，更容易招致质疑，更需要通过上述程序来证明征收出于公共目的。

也正是考虑到人大与法院的现况，应直接在相关立法上规定明确的实体限制标准，如：征收必须是直接为实现重大的公共利益所必需的情况下方可为之。并可同时明确规定排除条款，如：禁止直接为私人（商业）目的，或私人目的占主要地位的情况下进行征收，禁止为财政收入进行征收等。另外，确保公正补偿，对限制征收范围尤其是有效减少为财政收入征地的可能性，至关重要。

还要指出的是，按照城市土地国有的规定，但凡城市发展而被纳入城市范围的农民集体所有的土地，都必须通过征收"变性"为国有，无论是否出于

"公共利益"。

在我国的征收中，集体土地（主要是城郊及城中村）征收占绝大多数。城市建设真正的快速发展是改革开放之后近几十年的事，城区重整的需求相对较小，城市中能拆的也拆得差不多了。同时，农民集体土地的建筑密度通常远低于城市土地，拆除与补偿成本本来就较低，征收集体土地的法定补偿标准也很低。因此相比于城市土地，征收农民集体土地的难度和成本往往要小很多。这就导致土地征收必须"为了公共利益"的宪法规定更难于落实。如何解决这一问题，对落实征地的公共目的限制实不容回避。

凡此种种，也不难看出，阐明征地公共目的的原理尽管不易，但仍可努力做到。如何使其在我国落实，其难度更远甚于前者。

（二）征地程序制度的重构

我国征地制度在贯彻正当程序的基本要求上，要走的路还很长。仅就提高征收程序的司法性而言，应考虑如下几点。

（1）提高征收批准机关的中立性，不能再由行政机关对可否征收和如何补偿自己关门说了算。征收申请与补偿的裁决权可由法院直接行使——而我国当前城市土地征收却恰恰相反，把征收裁决权赋予行政机关，把执行权赋予法院。

（2）改革告知与听审程序，确保当事人尤其是被征收方事前和事中（不能仅限于事后），对于可否征收和如何补偿等事项，享有充分的知情、参与和抗辩权。尤其是在农村集体土地征收中，农民既是集体组织成员，又是土地的承包经营人，其参与征收程序的权利不容忽视。

征地决定只能根据听审笔录做出，并要有充分的说理（尤其是当事人意见不采纳的，要有充分的理由并予以说明）。如果由法院行使征收申请的裁决权，那么就直接适用开庭审理程序。违反上述规定的，征收申请应归于无效。

如前所述，在特定情况下出于公共目的的急迫需求，应当允许需用人在满足预先支付补偿保证金等法定条件下，提前占有不动产。快速征收制度既能更好地促进公共利益，又能兼顾对征收行为的规范和对被征收人的权利保护。

（3）在切实落实正当程序对征收行为的要求的同时，也要通过比较各国具体的快速征收制度，予以吸收借鉴。具体而言，可征收受益人提供一定的补偿金担保，即可立即占有土地，事后再通过完全支付进行补偿，或者参照法国的规定，先做出一个临时补偿决定，等征收完成后再做出正式的补偿决定，多退少补。这既照顾到了公共利益的实现，也在防止对财产权人补偿权利的损害，不失为一种两全其美的做法。

不过，须注意的是，必须对于适用加速程序的条件进行严格的限定，防止其滥用。同时，即使适用加速程序，补偿义务人也必须先提交补偿担保，并在事后根据正式的裁决予以及时补偿，以防侵害被征收人的权益。

（三）征地补偿制度之改革与完善

征地补偿制度实乃极为复杂的系统性问题，我国更是如此。空泛的宏论已不堪实用。同时，我国因征地补偿制度付出了多重成本，确已到了非改不可的地步。其要者如下。

第一，以被征收土地的客观市价为补偿的底线。那种认为市价征地成本过高的观念，实乃计划经济体制下廉价甚至无偿获得农地的惯性思维。客观市价补偿不仅对保障被征地人至关重要，而且也是最大程度上降低征地的各种成本的最佳，同时也是最简捷之道。这也正是市场规则的绝妙之处。

然而迄今为止，有关征地补偿改革的措施不胜枚举，但都要么拘泥于现有制度框架，要么空泛地重复"同地同权""保障农民长远生计"等原则性宣示，或者是技术性的修修补补，无疑是徒耗气力耳。当然，市场价值只有在市场交易中才能得以发现，这就要求必须打破政府的土地垄断，恢复农地的交易自由。

第二，要尽快完善农地承包经营权的补偿。这实非三言两语所能说清。其重要根源在于当下集体土地承包经营权事实上仍处于不确定的状态。虽然党的相关文件已提出该权利要"永久不变"，但毕竟未通过正式立法予以明确。农村土地承包法和物权法虽宣称"依法保护土地承包关系的长期稳定"，承包期届满后"按照国家有关规定"继续承包，但现有承包期届满后是否调整，届时又会如何规定，都不得而知。此外，不少学者和第二轮承包后人丁增长的农户也仍希望重新调整承包。承包经营权的这种不确定状态，在平时还能相安无事，因为农地价值并未完全体现，且还有再次调整承包的预期。但就怕发生征地，因为征地意味着土地价值要一次性变现、分配。

就我国实情，简言之，鉴于承包经营权永久化的趋势，集体所有权本身可操作性极差，加之"三级所有"与农民与集体权利义务关系的双重模糊性，并为遏制土地补偿被截留、贪污等流弊，减少不必要的纠纷，农地征收补偿似应以直接、完全补偿承包经营权更妥。然而，这必然会与农地集体所有制相冲

突。这又该怎么办？

事实上，集体所有制是一个计划经济体制时代高度意识形态化的政治概念装置，在市场经济和法治的话语体系下难以"解码"，实在再正常不过。在市场经济和法治已被确立为国家目标的当下，重构集体所有制已势在必行。

第三，在上述市价补偿的基础上，再以其他通常损失补偿为补充。应明确规定对合理的经营损失、残余地损害补偿和必要的费用补偿等。这和土地客观市价补偿均是公正补偿内在的必然要求，相关立法没有"打折扣"的余地。

第四，在上述基础上再根据实情辅之以社会补偿。需注意的是，征地的社会补偿和农民应平等享受社会保障并非同一层面的问题：农民和市民平等享受社会保障权是事关基本公民权的普遍性问题，无论农民的土地是否被征收。"土地换社保"错就错在把农民不当公民。征地的社会补偿则针对的是被征地人，无论是市民或农民。

从性质上讲，征地的社会补偿属于法律赋予的特惠，可容许立法有一定的裁量空间。因此，可先由正式的征地法律做原则性规定，例如：对征地后即使给予市价补偿和其他通常损失补偿后，仍出现生计困难者，可给予职业培训或其他保障措施。具体实施办法则可由国务院或各地方人大根据实情自行确定。现行法规定的安置补助费则应归并到社会补偿中。

（四）征收补偿救济制度之完善

（1）司法裁判的时机。就我国实情而言，似采德、日的法院重新裁判模式更为适宜，即征收的补偿数额争议仍可先由行政机关确定，若当事人不服此补偿决定起诉的，法院有权依法重新裁判补偿数额。这一模式不仅有助于减小法院裁判补偿数额争议的负担和困难，而且这也是我国一直所沿袭的既有体制，采取此模式有助于减少不必要的立法变动和改革阻力，维护法的稳定性。

（2）诉讼类型选择。对此，主要有如下可选方案。

①适用行政附带民事诉讼。不少学者主张，补偿数额争议应通过行政附带民事诉讼的方式解决①。这看似更符合该争议表面上所具有的行政性质，且

---

① 吴恩玉：《再论行政附带民事诉讼》，《公法研究》（第八辑），浙江大学出版社，2010，第275页。

补偿的合理性问题也能得以解决，似乎是解决征收补偿数额争议的完美途径。

但是，且不说行政附带民事诉讼本身即有许多内在的矛盾和缺陷①，更重要的是，行政附带民事诉讼中首先要解决行政行为的合法性问题②。然而，大多数补偿数额诉讼所争议的都是补偿数额是否合理。这意味着绝大多数补偿数额争议将会因无法认定补偿决定违法，导致附带的民事争议无法审理，法院也就无法重新确定补偿数额。故对此不再讨论。

②直接适用民事诉讼。适用民事诉讼更符合补偿数额争议的自身性质，也更为便捷、有效。缺点是可能不太符合我国的固有观念。也有论者认为，将经行政机关裁决的争议纳入民事诉讼，将会引起因民事判决无法对行政裁决的法律效力做出认定，无法起到监督行政机关的作用，并易导致行政裁判和司法裁判的冲突③。

然而，对民事争议的行政裁判事实上类似于对该争议的初审，当事人对该裁判不服，自然可上诉。且采行民事诉讼将会使行政机关不用担心当事人对其裁判不服而成为被告，反而会使其更积极履行裁判职能④。同时，司法最终原则决定了就同一争议的裁判，司法裁判具有终局和更高的效力，通过民事诉讼改变原来的裁决，本身就是对行政裁判权的监督。最后，在我国，法院放弃补偿确定权其实也是过分屈从现实、无奈之举⑤，这反而恰恰说明，有必要通过适用民事诉讼，恢复法院对补偿数额争议的确定权。

③改造行政诉讼制度。具体方案有二：第一，在行政诉讼中引入日本的当事人诉讼制度⑥；第二，可以直接在行政诉讼中赋予法院对补偿数额争议的司

---

① 参见翟晓红、吕利秋《行政诉讼不应附带民事诉讼》，《行政法学研究》1998年第2期。何文燕、姜厦：《行政附带民事诉讼质疑》，《河南省政法管理干部学院学报》2002年第2期。

② 夏青文：《论行政附带民事诉讼》，硕士学位论文，中国政法大学，2006，第25~26页。

③ 汤捷：《行政裁决诉讼研究》，硕士毕业论文，中国政法大学，2006，第19~20页。

④ 沈开举：《论行政机关裁决民事纠纷的性质》，《昆明理工大学学报》（社会科学版）2009年第5期。

⑤ 在我国，国有土地征收中地上物补偿数额争议也曾一度被作为民事诉讼处理。1993年最高人民法院批复明确指出："房屋拆迁主管部门或同级人民政府对此类纠纷裁决后，当事人不服向人民法院起诉的，人民法院应以民事案件受理。"参见《最高人民法院关于适用〈城市房屋拆迁管理条例〉第十四条有关问题的复函》。

⑥ 汤捷：《行政裁决诉讼研究》，硕士学位论文，中国政法大学，2006，第43页以下。渠滢：《论专利无效诉讼中的"循环诉讼"问题》，《行政法学研究》2009年第1期。

法变更权①。

将补偿数额诉讼适用行政诉讼并对其做必要的改造，更契合我国的思维习惯。然而，这还要有赖于行政诉讼法的修改，并且当事人诉讼仅存在于日本，其能否为我国所顺利接纳也仍待讨论。直接赋予行政诉讼中法院对补偿数额变更权则太过唐突和粗疏。

总之，上述方案除行政附带民事诉讼外，各有利弊，当事人诉讼和民事诉讼也并无实质差别。因此，直接适用民事诉讼抑或在行政诉讼中另设当事人诉讼，乃相对次要的技术问题，具体作何选择，可由立法机关裁量。

③其他相关改革措施。第一，明确规定补偿数额争议的可诉性。虽然补偿数额争议的可诉性本无须立法专门申明，但鉴于征地补偿往往体现地方党政的意志及我国法院对地方党政高度的依附性，因此，为保障被征收人的诉权，未来相关立法的修改中仍应明确规定补偿数额争议的可诉性。

此外，若补偿数额争议的司法救济适用行政诉讼的话，那么还应指出的是，行政机关确定补偿的行为，应被视为具体行政行为而非抽象行政行为。因为补偿确定行为尽管可能涉及的相对人尤其是被征收人众多，但毕竟还是征地行为，所针对的是特定被征收人，补偿义务人则更是特定的，即具体的用地单位。再者，补偿确定行为也并非可在较长时间内反复适用。

第二，重塑补偿数额争议的裁决制度。《土地管理法实施条例》规定的不服补偿决定的裁决前置制度，不仅有悖于法律保留原则，也不合《立法法》的要求②，因此即便保留，也应通过法律来设定。

同时，即使保留补偿争议行政裁决程序，也应将其纳入行政复议制度中。不服补偿确定行为争议的行政裁决，本质上属于行政系统内部的复审式裁决制度，即行政复议③。同时，我国已经有了相对更为成熟的行政复议制度，但至今也尚未建立起统一、有效的补偿争议裁决机制④。

---

① 许占鲁、韩兆柱：《论我国行政补偿司法救济制度的完善》，《辽宁行政学院学报》2007年第6期。

② 《立法法》第8条第1款规定："下列事项只能制定法律：……（九）诉讼和仲裁制度"。

③ 其实，我国行政复议是对行政系统内部自我纠正错误的法律制度的概括，当事人不服具体行政行为申请上级行政机关审查裁决的活动，无论是单行法律法规如何表述，性质上都属于行政复议。参见方军《论征地补偿安置争议的法律救济途径》，载应松年、马怀德主编《当代行政法的源流——王名扬教授九十华诞贺寿文集》，中国法制出版社，2006，第964~980页。

④ 吕成：《征地补偿安置争议协调裁决制度的困境与出路》，《云南行政学院学报》2012年第2期。

再者，要求补偿数额争议必须由国务院或省级政府裁决，弊端也非常明显。这种做法潜在的主要依据可能是，管辖机关级别越高就越公正。此乃我国盛行的定见，即依赖于纵向上由更高级别的机关管辖，而非横向的正当程序来确保公正①。然而，管辖机关级别越高，尽管可能更有助于摆脱地方利益的干扰，但其信息不对称性也更严重，造成行政资源的浪费，还需要当事人远赴首都或省会，徒增负担。再者，由于国务院的裁决被视作终局裁决，这也剥夺了当事人的诉权。总之，将补偿数额争议的行政裁决明确纳入常规的行政复议中反而会更有利于当事人诉权的行使。

第三，废除强制性的行政协调制度。补偿数额争议"由县级以上地方人民政府协调"的制度，其实效性非常有限，因为补偿方案本就是县级以上政府确定的。并且，把这种协调规定为普遍的前置措施，也有碍于被征收人的诉权。所以，对此协调程序根本无须在立法中作强制性的统一要求，而由相关地方政府或当事人自行选择即可。

第四，根据征收补偿制度构造的内在机理，明确规定出补偿义务人（即用地单位），以及相对中立的确定补偿的机构。其理由如前所述，主要是基于正当程序和提供公共产品主体多元化的需求，并且，在我国实践中，实际承担补偿义务的也是用地单位。这样显然有助于理顺征收补偿数额争议的法律性质。

---

① 参见杨俊锋《政府与个人可以双赢——征地程序的准司法性》，《南方周末》2012年8月23日，第 E27 版。

城市社会治理创新研究

我国大规模的城市建设时代已经过去，中国的很多城市已经进入"三分建七分管"的历史时期。不论对于快速成长中的城市，还是进入成熟期的城市，这个大趋势越来越明显。当前，我国的城镇化率达到55%，这意味着中国城市人口已经超过农业人口，一个以城市市民为主体的现代社会已经到来，这就要求我们必须更加自觉地加大创新城市社会治理的力度，为国家经济社会的可持续发展和国家长治久安奠定坚实的社会基础。

一 城市社会治理的基本含义与相关理论

（一）城市社会治理

"治理"一词在当代有新的内容和含义，它强调综合发挥国家、社会组织、公民在参与公共事务中的良性互动和协调发展。1995年，联合国治理委员会在《天涯成比邻》研究报告提出"治理"概念："治理是各种公共的或私人的个人和机构管理其共同事务的诸多方式的总和。"它是使相互冲突或不同的利益得以调和并且采取联合行动的持续的过程。它包括有权迫使人们服从的正式机构和规章制度，以及种种非正式安排。凡此种种均由人民和机构或者同意，或者认为符合他们的利益而授予其权力。①

目前，国内学者对城市治理的研究侧重点不同，故定义和表达方式也有所区别，但在本质的把握上是基本一致的。袁政认为，城市治理是将治理运用于城市公共事务管理的过程②；盛广耀认为城市治理是治理理论在城市公共事务管理方面的应用③；王佃利认为城市治理是指城市范围内政府、私营部门、非

---

① 全球治理委员会：《我们的全球伙伴关系》，牛津大学出版社，1995。
② 袁政：《城市治理理论及其在中国的实践》，《学术研究》2007年第7期。
③ 盛广耀：《城市化模式研究综述》，《城市发展研究》2011年第18期。

营利组织作为三种主要的组织形态组成相互依赖的多主体治理网络，在平等的基础上按照参与、沟通、协商、合作的治理机制，在解决城市公共问题、提供城市公共服务、增进城市公共利益的过程中相互合作的利益整合过程①。除了以上学者的观点，徐静、踪家峰等表述了城市治理的基本含义。不管从哪方面来解释城市治理的基本含义，本质上都包含三个相对一致的特征：其一，强调多元治理主体；其二，城市治理的对象为公共事务，所要解决的是公共问题；其三，治理方式，是在平等基础上按照参与、沟通、协商、合作的治理机制解决城市公共问题。

改革开放以来，中国的社会管理经历了一个从传统的社会管理到现代的社会治理的演变的过程。1992 年，党的十四大上确立了社会主义市场经济作为我们的改革目标和方向。1993 年，党的十四届三中全会就提出政府部门要强化社会管理职能，不能像从前计划体制中继续大包大揽。2002 年，党的十六大明确政府的职能是"经济调节、市场监管、社会管理、公共服务"。到 2004 年时，中央已经正式提出社会管理格局是"党委领导、政府负责、社会协同、公众参与"。这里已经突出了社会管理主体的多样化，体现了社会治理的思想。中共十八大提出的社会管理体制"党委领导、政府负责、社会协同、公众参与、法制保障"，法制保障的强调，体现了社会管理不仅是行政性的管理，要法治作为基础性的保障，社会治理的概念已经呼之欲出。从这样一个演变过程来讲，我们党的十八大报告，包括之前提出的"加强和创新社会管理"，其内在含义已经接近我们现在讲的社会治理。随着市场经济改革的力度加大，十八届三中全会鲜明地提出了市场在资源配置中的决定性作用，在社会体制改革上也要加大力度，所以，党中央正式提出了"创新社会治理体制"。这种变化体现了执政理念的根本性转变，意味着我们不仅要向市场放权，也要向社会放权；不仅要解放生产力，也要解放社会活力。"管理"和"治理"虽一字之差，但是有根本的不同。

从主体上来看，"治理"跟传统的"管理"不同。从传统的管理来讲，主要是政府和国家对社会公共事务进行管理，带有强制性。"治理"除了国家和政府之外还强调社会力量，比如社会组织、公民参与。社会治理，既要发挥政府服务管理社会的作用，也要发挥社会组织、社区自治和公民参与的作用。从方式上来看，传统的管理强调的是行政性，社会治理除了行政性还强调法治建

① 王佃利：《城市治理体系及其分析维度》，《中国行政管理》2008 年第 12 期。

设、思想道德建设、制度建设、社区自治管理等多种方式。从内容上看，传统的管理更多强调对国家和社会宏观事务的管理，治理强调对不同群体和特殊群体的服务和管理，对社会微观层面事务的管理，强调精细化治理。从方向上看，传统的管理只是单向式的、从上至下的管理，社会治理强调的是双向的互动，政府制定公共政策时，要与不同的社会群体进行沟通、协商，是双向的互动模式。从目标上来看，社会治理既要维护社会稳定，也要增强社会发展活力。

在中国现有的国情下，城市社会治理是指：在中国共产党领导下，充分发挥城市政府主导作用，鼓励和支持城市社会各方面参与城市公共事务的服务和管理，实现政府治理和社会自我调节、居民自治良性互动。

（二）西方城市治理的相关理论

全球化的时代，城市之间的竞争日益加剧，直接推动了城市治理研究的兴起。由于时空和背景不同，城市治理模式具有形态的多样性。同一国家背景下的不同城市，以及不同的城市部门，显示不同的治理模式，并且不同的治理模式有不同的理论基础，基于西方文化的城市治理模式主要有以下几类。

1. 皮埃尔的四种城市治理模式

瑞士政治学家皮埃尔（Jon Pierre）在考察了西方发达国家城市发展模式的基础上，根据参与者、方针、手段和结果的不同，提出了四种主要的城市治理模式：管理模式、社团模式、支持增长模式和福利模式，这四种模式也是目前最为经典的关于城市治理模式的分类。管理模式按照市场原则将城市公共服务的生产者与消费者视为市场的参与者，提出"让管理者管理"的口号。社团模式将城市治理的主体划分为若干利益集团，每个利益集团的内部又可以分为高层领导与基层群体，利益集团和群体构成了城市治理的两个参与层面。促进增长模式的主要参与者是商界精英和当选的城市官员，通过有利于推动城市经济发展的手段促进经济增长，从而实现利益共享。福利模式是一种较为特殊，以及罕见的城市治理模式，城市政府官员和国家的官僚机构是其唯一的参与者。[①]

2. 城市伙伴制治理模式

瑞典厄勒布鲁大学教授英厄马尔·埃兰德（Ingemar Elander）认为对于城市治理而言，权力主要是一个主导和社会控制的问题，20世纪90年代以来城

---

① Pierre J., "Models of Urban Governance: the Institutional Dimension of Urban Politics," *Urban Affairs Review*, 34 (1999), pp.372-396.

市政府面对一种分权和政府形式变得更加多样化的趋势，并且城市治理这一词本身也涵盖了非常广泛的实践，因此伙伴制正越来越多地被当作今日城市政府解决其所面临的问题的正确治理模式。城市伙伴制被定义为"为重整一个特定区域而制定和监督一个共同的战略所结成的利益联盟"。① 城市伙伴制最突出的特点在于责任、权力、资源对于地方当局的下放并与当地的社会组织国际合作和伙伴制方式的互动，同时鼓励社会成员积极参与到本社区的事物管理和治理中并参与决策。

3. 新公共管理模式

自 20 世纪最后的 25 年以来，随着信息化、市场化、全球化的发展传统的公共管理模式正在被新公共管理模式替代，新公共管理模式是一个多维度、非常宽泛的概念，其中就包括了"企业化政府"理论。奥斯本和盖布勒在《改革政府》一书中提出的"新公共管理"模式是一种单一模式，这一模式包含如下十大基本原则或基本内容。①起催化作用的政府：掌舵而不是划桨。②社区拥有的政府：授权而不是服务。③竞争性政府：把竞争机制注入提供服务中。④有使命的政府：改变照章办事的组织。⑤讲究效果的政府：按效果而不是按投入拨款。⑥受客驱使的政府：满足顾客的需要，而不是官僚政治需要。⑦有事业心的政府：有收益而不浪费。⑧有预见的政府：预防而不是治疗。⑨分权的政府：从等级制到参与和协作。⑩以市场为导向的政府：通过市场力量进行变革。② 美国著名公共管理学者盖伊·彼得斯在《政府未来的治理模式》中也提出了当代西方行政改革及公共管理实践中正在出现的以新公共管理定向的四种治理模式，即市场化政府模式、参与型政府模式、灵活性政府模式、解除规制政府模式。③

二 国外城市治理的有关经验

1. 国外城市治理注重发挥社会组织的作用

社会组织在国外指政府和市场之外的非政府组织（NGO）、非营利组织或

---

① 〔瑞典〕英厄马尔·埃兰德：《伙伴制与城市治理》，《国际社会科学杂志》（中文版），2003。

② 戴维·奥斯本、特德·盖布勒：《改革政府：企业精神如何改革着公营部门》，周敦仁等译，上海译文出版社，1996。

③ 〔美〕B. 盖伊·彼得斯：《政府未来的治理模式》，吴爱明，夏宏图译，中国人民大学出版社，2001。

者"第三部门"。在西方国家，因为社会的不公正、收入差距、种族歧视、环境污染而建立的 NGO 组织比比皆是。根据 2013 年中国财政部网站的数据分析，英国现今大约有社会组织 90 万家，社会组织实现年收入总额约 1700 亿英镑，资产总额 2280 亿英镑，领薪从业人员 200 万人。法国的社会组织包括社团、基金会、留本基金、同业公会、专业团体、合作机构、保险公司等，其中法国社团的影响力最为明显。目前，法国有各类社团 130 万家，每年大约新成立 6 万家，加入各种社团的人口有 2300 万，占法国总人口的 1/3。① 欧洲国家的社会组织可以用五花八门来形容，其涵盖的领域也已经相当广。在这种框架下，公民的基本福利由政府提供，公民的个性化、暂时性需求，一般由社会组织提供补充。②

提及社会组织，就不得不提美国。美国是一个多元化移民国家，"人种复杂、社会多元、个人独立、政治自由"，③ 因此美国是非政府组织发展最为典型的国家。可以说了实现社会稳定，协调多元的社会利益群体之间的关系，在其他国家由政府提供的一些服务，在美国几乎都可以由美国的非政府组织提供。2008 年在美国国内收入局（IRS）税务登记的非营利组织已多达 151 万多个，④ 几乎覆盖了美国所有的社会成员。美国政府为非政府组织提供的资金支持几乎占了美国政府支出的一半。美国社会组织的类型多样，提供的服务也几乎无所不包。除了养老、医疗、教育等相关的社会组织以外，美国还有一些疾病的患者协会、留胡子协会等五花八门的组织，现今美国民众对美国社会组织的依赖已经越来越强。⑤

一般来看，大多数国家与非政府组织都保持良好的合作关系，政府通过对非政府组织的提供政策引导和支持，赋予它们在经济发展、社会福利和公共决策方面一定的参与权，并且通过对其运作提供指导性质的服务，充分调动非政府组织参与治理的积极性。比如新加坡作为后起的现代化国家，政府通过给予社会组织经费支持和税收优惠，积极鼓励民间社会组织作为官方社会组织的补充，这些民间组织以自愿为基本原则，主要从事环境保护、妇女权益保障、维

① 国际司发布《英国、法国社会组织发展与管理体制情况介绍》，中华人民共和国财政部网站。
② 张时飞：《瑞士、德国、英国社会组织的发展特点及思考》，《中国社会科学院院报》2007 年 12 月。
③ 《社会管理创新知识读本》，江苏人民出版社，2013，第 14 页。
④ http：//stj. sh. gov. cn/Info. aspx？ReportId＝989e9c3b-2f5b-4b6d-930f-8f70412c1980。
⑤ 胡清平：《美国社会组织运作模式及其功能》，《社会工作》2011 年第 5 期。

护消费者权益等活动。以劳资纠纷为例，在发达国家，工会定期与雇主协会就一系列相关的利益问题进行协商和谈判，当谈判陷入僵局的时候，由劳资双方或者政府制定的第三方或者政府直接出面调解和仲裁。[①]

2. 社区自治是国外城市治理的通用模式

欧美国家的社区治理更多地强调"自治"，尤其是以高福利著称的北欧国家，它们的社区自治是"小国度里的大社区"或"社区城市化、城市社区化"。20世纪后期，北欧国家为了进一步发挥社区自治的功能普遍推行地方政府自治改革，其特点是"扩大了城市社区化版图，加强了社区自治机构的权力，进一步增强了社区的自治功能"。[②] 通过这种改革，提高了社区的政治地位，同时利用社区，使得民众和政府之间相互沟通的途径变得更为直接，公民的各种问题能够得到妥善解决，同时还有助于培育社区团体。美国的社区自治理念是在自愿社区团体影响下的"地域归属和文化共享型"自治。美国的社区生活强调的是共同的社区生活，强调的是一种共同价值观的归属。美国社会学会主席柯林斯女士说，在美国社区是联结个人与社会制度的主要方式，是"美国政治的心脏部位"。在美国的社区体系中，美国政府只是一个财政支持者和监督者，更多的民众通过参与社区选举代表自己意见的团体，比如社区董事会和社区顾问团实行自治。在这种机制下，社区作为连接政府和群众的环节，能够更好地发挥民众自觉参与社区管理的作用，从而更好地满足居民要求。

新加坡是典型的政府主导社区建设的国家。为了适应其多种族、多文化的国情，政府在社区中的作用明显，主要表现为：对社区进行合理有效的规划；健全社区内部基础设施；通过财政拨款，减少社区自身财政负担；直接设立社区管理组织等。

日本的社区建设不同于欧美和新加坡，其更多的是采用政府和社区组织混合的管理模式。在日本有以政府主导的"地域中心"，这是政府按照人口和地域为基准而成立的政府下派机构，代表的是政府的"身份"，它的职责是通过组织民间公益团体等对全社会成员给予支持。此外日本社区自身还成立了"住区协议制度"。这是社区居民的自治组织，居民通过这个制度自愿参与社

---

① 黄家亮、郑杭生：《国外社会治理的四个基本经验》，《人民日报》2015年5月4日，第5版。

② 连玉明、武建忠：《大问题1205-学习借鉴国外社会管理成功经验》，团结出版社，2012，第136页。

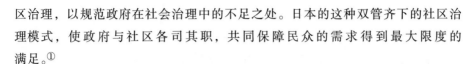

区治理，以规范政府在社会治理中的不足之处。日本的这种双管齐下的社区治理模式，使政府与社区各司其职，共同保障民众的需求得到最大限度的满足。①

3. 依法治理是国外城市社会治理的重要经验

国外社会治理体系中，制度化的建设非常重要。国外城市社会治理不仅强调依法治国，实践中也更加注重法制的实施，一旦治理上升到法律的层面，其落实和执行的力度都非常强。

（1）依法治理，为社会治理创造良好的秩序环境。现代社会是民主法治社会，这就意味着法律法规在社会治理中必然要扮演重要的角色。放眼世界，社会治理走在前列的国家几乎都有相关的法律法规作为社会治理的指导性规范，为社会治理提供法律保障，进而创造良好的社会治理环境。

国外进行依法治理，首先表现为在社会治理的相关立法上。比如许多国家针对社会组织有序参与社会治理的相关立法。早在1901年，法国就有了《非营利社会团体法》，南非有《社会组织法》和《特定非营利活动促进法》，德国有《结社法》，匈牙利有《公益组织法》。还有一些国家虽没有针对社会组织的专门立法，但是在宪法和基本法律中都对社会组织管理有所涉及。"德国有关社会组织的法律制度框架非常完备，由宪法及德国的基本法为基础，民法典总则中有关社团法人的规定为基本规则，联邦社团法的专门规定为补充的较完善、系统的框架结构。"② 日本的情况更为特殊一些，作为大陆法系的国家，日本不仅有专门针对社会组织的法律，如《特定非营利促进法》，同时日本民法也对社会组织的成立做了规定。韩国是典型的针对不同类型的社会组织制定不同的法规的国家。还有其他为了保障社会治理有序进行而制定的法律，如新加坡为了反腐败，制定了《公务员法》《防止贪污法》《没收贪污所得利益法》，还有《公务惩戒性秩序规则》以及严厉的反贪刑事立法；英国为了对社会保障制度加以合理规范，除了《济贫法》外，还有《国民保险部组织法》《国民救济法》《家属津贴法》等；日本的社会保障法律也很多，比如《国民年金法》《厚生年金法》《生活保护法》《船员保险法》等。国外关于社会治理的立法还有很多，通过法律和法规，可以引导社会治理主体承担责任，规范

---

① 连玉明、武建忠：《大问题 1205：学习借鉴国外社会管理成功经验》，团结出版社，2012，第 137 页。

② 樊欢欢：《对外国社会组织规范管理的国际比较研究》，民政部 2008 年社会组织理论研究课题项目，2009。

参与主体从事公共服务的行为，为社会治理运作创造了良好的制度环境。值得一提的是，英美法系的国家也并不是始终将制定各种法律作为治理的前提，由于这些国家基本以判例法为主，判例作为法律依据能使得这个国家的法律体系更加灵活。①

（2）执法必严，保证治理的执行力。从另外一个角度来看，立法虽然是维护社会治理有序进行的一个方面，但是西方国家看似自由宽松的制度环境，与其实行"底线治理"有密切关系。在其治理中有一条非常重要的特点就是执法和监管要重于立法。

国外社会治理对于执法的高要求保证了社会治理的有序进行。在西方国家尤其是英美等国，社会治理的重点是守住"底线"，集中资源、集中力量打击和惩处违反法律、触犯社会秩序和超越社会道德底线的社会行为。②"不犯法"就"一辈子不用和警察打交道"，但是一旦犯法，处罚定会相当严厉。以公共安全领域为例，能够看出国外社会治理中执法的严格程度。比如英国政府为了加强对食品安全的监管，规定：如果食品生产者生产了不合格食品，就会被处以高额罚款或者监禁。2006年，英国某知名糖果制造商就因为出售了含有"微量"沙门氏菌的巧克力被处以100万英镑的罚款。③巴西对食品安全问题也是相当重视。2007年，巴西东南地区两家奶牛场因为往牛奶里勾兑能够延长牛奶保质期的溶液，被重罚，巴西有关方面拆除了两家奶牛场的生产设备。在巴西，如果生产食品不达标并且是重犯，要接受停产30天检查，如果再没被查出类似行为，就直接进入司法程序，企业法人将会以食品造假罪被刑事起诉。④

（3）公开透明的监督机制，确保社会治理机制发挥积极作用。透明性一直是很多国家坚持的社会治理的原则，尤其是西方发达国家。良好的社会治理秩序，有时候更得益于对一个社会的相关部门给予保护和动态的监督，这样才能保证其提供的公共服务的质量。国外对于相关社会组织的监督主要包括政府监督、社会大众监督、组织和行业内部管理。

政府监督主要是指政府通过行政和税收手段对社会组织的日常运营和一些

① 房宁：《国外社会治理经验值得借鉴》，《红旗文摘》2015年第2期。
② 房宁：《国外社会治理经验值得借鉴》，《红旗文摘》2015年第2期。
③ 连玉明、武建忠：《大问题1205：学习借鉴国外社会管理成功经验》，团结出版社，2012，第111页。
④ 连玉明、武建忠：《大问题1205：学习借鉴国外社会管理成功经验》，团结出版社，2012，第115页。

涉外活动进行监管。比如在日本，依据日本民法典的规定公益法人的活动要接受主管机关的监督，主管机关有权随时对法人的业务及财产进行检查。英国慈善委员会对民间组织的监督和管理采取分类监管的方式，依据规模采取不同的监管模式。同时在英国，慈善组织在享受国家税收优惠的同时，必须接受以下限制：成立慈善组织要到政府慈善机构登记，经审查同意后，才能成立，才能享受税收的优惠政策，慈善组织要接受登记机关的监督，提交年度财务报告，不允许参加政治性活动，以保证其宗旨的贯彻和任务的完成。① 在公共安全领域，政府的监督也至关重要。比如由于日本是一个非常注重食品安全的国家，日本"食品安全委员会"就拥有绝对权力，日本的食品经过各种委员会的检查把关，才能到达日本人的餐桌。

社会大众监督和行业内部监督对于达成社会治理的目标具有重大意义。比如肯尼亚和马耳他均要求非政府组织的各项活动和资金使用、文件资料向社会公开。肯尼亚规定任何人在支付规定的费用后可检查任何非政府组织相关的注册文件和可向政府提交的其他相关文件。德国行业协会为了维护自身利益和自身形象，每个行业协会如商会都特别注重自己的行为和专业操作的规范，依照章程行使权力，依靠各种制度规范行为。如有会员违背自律原则，要受到相应的处罚。② 除了社会监督和行业监督，规范社会组织内部的机构对于充分发挥社会组织的作用，对于社会组织提供更好的服务也有促进作用。

总的来看，国外注重法律执行的治理思维，可以在保证治理重点的同时节约立法的成本，并且能够培育出全社会共同遵法守法的氛围。这种管理方式，引而不发，收放自如，使得整个社会生活"乱而有序"，表面自由，实际控制。③ 合理的监督又是保证参与社会治理的相关主体能够按照规定履行职责的必要条件。社会治理只有结合法律和监督体制，才能实现有序运行。

三 城市治理创新的必要性和紧迫性

在计划体制条件下，我国城市社会管理是通过"单位制"来实现的。城

---

① 樊欢欢：《对外国社会组织规范管理的国际比较研究》，民政部 2008 年社会组织理论研究课题项目，2009。

② 樊欢欢：《对外国社会组织规范管理的国际比较研究》，民政部 2008 年社会组织理论研究课题项目，2009。

③ 房宁：《国外社会治理经验值得借鉴》，《红旗文摘》2015 年第 2 期。

市居民都被纳入不同的"单位",劳动者都在不同层级政府的行政单位、事业单位和国有企业单位工作。没有工作的人在街道和居委会进行管理。就这样,新中国成立后,我国城市逐步建立了以"单位制"为主、以基层地区(街道、居委会)管理为辅的社会管理体制。改革开放以后,中国的社会转型加快,我国社会也已经从一个"整体性的社会"转变为一个"多样化的社会"。特别是我国工业化、信息化、城镇化、市场化、国际化同步进行,城市社会治理的对象和社会环境发生了巨大变化,对城市的社会治理提出了新的要求。

(1)在计划体制向市场体制转化过程中,"单位人"变成"社会人"。随着所有制形式的变化,社会阶层分化速度加快,出现了新的经济主体和社会组织。截至 2015 年 3 月,全国企业共 1871.49 万个,其中,私营企业 1598.56 万个,占全国企业总数的 85%以上,个体工商户 5073.86 万个[1]。2015 年,全国登记注册的社会组织有 60 多万个[2],还有数百万未登记注册的社会组织。社会流动越来越频繁,许多人离开单位体制,进入民营经济、个体经济、股份制经济、外资经济工作,据统计,在我国就业人数中,有近 80%的人在非公有制经济组织就业。大量"单位人"变成体制外的"社会人",如我国除了政府公务员、事业单位人员、国企职工等体制内的极少数人还在"单位制"的管理之下,绝大多数体制外"社会人"的各类关系,如低保、医疗、养老、就业,以及计划生育、权益表达、看病就医、养老金领取、党组织活动、生活服务、老龄护理等,都进入社会管理系统,尤其是进入了社区管理范畴。城市社会管理对象总量迅速扩大,原有的"单位制"失去了全面管理社会成员的能力。因此,在我国城市新的社会群体和社会组织不断涌现情况下,如果不进行城市社会管理的创新,社会运行很容易出现失序状态。

(2)随着我国工业化发展,整体经济实力显著增强,2010 年我国综合国力超过日本,成为世界上第二大经济实体。但是,我国经济发展的背后,付出了工人下岗失业、环境污染、资源紧缺和生产安全事故频发的沉重代价。国企工人下岗,离开国有企业单位体制在市场上重新就业,成为"社会人"。非公经济企业劳资矛盾、劳动争议等问题也不断增多。近年来,我国矿难等安全生产事故频发,对人民的生命健康造成了重大损失,这也对我们的社会管理提出了新的严峻挑战。

---

① 《国家工商总局发布 2015 年 2 月全国市场主体发展报告》,中商网,2015 年 2 月。

② 王勇:《全国直接登记社会组织已超 3 万》,《公益时报》2015 年 3 月 18 日。

（3）随着城市化速度的加快，农村劳动力大规模向城市流动。2014 年，我国农民工总量为 2.7 亿人[①]。农村中大量剩余劳动力离开土地和农村，纷纷涌入城镇，他们大都是没有组织系统、没有城镇户籍的体制外人员。这些流动人员已经脱离原有的社会管理体制轨道，但他们在城市就业、收入、住房、子女教育、社会保障还没有完全纳入城市社会管理体制，很多人基本上处于"两不管"的真空状态。近些年，我国城市越轨和犯罪行为增多，社会治安事件频发和刑事犯罪居高不下，与我们疏于对流动人口的管理与服务有很大关系。特别是在城市化过程中，我们城市的扩大和城市建设步伐加快，全国出现了征地拆迁的热潮，城市面貌确实发生了翻天覆地的变化，但是，由于对失地农民和城市被拆迁居民的安置和补偿不到位，引发的群体性事件和个体的过激行为时有发生。这一系列问题的出现严重地影响了社会的稳定与和谐社会的建设，这也迫切需要我们加强和创新城市的社会治理。

（4）随着我国信息化的发展，互联网的普及，虚拟社会影响力不断扩大。截至 2015 年 6 月，我国网民数量已达 6.68 亿人，网民的数量超过世界任何一个国家，互联网普及率为 48.8%，[②] 互联网普及率超过世界平均水平。互联网已经成为人们社会生活的重要工具。然而，网络带来的社会问题，如网瘾问题、网络语言暴力、网络色情、网络暴力、网络诈骗、网络安全等日益增多。网络民意表达、网络监督随着网络技术的发展对现实社会产生了重大影响，社会治理和社会稳定面临前所未有的新挑战。这需要我们加强和完善信息网络管理，提高对虚拟社会的治理水平。

（5）随着我国国际化的快速发展，我国社会正经历着由封闭与半封闭的社会向一个开放的社会转化。国际化加深了我国居民与国际社会互联、互动和交往，多种文化交流、交融，人们思想空前活跃。同时也出现了盲目崇外、追求"西化"和所谓"普世价值"的思潮。也有越来越多的境外人到中国旅游、学习、工作和居住，境外人员入境人数的增长，增加了城市社会管理中的涉外因素。一是非法入境人员增多。近年来，我国每年查处的非法入境、非法居留、非法就业的"三非"外国人约 3 万。二是境外渗透破坏活动增多。境外入境人数的增加，加剧了境外敌对势力对我国的西化、分化

---

① 张晶：《2015 年我国农民工人数 2.7 亿多》，《人民政协报》2015 年 4 月 30 日。

② 高亢：《我国网民数量已达 6.68 亿人》，《新华网》2015 年 7 月 23 日。

等渗透破坏活动。在目前我国各类群体性事件中，都不难发现境外敌对势力插手的迹象。三是境内涉外事件增多。随着我国引进的外资外贸企业增多，其倒闭、停产、裁员、减薪、欠薪等现象也迅速增多，社会管理中的涉外事件与日俱增①。

1. 当前城市社会治理存在的突出问题

长期以来，我国计划体制下的社会管理模式集中体现为政府对社会采取的集中化社会管理体制。这种政府与社会高度合一的管理模式，使社会缺乏自我管理和自我发展能力，最终影响社会的协调、快速、健康发展。党的十八大提出，"要围绕构建中国特色社会主义管理体系，加快形成党委领导、政府负责、社会协同、公众参与、法治保障的社会管理体制"。2013 年党的十八届三中全会提出创新社会治理体制，坚持系统治理，加强党委领导，发挥政府主导作用，鼓励和支持社会各方面参与，实现政府治理和社会自我调节、居民自治良性互动；坚持依法治理，加强法治保障，运用法治思维和法治方式化解社会矛盾；坚持综合治理，强化道德约束，规范社会行为，调节利益关系，协调社会关系，解决社会问题；坚持源头治理，标本兼治、重在治本。根据中央社会治理创新的新要求，我国城市治理创新在稳步推进，也取得了一定的成绩。但是，在实践中，我国城市社会治理也还存在一些问题，主要表现为：城市社会治理存在忽视社会自治的倾向，面对大量的"单位人"变成"社会人"，城市社区成为我国社会治理和社会服务的新载体。党中央指出：要进一步加强和完善基层社会管理和服务体系，把人力、财力、物力更多地投到基层，强化城乡社区自治和服务功能，健全新型社区管理和服务体制。但是，目前有一种趋势：在社会治理中政府越来越强、财政投入越来越多、政府越来越无所不能，下延到基层社会治理的政府建制日益庞大、财政支出日益增加。与政府在社会治理中日趋强大和有为相反，城乡社区自治和服务功能发挥得不够充分，民间则表现为日益板结、缺少活力、缺少主动性。一是社区居委会行政化、机关化现象严重，在政府职能尚未完全转变的情况下，行政职能部门仍然把社区组织当作基层行政部门，社区自治职能得不到有效的发挥。二是社区服务体系不健全。一个健全的社区服务体系是由政府的服务体系、社区公益服务体系和市场便民服务体系构成的，全面满足社区成员多元化、多层次的社会性和文化性需

---

① 余晓洁、邹伟：《我国将加强对非法入境、居留、就业外国人管理》，新华网，2012 年 4 月 25 日。

求。但是，我们现有的社区建设在三大服务体系的构建方面还存在一定的缺陷，特别是由社区的社会组织和志愿者以及社工人员组成的公益服务体系还没有完全建立起来，城市里除了机关大院的"家委会"还在发挥作用外，无论住宅小区、老旧社区里，社区居民的自治组织都发育不足。三是从事社区建设的社会工作者严重缺乏。改革开放以来，我们培养了大量的经济建设专业人才，社区建设与经济建设一样，也需要专业的社会工作者。从国际社会来看，专业社会工作者占总人口的比例是：日本5‰、加拿大2.2‰、美国2‰、中国香港1.7‰、中国内地只有0.3‰，我们与发达国家或地区存在较大差距①。这种政府自上而下推进的社会管理，注重的是街道、工作站和居委会的建设，社区自治最适宜开展的住宅小区处在关注范围之外。这仍然是计划体制下政府包揽一切的惯性思维在起作用，当大多体制外的城市居民缺少社区认同，缺少主人公意识的时候，社会管理体系的加强只会意味着社会的日益行政化、板结化、人民群众日益被动化。党和政府为人民群众好心办的好事，都成为人民群众"被"管理、"被"服务、"被"城市化、"被"就业和"被"幸福，"要我做"和"我要做"的效果完全不同。

2. 城市社会治理存在忽视社会协同的作用

从社会协同这个角度看，我国社会组织发展还不成熟。社会组织以其非营利性、民间性、公益性、自愿性与组织性为特征，在社会管理和社会服务方面与政府相比有其独特优势。在利益主体和社会结构多元化的现实情况下，不同的社会组织能够比较客观地反映不同群体的利益要求，可以在社会矛盾尚未转化为政治矛盾的前提下，通过利益的表达和协调来化解社会矛盾。面对全面增长和深刻变化的公共需求，社会组织可以提供相关的公共服务，满足一些特殊群体的服务需求。但是，第一，我们对社会组织功能的认识不足，没有把社会组织真正纳入经济社会发展的总体布局。社会组织的主要职能是服务社会、表达诉求、规范行为、社会监督。为社会提供服务，满足社会成员的多种需要，是社会组织最主要的功能。第二，我国社会组织发展缓慢，数量少、规模小、质量低，难以满足社会发展的需要。第三，社会组织法规体系尚不健全，立法层次较低，政策环境还不完备。目前，仅有《社会团体登记管理条例》、《基金会管理条例》和《民办非企业单位登记管理暂行条例》，没有一部社会组织法来保护和规范管理社会组织的活动。第四，社会组织管理的体制机制与社会

---

① 龚维斌：《建立以政府为主导的多元化的社会管理新格局》，中国网，2010年4月12日。

组织发展不相适应。当前我国实行的是由业务主管部门和民政部门双重管理的体制，不能很好地适应社会组织发展的需要。第五，部分社会组织行政色彩严重，没有很好地在社会治理中发挥应有的作用。因此，迫切需要我们加快完善社会管理格局的步伐，研究如何培育社会组织，发挥它们在社会管理和公共服务方面的协同作用，与政府一道共同承担社会治理与和谐社会建设的历史使命。

3. 城市社会治理忽视法律的支持和保障

社会治理的方式多种多样，有正式的制度，如法律和包含行政、经济管理在内的各种规章制度，也还有道德、伦理规范、乡规民约、舆论引导等非正式的制度安排。在现代社会，法律是社会治理的根本保障。但是，目前我们进行社会治理手段还比较单一，主要采用行政性手段和强制性手段解决社会矛盾和问题，轻视法律规范和法治建设。近些年，由于城市化速度加快，一些地方政府部门不做深入细致的群众工作，就动用执法人员进行强制拆迁，激发了与被拆迁群众的矛盾。政府的某些部门以及工作人员在实际工作中知法犯法，利用手中的职权与民争利，成为直接的利益相关者，导致干群关系恶化、社会矛盾凸显。还有对社会组织和互联网的管理都缺乏相应的法律支持。当前城市管理工作存在两个突出问题：一个是没有明确的主管部门，另一个是没有相关的法律做支撑。由于城市社会管理的主体、归口管理部门、管理依据的法律都还没有明确，所以地方基层就各行其是，根据各个地方的需要自己做自己的安排。现在各个城市做得很混乱，五花八门，而且城市管理的机构、级别和机构的职能等的划分都不是很明确，如北京市是公安局副局长兼城管局局长，广州市是城管委牵头，其他十几个、二十几个部门参与。更为让人忧虑的是城市管理没有相关的法律来规范。现在，在城市管理工作当中有一个专门的术语叫"借法执法"，城市管理要借别的部门法律来执法。例如对城市中无证经营的行为，得借工商部门的法来管理；对随地吐痰的行为，要借卫生部门的法来管理。

4. 城市社会治理强调"维稳"忽视社会公平与服务

中央强调社会治理说到底是对人的服务和管理，要寓管理于服务之中，在管理中体现服务，在服务中实施管理。因此，做好社会管理要加强社会建设、做好公共服务、维护社会公平。但是，在上级部门对维稳政绩"一票否决"考核指标情况下，在一些地方干部思想里存在着"社会管理的目标说到底还是'别出事''别出乱子'"的认识。社会管理社会治理就是"维稳"。"维稳"在近年来的不断升级加压,已经成为地方党委政府头上悬剑。稳定确实已经"压倒一切",甚至压倒了社会的公平正义。"人民内部矛盾人民币解决""小闹小解决、大闹大解决、不闹不解决"已经成了当下的无奈通则。即使是一些与政府行政无关的民事纠纷,法院判决之后败诉一方仍可以去"上访",不少"上级"机关为了息事宁人,会不问缘由(的确也没有时间深入了解实情)便简单要求对上访者进行安抚,有失社会公平。此外,为了维稳,消除上访带来的影响,前几年有的维稳机构的重要任务就是到有关部门去为上访"销号"。"上访—摆平—再上访"的循环已经让许多地方政府穷于应付、疲于奔命,完全脱离了法治的轨道,长此以往,这将成为社会矛盾积累的最大源头,同时,也带来腐败问题的滋生。另外,在维稳过程中注重事后的高压处理,忽视源头治理。没有在公共服务和保护群众权益方面下功夫,在群众反映诉求时不给予关注,等到群众上街出现过激行为就调动警察去维稳。这几种"维稳"的社会管理表面上缓解了社会矛盾,促成短期内社会稳定,但它并没有根本化解社会矛盾,反而使社会矛盾积累、恶化,酝酿更大的社会风险。随着现代社会的发展,社会治理不是把社会管住、管死,而是着眼于增加社会活力,营造和谐有序的社会环境。所以,中央强调社会治理创新,需要实现从"管理管控"到"寓管理于服务"的转变。

四 创新城市社会治理的思路与对策

2015年12月24日,中央和国务院颁布了《关于深入推进城市执法体制改革改进城市管理工作指导意见》(以下简称《意见》),《意见》指出,要推动城市管理向城市治理转变,按照十八届五中全会要求,牢固树立创新、协调、绿色、开放、共享的发展理念,以城市管理现代化为指向,以理顺体制机制为途径,构建权责明晰、服务为先、管理优化、执法规范、安全有序的城市管理体制。当前,城市社会治理创新,需要我们由过去的重经济建设向经济与社会协调发展转变;由过去的"严管整治"向"寓管理于服务"的理念转变;由传统的"政府包揽一切"向党委政府主导下发挥社会协同作用转变;由事后处置向源头治理转变;由硬性行政命令向运用法律、思想道德建设、做群众思想工作、心理疏导、舆论引导等综合方式转变。具体来讲就是要从源头上、根本上、基础上做好城市社会治理。从源头上做好城市社会治理要服务为先。

（1）政府要切实转变职能，建立服务型政府。改革开放以来，经济建设是我们的头等重要的任务，我国城市政府基本上是"经济建设型"政府，主要精力用在了参与或干预微观经济活动上，忽视公共服务。党的十六大，中央提出政府职能是经济调节、市场监管、社会管理和公共服务，要求政府由经济主体型和投资型政府向公共服务型政府转变；由单一的、不全面的发展观向科学的发展观转变；由以 GDP 衡量政府政绩向将公共服务水平置于重要位置的观点转变。例如成都市锦江区过去各个街道办事处的首要任务就是抓经济，重经济、轻管理、弱服务的现象很明显。2008 年，成都锦江区进行街道政府职能转变，从经济职能转向民生建设和公共服务。原本由街道承担的招商引资、协税护税、固定资产投资、经济统计等经济管理职能被剥离出来，划归政府相关部门，街道的工作重心则被导向公共服务和社会管理。改革后，街道主要负责基层党建、城市管理、公共服务、社区建设、安全监督、应急管理、社会稳定和社会治安综合治理 8 个方面，35 项具体职责。同时，在区级成立社会建设工作委员会，在社区直接设置服务窗口，16 个街道成立 28 个社区公共服务站，街道办内设机构取消经济科室，成立社会事业科、社区管理科。2011 年，锦江区再次启动街道体制改革的深化举措：从机构和职责上进一步理顺关系，将街道职责划分为社会管理、公共服务、行政执法、社会服务等四类，进一步细化和加强社会管理及公共服务职能。在机构设置上，锦江区明确向社会建设、管理和公共服务倾斜的原则，机构调整后，该区街道 90% 左右的科室都与社会建设、管理和公共服务相关。自 2011 年上半年开始，锦江区针对街道社会管理和公共服务水平进行社会化评价即区政府部门对街道、群众对街道、第三方测评三部分综合的考评，测评结果将决定所在街道的工作目标考核等级。2011 年上半年的测评群众满意度占比就达到 60%[①]，之后逐年提高。

（2）要科学定位政府的社会管理和公共服务职能。政府和社会组织都是社会管理和公共服务的主体，但是，它们在社会管理中承担着不同的职能，发挥不同的作用。政府承担着宏观的社会管理和公共服务职能，主要是以下几个方面。第一，提供就业服务和基本社会保障等基本民生性服务。第二，提供教育、医疗、公共文化等公共事业性服务。第三，提供环境保护、基础

[①]　黄泽君、王怀：《从管理到服务成都锦江区街道体制改革三变》，《四川日报》2011 年 11 月 7 日。

设施建设等公益性基础服务。第四，提供生产安全、消费安全、社会安全等公共安全性服务。对生产安全，企事业单位负有责任，政府也应强化安全服务体系建设和监管职责。而消费、食品和药品安全等都是公共服务体系建设的基础性环节，政府责无旁贷。此外，政府还要动员企业、社会组织参与提供力所能及的公共服务，并对社会其他主体提供的公共服务进行有效的管理和监督。

（3）积极推进公共服务方式的创新。党的十六大以来，针对我国基本公共服务供给不足、发展不平衡的矛盾突出、基本公共服务的规模和质量难以满足人民群众日益增长的需求的现状，党中央、国务院坚持以人为本，不断加大民生投入，千方百计改善民生，我国基本公共服务体系建设取得了显著成效，基本公共服务制度框架初步形成。随着我国全面深化改革和社会主义市场经济的不断完善，党的十八届三中全会强调要进一步调整政府与市场、政府与社会的关系，充分发挥市场在资源配置中的决定作用，因此，城市政府的公共服务机制也需要创新。《意见》指出，城市管理要引入市场机制。发挥市场作用，吸引社会力量和社会资本参与城市管理。鼓励地方通过政府和社会资本合作等方式，推进城市市政基础设施、市政公用事业、公共交通、便民服务设施等的市场化运营。具体来讲，这种创新首先体现在公共服务对市场机制的利用，通过招投标、合同承包、特许经营等市场机制来调节公共服务的供给和需求，以期解决政府在公共服务领域投入不足、经营不善、效益低下、资源浪费等问题，达到降低成本、提高效率的目的。公共服务方式的创新还体现为调动社会力量改善公共服务，鼓励各种社会组织参与公益事业和社会服务，实现公共服务供给主体的多元化和供给方式的多样化，满足社会成员多元化的社会需求。例如，深圳2009年社会工作服务纳入政府采购，2010年，北京市财政拨款上亿元，购买300个社会组织的公益服务项目，主要涉及与民生密切相关的扶贫救助、扶老助残、医疗卫生、妇幼保护、促进就业等十大领域，每个项目将获得3万元到30万元不等的资金支持。广州市2008年、2009年、2010年三年，试点分别设置了11个、33个和34个政府购买服务项目。这些购买服务项目里面涉及养老服务、社区发展、康复等领域。目前，全国和多城市政府向社会组织购买社会公众服务的态势已经逐步地形成。还有公共服务均等化。即全体社会成员享有基本公共服务的机会均等，全体社会成员享受公共服务的结果大休相等。

（一）从基础上做好城市治理要以基层为先

党的十八大报告指出，"加强基层社会管理和服务体系建设，增强城乡社区服务功能，充分发挥群众参与社会管理的基础作用。从基层做好社会服务管理，实现基层的社会和谐稳定，是实现全社会稳定的基础"①。

1. 加强和完善社区建设

随着社会主义市场经济的发展，社会成员逐渐由"单位人"向"社会人"过渡，随着城市化的快速推进，大量的农民进入城市，原有的组织管理结构被打破，必须有新的组织载体来重新对人们进行整合与管理。事实证明，在一个社会正式组织被弱化的情况下，非正式组织，特别是地下组织就会蔓延。在我国社会转型时期，政府正在由一个无限型政府向有限型政府转变，政府对社会成员的管理和服务有限，因此，社区越来越成为人们生活的主要空间，成为对居民进行社会整合与社会管理的新载体。人们多元化的社会性需求要在社区中得到满足。因此，加强社区建设、开发社区资源，是城市社会治理创新的重要内容。①加强社区建设要做好社区建设和发展的总体规划。因为社区建设是一项长期的任务，不可能一蹴而就，社区建设也是一项综合的、系统工程，要不断满足居民多层次、多元化的需求。因此，社区经济、政治、教育、文化、环境、卫生、治安等要协调发展。这就需要制定社区建设的总体规划和发展战略，并将其列入本地区经济社会发展的总体规划之中，避免社区建设的盲目性和无序化，实现社区经济社会的协调发展。②社区组织建设。社区组织建设是社区建设的重要载体和重要保证。社区组织建设包括社区党组织、社区自治组织和社区中介组织的建设。社区党组织是社区建设的领导核心，社区党建只有围绕社区建设来进行，才能得到社区居民群众的认同，才能发挥基层党组织和共产党员凝聚人心、服务群众的作用，密切党同人民群众的联系，巩固基层政权。加强社区居民委员会自治组织的建设，能够有效实行社区居民自我管理、自我服务、自我教育、自我监督。加强社区中介组织的建设，有利于更好地为社区居民提供公共产品和公共服务，整合社区资源，协调社区关系，培养居民参与意识，增强社区的凝聚力。《意见》指出，要依法建立社区公共事务准入制度，充分发挥社区居委会作用，增强社区自治功能。充分发挥社会工作者等专业人才的作用，培育社区社会组织，完善社区协商机制。推动制定社区居民

---

① 《中国共产党第十八次全国代表大会文件汇编》，人民出版社，2012。

公约，促进居民自治管理。③社区服务建设。社区服务是政府公共服务、市场服务、社会保障、社会互助和慈善事业的交织延伸，由政府提供的公共服务、市场提供的商业服务、社区民间中介组织提供的慈善公益服务，共同构成了社区服务的网络体系。让社区成员在社区服务中，各尽其能，各得其所，从而促进人与人、人与社会、人与自然之间的和睦相处。④社区文化建设。社区文化建设是为了满足社区居民在精神文化生活方面的需求，获得更高质量的社区生活。同时，是要在社区成员中确立共同的价值目标，使全体社区成员发扬参与精神和互助精神，增进对社区的认同感和归属感，共同建设新家园。⑤社区经济建设。社区经济是一个新兴且发展潜力巨大的经济领域，是社区建设的经济支持和物质保障。它是社会发展到一定阶段的产物，是社会进步的标志。通过经济建设，不仅发展了第三产业，为社区居民提供大量的就业岗位，而且不断满足社区居民对社区日益增长的物质和文化的需要，提高社区居民的生活品质，促进整个社会的稳定、繁荣、和谐和进步，同时，也为社区筹集服务资金、增加社区公益资产、壮大社区资本创造了条件。

2. 激发社会组织的活力

现代社会，各类社会组织在社会管理中具有不可替代的作用。随着我国社会转型的加快，社会分化和利益主体多样化的格局已经出现。计划经济那种单一的行政管理模式已不能适应我国社会发展的需要。政府应适应形势的发展，在加快由"全能政府"向"有限政府"转变的同时，要大力培育和发展包括社团、行业组织和社会中介组织、志愿团体等在内的各类社会组织，促进社会组织参与社会治理。党的十八届三中全会指出：正确处理政府和社会关系，加快实施政社分开，推进社会组织明确权责、依法自治、发挥作用。因此，第一，我们要解放思想，充分认识到社会组织在当前我国经济建设和社会发展中的作用。社会组织有四项职能：服务社会、规范行为、表达诉求、社会监督。社会组织最主要职能是为社会提供服务，满足社会成员的多种需要。第二，加大培育社会组织的力度，满足人民群众不断增长的物质文化需求。社会组织其业务和类型涉及方方面面，其活动方式也是复杂多样的，目前，要加快行业组织、公益类组织、服务类社会组织和城乡基层社会组织的发展。政府在转变职能和简政放权过程中，将一些民生服务项目打包向社会组织招标，购买社会组织的公共服务，有力地激发社会组织活力。第三，完善相关法律法规，规范社会组织的行为，加强对社会组织和在华境外非政府组织的管理，引导它们依法开展活动，促进社会组织健康发展。第四，社会组织要不断地去行政化，实现自身的独立性。当前，要限期实现行业协会商会与行政机关真正脱钩。第五，加强社会组织的自我建设和人才队伍建设，提高自身服务社会的能力和公信力。社会组织就是要靠提高自身的公信力赢得社会和公众的认可，靠发挥服务社会的功能提高知名度，扩大自己的影响，具备专业的服务水平，才能积极有效地参与社会治理和公共服务。

3. 引导居民的广泛参与

在中国社会转型中，全能型政府正在向有限型政府转变，如何做到执政为民、科学执政、依法执政、民主执政，公民参与必然成为当代社会治理中不可缺少的环节。《宪法》规定："中华人民共和国的一切权力属于人民。……人民依照法律规定，通过各种途径和形式，管理国家事务，管理经济和文化事业，管理社会事务。"十八大报告指出，"保障人民知情权、参与权、表达权、监督权"。目前，在我们的社会中，存在对于公民参与社会治理的一种集体无意识现象，认为社会治理是政府的事情，公共政策由政府制定。实际上，社会治理的核心理念是"善治"。"善治"强调赋予公民更多机会和权利参与政府公共政策，通过沟通、协商使公共利益最大化。没有公民参与和监督制定的政策存在巨大的政治风险，很可能导致公共利益的部门化、部门利益的私有化，出现执政的合法性危机。长期以来，我们的城市治理主要是由政府的城管部门来管，没有把群众的力量调动起来，结果城市管理效果不佳，同时还造成了城管这支队伍和人民群众的对立。创新城市社会治理要倡导公民参与，因为城市的主人是这个城市的居民，没有城市居民参与的社会治理，不能达到城市治理的目的，不能建设一个理想的城市家园。因此，首先，在城市治理主体上，要改变以往政府单一管理城市的做法，政府要坚持科学民主决策，依法规范公众参与城市治理的范围、权利和途径，畅通公众有序参与城市治理的渠道。健全城市治理重大事项的集体决策、专家咨询、社会公示与听证、决策评估等制度，问政于民，问需于民，让公众参与社会公共政策的讨论，保证民意能够进入公共政策。其次，树立"人民的城市人民管"的理念，增强人民群众的参与意识和参与能力。通过各种教育，培养人们的社会责任感和合作精神，使城市的每个公民具备参与社会事务的愿望和相应的能力。《意见》指出，要倡导城市管理志愿服务，建立健全城市管理志愿服务宣传员、组织管理、激励扶持等制度和组织协调机制，引导志愿者与民间组织、慈善机构和非营利性社会团体之间的交流合作，组织开展多形式、常态化的志愿服务活动。最后，为了实现公民的有序参与，要发展各种社会组织。公民广泛参与，还可以通过公民自发组织的各种社会团体、非营利机构和基层社区自治组织，按照法律和相关的行政程序来反映自己的意愿和诉求。《意见》指出，要依法支持和规范服务性、公益性、互助性社会组织的发展。采取公众开放日、主题体验活动等方式，引导社会组织、市场中介机构和公民法人参与城市治理，形成多元共治、良性互动的城市治理模式。

（二）从根本上做好城市治理要实现制度创新

党的十八届五中全会提出五大发展理念，指出创新是引领发展的第一动力。创新不仅是技术创新，也包括制度和机制的创新。和谐稳定的社会不是杜绝矛盾和冲突，而是我们创新了各种能够及时有效化解矛盾冲突的体制和机制。自从人类社会产生以来，法治与德治就是相互联系、相互补充、相互促进的社会治理的制度安排。习近平总书记指出，"法律是成文的道德，道德是内心的法律。法律和道德都具有规范社会行为、调节社会关系、维护社会秩序的作用"。

（1）城市社会治理要加强法治建设。法治是社会治理的重要方式和手段，在社会治理中，法治可以起到规范社会行为、维护社会秩序、调节社会关系、化解社会矛盾等方面的作用。党的十八大报告指出，"加快形成党委领导、政府负责、社会协同、公众参与、法治保障的社会管理体制"，法制保障是健全社会治理体制的重要内容。党的十八届三中全会指出，坚持依法治理，加强法治保障，运用法治思维和法治方式化解社会矛盾。党的十八届四中全会明确提出了全面推进依法治国的总目标，坚持依法治国、依法执政、依法行政共同推进，坚持法治国家、法治政府、法治社会一体建设。当前，为了实现社会治理法治化，第一，需要加强社会领域的立法工作，做到社会治理有法可依，《意见》指出，城市管理要健全法律法规。加强城市管理和执法方面的立法工作，完善配套法规和规章，实现深化改革与法治保障有机统一，发挥立法对改革的引领和规范作用。第二，需要增强司法的权威性，做到社会治理有法必依。第三，需要规范执法行为，坚持执法的公平性，切实维护群众的合法权益。第四，需要加强全民法制教育，提高全民遵纪守法的意识。2015年12月30日，中央和国务院联合颁布了《关于深入推进城市执法体制改革改进城市管理工作的指导意见》，要求按照十八届五中全会的要求，牢固树立创新、协调、绿色、开放、共享的发展理念，以城市管理现代化为指向，以理顺体制机制为途径，将城市管理执法体制改革作为推进城市发展方式转变的重要手段。《意见》明确了国务院住房和城乡建设主管部门负责对全国城市管理工作的指导，指出了城市管理的主要职责是市政管理、环境管理、交通管理、应急管理和城市规划实施管理等。并提出要进行综合设置机构、优化执法力量、严格队伍管理、推进综合执法、下移执法重心等方面的改革，使城市管理更加精细化，为城市社会治理的法治建设指明了方向。

（2）城市社会治理要加强道德和诚信机制建设。道德，是调整个人与个人、个人与集体、个人与社会之间相互关系的行为准则和规范。一个社会是否安定有序，是否长治久安，很大程度上取决于全体社会成员的公民道德素质。如今，我国的道德问题凸显：一些官员道德缺失，表现为以权谋私、钱权交易、贪污腐化等；一些商人道德缺失，表现在诚信缺失、坑蒙拐骗、制假贩假等；一些公民道德缺失，突出表现在不守公德、见危不救、以怨报德等。为此，在城市社会治理创新过程中，我们要把培育和践行社会主义核心价值观作为城市文明建设的根本任务，融入国民教育和精神文明创建全过程，广泛开展城市文明教育，弘扬中华传统美德，培育社会公德、职业道德、家庭美德、个人品德，提高城市居民的思想道德素质。同时，我们也要全面推进社会信用体系建设。要以社会成员信用信息的记录、整合和应用为重点，建立健全覆盖全社会的征信系统。推进行业、部门和地方信用建设，尽快改善各行业、部门、地区的信用环境；加强政务诚信建设，不断提升政府公信力。① 同时，我们还要深化文明城市建设，不断提升市民文明素质和城市文明程度。积极开展新市民教育和培训，让新市民尽快融入城市生活，促进城市和谐稳定。

（3）城市社会治理要创新利益和矛盾协调机制。如果在维护群众权益上政府不作为，将会失去民众对政府的信任。同时，如果政府对群众利益不作为，也会给其他地下组织提供拉拢群众、组织群众、发动群众的可乘之机。切实维护群众合法权益，积极化解社会矛盾，才能巩固共产党执政的社会基础。第一，完善利益协调机制。政府是调整社会利益格局的主体，政府要通过制定公平的法规及相关政策，让不同所有制、不同地区、不同行业的社会成员共享改革开放的成果。第二，完善诉求表达机制。建立健全党政领导干部联系群众的制度，如干部接访和下访制度，充分听取人大、政协、民主党派代表的意见，关键是畅通群众诉求表达渠道，尽可能充分地反映大多数群

---

① 《全面推进社会信用体系建设》，《人民日报》2011年10月20日。

众的真实意见。第三，完善社会稳定风险评估机制。改革开放以来，随着社会主义市场经济的建立，公民的法制意识、民主意识、维权意识、参与意识不断增强。在当前，凡是有关城市经济社会发展和人民群众切身利益的重大政策、重大项目等决策事项，不仅是要考虑经济效益，还要进行社会稳定风险的评估，要广泛听取、充分吸收各方面意见。把公众参与、专家论证、风险评估、合法性审查和集体讨论决定作为重大决策的必经程序，保证民意能够进入社会公共政策的制定，实现公共决策的科学化、民主化、法治化。第四，完善矛盾调处机制。要整合人民调解、司法调解、行政调解三大力量形成党委政府统一领导、综治委组织协调、专门机构具体负责、有关部门齐抓共管、基层自治组织共同参与的矛盾纠纷"大调解"工作格局，及时化解矛盾，维护社会和谐稳定。

（4）城市社会治理要创新城市信息化管理机制。我们已经进入信息化社会和互联网时代，运用现代的信息手段进行社会服务和管理，也是当前城市社会治理手段的现代化问题。比如，在政府的网络政务方面，及时公布政务信息，以及从网上了解老百姓诉求，就是要正面运用我们的网络，正面引导社会，利用互联网做好服务和管理。由于现在城市人口数量急剧增加，原有社区的管理难以做到人口的精细化管理和服务，在北京、上海、成都、广州、合肥、长沙等地正在兴起社区数字化、网格化管理，即在原有社区的范围内，再划分为若干网格进行管理，并运用现代数字化、信息化手段，对网格内居民各种信息进行采集，并作数字化分析。网格作为社会管理在基层的新载体可以第一时间发现问题，第一时间处置问题和第一时间解决问题。网格化的数字管理确实在城市治理上是一场革命，可以做到精细化服务、人性化的管理。所以城市越大，人口越多，网格化、数字化的管理越是城市社会治理的发展趋势。2015年12月24日，中共中央和国务院颁布的《关于深入推进城市执法体制改革改进城市管理工作的指导意见》指出，要积极推进城市管理数字化、精细化、智慧化，到2017年底，所有市、县都要整合形成数字化城市管理平台。基于城市公共信息平台，综合运用物联网、云计算、大数据等现代信息技术，整合人口、交通、能源、建设等公共设施信息和公共基础服务，拓展数字化城市管理平台功能。加快数字化城市管理向智慧化升级，实现感知、分析、服务、指挥、监察"五位一体"。构建智慧城市，依托信息化技术，综合利用视频一体化技术，探索快速处置、非现场执法等新型执法模式，提升执法效能。《意见》还指出，要推进网格管理。建立健全市、区（县）、街道（乡镇）、社区管理网络，科学划分网格单元，将城市管理、社会管理和公共服务事项纳入网格化管理。明确网格管理对象、管理标准和责任人，实施常态化、精细化、制度化管理。

　　执笔人：向春玲，中共中央党校科社部社会发展理论教研室副主任、
　　　　　　教授，博士生导师；
　　　　　　张雪，中共中央党校研究生院社会学专业硕士研究生；
　　　　　　陈明珠，中共中央党校研究生院科学社会主义专业博士研究生。
　　　　　　参与本课题组研究的成员还有吴闫、袁野、高扬静、刘菲。

台湾地区区段征收制度的经验和启示

台湾区段征收制度在低成本推进城市化、节省政府投入、保障农民土地财产权、缓解社会矛盾等方面发挥了重要作用。为了解台湾区段征收的做法、成效和问题，2012 年 7 月中旬，笔者深入台湾新北、高雄，新竹、南投、嘉义等市（县），与台湾"内政部"地政局、高雄市地政局，"行政院"农委会、新竹农委会等相关部门负责人进行座谈，与新北、高雄、基隆等县市的参议、参事，台北大学学者进行了讨论，对进行过或正在进行区段征收区域内的农民与基层官员进行访谈，实地走访了台北港、台中高铁、新竹科学园区、嘉义县医疗专用区等典型区段征收案例，获得了第一手的资料，现将情况报告如下。

一 台湾区段征收制度的内涵与适用范围

台湾地区所谓的区段征收制度，就是地方政府为了低成本推进城市化，政府实施的强制性、自偿性土地征收办法。具体说来，就是根据当地城市发展计划，把一定范围内的土地一次性全部予以征收，重新加以规划、整理后，其中40%～50%的土地发还给土地所有权人。政府取得 50%～60% 的土地，其中用于公共设施建设的土地占 35%～40%，剩余 15%～20% 的土地则被政府公开标售或出租，其收入用来支付土地开发成本与公共设施建设的费用。其与一般土地征收的区别在于，一般征收只针对兴办公用事业所必需的土地，是纯公益目的，其开发建设资金主要来自政府财政，区段征收是为区域的开发、建设等特殊目的，区段内进行公共设施建设所需的资金，还可以用加征建筑费的方式分摊在出售土地上。

依照台湾地区"平均地权条例"第 53 条、"土地征收条例"第 4 条规定，有下列情形的，可以进行区段征收：①新设都市地区之全部或一部，实施开发建设者。②旧都市地区为公共安全、卫生、交通之需要或促进土地之合理使用实施更新者。③都市土地之农业区、保护区变更为建筑用地或工业区变更为住宅区、商业区者。④非都市土地实施开发建设者。⑤农村社区为加强公共设施、改善公共卫生之需要或配合农业发展之规划实施更新者。从调研来看，实施区段征收的主要是都市土地之农业区、保护区变更为建筑用地或工业区变更为住宅区、商业区的土地。

二 台湾区段征收制度演变过程

（一）台湾区段征收制度动因

区段征收制度的动因主要是两个方面。一方面，快速城市化发展对土地的巨大需求。1981~2008年，台湾地区城市人口从1261.7万人增长至1836.8万人，增长575.1万人，增长45.6%，快速城市化对土地的需求越来越大。另一方面，通过一般征收获得土地越来越难。台湾规定，一般征收只适用于公共事业，是纯公益性。首先，一般征收对土地所有权人的补偿值限于现金，一般补偿水平较低，土地所有权人反抗激烈，不愿参与。其次，一般征收之后，政府要承担公共事业设施建设，财政开支巨大，政府负担沉重。

在这个大背景下，台湾的区段征收制度得以产生，并在实践中逐步完善。区段征收制度首先通过返还土地所有权人部分开发权，使地价提高，土地所有权人虽然买回或申领抵价地面积虽然有所减少，但因土地价值增加而增财富，土地所有权人积极性得以提高。通过对土地进行规划、整理后，政府可以无偿取得区段征收区域的公共建设用地，解决土地问题。政府把剩余建设用地公开标售或出租，获得较高的收入，解决政府财政负担问题。

（二）台湾区段征收制度的发展阶段

台湾区段征收制度从产生，到逐步完善，大体上经历了三个阶段。

1. 低水平补偿、缓慢推进阶段

1954年，台湾地区制定了"实施都市平均地权条例"，提出政府可以根据都市建设发展的需要，实施区段征收制度，该制度规定，政府根据规划，对土地整理开发之后，分宗出售，土地所有权人最高只能优先购买90坪面积的土地。土地所有权人土地面积大幅度减少，地价补偿以公告现值（低于市价）

为标准，补偿水平很低，据计算，土地所有权人以公告土地现值（现金）获得的土地补偿，只能够买 4% 左右的土地。土地所有权人缺乏积极性，部分地区民众反抗激烈，制度难以推行。尽管在 1977 年，台湾地区"内政部"对"实施都市平均地权条例"进行修订，把土地所有权人最高优先购买的土地面积提高到 300 坪。但还是没有从本质上改变土地所有权人土地面积大幅度减少，补偿水平不高的状况，该制度推行困难。

2. 提高抵价地比例，快速发展阶段

1982 年，台湾新竹县因为市县分治，县政府移设竹北地区，需要用区段征收方式取得政府机关用地。该县政府根据 1977 年"实施都市平均地权条例"修订条例的"优先买回"的规定，通过县政府与区段征收地区内土地所有权人的几番谈判沟通，把土地所有权人优先购回的土地面积比例从 33% 提高至 37%，进而提高至 40%。土地开发取得较好成效，并成为各地仿效的对象。以此为依据，台湾地区"土地征收条例"规定，抵价地的比例为 40% 到 50%，不得低于 40%。该制度实施以后，台湾区段征收面积大幅度提高，高雄市在 1982~1991 年，区段征收只有 2 例，办理面积不到 200 公顷，而在 1992~2001 年，区段征收达到 15 例，办理面积超过了 1200 公顷，面积提高 6 倍多。

3. 完善和规范阶段

抵价地的比例提高并设置下限之后，台湾地区在 20 世纪 80 年代中后期发生了房地产狂潮，土地投机盛行。台湾地方政府在 1988 年修订公布"都市计划法"，提出凡都市计划扩大，农业区、保护区变更为住宅、商业区，应办理区段征收，以遏制土地投机状况。之后，于 2000 年，台湾对"平均地权条例"第 55 条，以及同年的"土地征收条例"进行修订，删除了领取现金补偿者得再申请优先购买土地的规定，鼓励土地所有权人直接选择领回抵价地，减少政府筹集资金的困难，并进一步增加了土地所有权人领取土地比例的弹性条款。规定地方政府除可以把剩余建设用地公开标售之外，还可以采取出租的方式，以符合市场的需求。

三 台湾区段征收制度的启示与借鉴

（一）解决了快速城市化过程中的土地与政府财政支出问题

首先是解决了城市化发展中土地需求的问题。根据台湾"内政部"数据，

2001~2011年，台湾地区通过区段征收办理的土地面积高达61514.5公顷。基本解决了土地需求问题。第一，区段征收比一般征收效果更好，2001~2011年，通过一般征收办理的土地面积只有10886.7公顷，只有区段征收的17.7%。第二，解决了政府推进城市化的财政支出问题。地方政府在推进城市化，建设公共设施的过程中，若采取一般征收，需要巨大投入。通过区段征收，政府无偿取得一定比例的土地，不仅解决了道路、沟渠、公园、绿地、儿童乐场、广场、停车场、体育场所、学校等公共设施用地问题（通常为50%），而且通过拍卖和出租建设用地（通常是10%），取得收入，也解决了土地开发和公共设施建设的投入问题。

比如，嘉义县为解决民众高水准医疗服务的迫切需要，计划在县政府所在地周边规划建设医疗专用区，嘉义县扩大县治第一期发展区占地215公顷，其中土地所有权人领回40%的土地，县政府取得医疗专用区及所有公共设施用地，以专用区土地出售所得抵付开发总费用。其中，医疗专用区占地80公顷，综合医院、护理、安养中心、护理学校等必要的相关附属设施。再如，台湾高铁5个车站特定区区段征收由台湾"内政部"主办，包括桃园站、新竹站、台中站、嘉义站、台南站。采取点线结合的方式。高铁线路，采取一般征收的办法，获取铁路线建设用地。高铁站点，则采取区段征收办法，获取高铁车站建设用地，并促进当地经济发展。台湾高铁建设过程中，对桃园等5个车站特定区实行区段征收，取得公共设施用地669.8公顷，提供可建设用地714.8公顷，节省政府建设经费493.3亿元新台币[1]，极大地减轻了地方政府的负担。又如，2012年7月，新北市政府以打造"北台湾海陆空黄金三角"为发展目标，充分发挥海陆空三重联运功能，打造北台湾与国际接轨门户，以深化北台湾发展潜力为目标，主导台北港区段征收开发，建设北台湾交通网络，完善地方公共设施。台北港城总面积超过135.46公顷，包括现代生活区、国际贸易产业区和娱乐专用区。开发总经费约123亿元新台币，区内土地所有权人1330人，建筑物1230间。届时将无偿获得公共设施用地68.93公顷，节省政府征购土地及建设经费87亿元新台币，并取得可建筑用地66.43公顷。除此之外，新北市陆续办理的"中和华中桥西侧区段征收"等8个整体开发案例，陆续开发面积已经高达313.57公顷。

---

①　1新台币约合0.23元人民币。

（二）发还抵价地，有效保护农民土地权益

从调研来看，实施区段征收的主要是城市农业区、保护区土地变更为建筑用地或工业区变更为住宅区、商业区的土地。土地从原来的农用地变更为建设用地，土地大幅度升值。台湾在区段征收早期，农民只能安置远低于市场价格的公告地价领回现金补偿，或者只能回购比例较低的土地。经过几十年的改革完善，台湾现行的区段征收制度中，农民可以市场价格获得补偿，或者领回40%的低价地，并且，40%的比例是将地处偏僻的竹北县为标准制定的，这是农民和县政府，县议会和县政府反复博弈的结果，能够较好地保障农民土地权益。

当前，台湾地区土地经区段征收后，按占土地所有权人原有土地面积40%～50%的抵价地交还原土地所有权人。土地所有权人面积减少40%～50%，但是该区域通过开发、整理和公共设施完善，地价通常提高3倍以上，部分地区地价提高10～20倍，甚至超过100倍。土地所有权人收入大幅度提高，其积极性很高。嘉义县县治新社区第一期发展区段征收前，土地平均公告现值只有200元新台币/平方米，区段征收后，土地平均出售价格达到33846元新台币/平方米，平均地价上涨169倍，第二期上涨9.3倍，嘉义县扩大县治第一期也上涨10.56倍。调研组在竹北县访谈了一个参与区段征收的黄姓农户，该农户按照领回40%抵价地的方式，共领回30坪（约100平方米）抵价地，盖了3层楼房，现在地价达到了30万元新台币/坪，比区段征收之前提高10倍以上，感到非常满意。

北京市农村集体土地缺乏市场价格，低价征地导致的矛盾冲突时有发生，让农民领回固定比例抵价地，确保农民在征地过程中的最低收益，能够有效保护农民土地财产权，让农民共享城镇化发展成果，减少社会矛盾，这个思路值得参考。

（三）不断提高补偿标准，妥善安置农民

台湾地区区段征收补偿制度改革发展，从补偿标准来说，经历了以公告现值（低于市价）为标准到以市价为标准的变化，从补偿方式来说，经历了从纯现金补偿到可以选择现金补偿或抵价地补偿的变化，优先买回原有土地则经历了最高买回三公亩（300平方米）到按照土地价值买回的变化。对土地的补偿不断提高。并且，台湾地区土地征收的补偿对象不仅包括土地价格，还包括

土地的地上物，如改良费用的补偿、经营损失的补偿、迁移费用的补偿。对于拆迁区域内低收入户，制订安置计划，采取住宅安置、购买住宅利息补贴、租金补助等多种补偿措施，妥善安置拆迁户。

（四）尊重农民意愿，从源头上减少社会矛盾

一是程序透明，农民参与度高。1985 年 8 月至 1990 年 5 月，台湾竹北县为解决县政府机关用地，实施区段征收。该案例涉及 118.7 公顷土地，是地方政府首次以区段征收的方式取得政府机关建设用地，也是首次以发还抵价地形式给予土地所有权人补偿的案例。该县在区段征收过程中，多次召开土地所有权人说明会、沟通会和听证会，让农民了解开发成本和收益，明确开发愿景。反复协商，把土地所有权人领回抵价低地比例从 33% 提高到 37%，最后在地方议会的参与下，把抵价低地比例从 33% 提高到 40%，土地所有权人比较满意，也积极参与区段征收。新北市地政局介绍，区段征收过程中，政府推进的说明会、沟通会比较多，并采取"小蜜蜂"服务、驻站服务等方式加强和土地所有权人的沟通。近几年，该地区钉子户较少，并且主要是操作程序面上出现的问题。最为常见的抗争手段是拉布条、打标语、游行，少有过激的抗争方式。2003 年出现的钉子户，主要是该农民要求保留 0.4 公顷的农用地，最后地方政府采取"农用地留用"政策，解决了这个问题。2008 年，只有一户钉子户，主要是拆迁该农民建设的违章建筑。

二是遵从农民意愿，划设农业专用区。2010 年 6 月 9 日，台湾苗栗县大埔事件的主要原因是，苗栗县政府采取区段征收方式扩大新竹科学园区竹南基地，区段征收内的一个农户在抵价地申请期间没有及时去申请，根据区段征收条例，这视为放弃申请，但该农户转而要求保留自己所有的农用地，拒绝参与区段征收。县长刘政鸿面对农民态度强硬，地方政府采取强制措施征收大埔农地，动用警力封路毁田，随后苗栗竹南大埔自救会、苗栗后龙湾宝自救会、彰化二林相思寮自救会、竹东二重埔自救会、台湾农村阵线等多个团体介入，大埔自救会成员朱冯敏不满政府强征农地，喝农药自杀身亡，事件影响很大。最后在台湾"行政院"的介入下，保留了该农户的农用地，区段征收也得以进行。为保障区段征收范围内有继续耕作意愿的土地所有权人的权益，台湾部分地区对区段征收办法进行调整，在区内划设农业专用区，建设好相应的水利排灌基础设施，配售给土地所有权人。

三是保留原有建筑，实行"开天窗"制度。在区段征收的过程中，对于

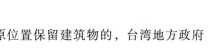

原有的建筑物比较新，土地所有权人要求原位置保留建筑物的，台湾地方政府采取"开天窗"的办法，允许土地所有权人保留建筑物，并给予相应的基础设施配套，并缴纳扣除地价低之外的土地价格，作为对土地增值的补偿。

（五）要防止征地规模过大，土地过度消耗问题

台湾地区区段征收面积不断扩大，已经成为台湾城市化发展的主要方式。同时，台湾地区也存在征地规模过大，土地过度消耗问题。1981～2008 年，台湾都市计划面积从 3081.5 平方公里增长到 4699.9 平方公里，增长了 52.5%，同期，实际都市人口只增长 45.6%。城市土地面积增长速率高于城市人口增长速度。根据台湾学者在不同时期的测算，1991 年台湾过度消耗的土地面积达 578.4 平方公里，2001 年则达到 706.6 平方公里。

（六）要防止农地非农化，耕地大量流失问题

台湾区段征收区域主要是城市农业区、保护区变更为建筑用地或工业区变更为住宅区、商业区的土地。台湾缺乏专门的农地保护制度，加上区段征收规划审批宽松，导致农地大量流失。2009 年，台湾台南科学园区周边都市计划占用土地 3283 公顷，台中科学园区占用 3100 公顷，二林科学园区占用 1400 公顷，高铁特定区计划占用 2616.1 公顷，农地流失非常严重。台湾的耕地总体呈递减的趋势。根据台湾农委会《农业统计年报》数据，台湾的耕地在 1977 年达到高峰（92.3 万公顷），1990 年底，台湾耕地面积下降至 89 万公顷，到了 2010 年，台湾的耕地面积则下降至 81.3 万公顷，实际法定编定的耕地面积只有 76 万公顷，比 1977 年下降了 17.7%。从粮食种植面积看，水稻是台湾最重要的粮食作物，其种植面积大幅度下降，水稻种植面积在 1984 年跌破 60 万公顷，1988 年跌破 50 万公顷，1992 年跌破 40 万公顷，2003 年跌破 30 万公顷。2010 年其耕种面积只有 24 万公顷。台湾在区段征收制度后期也存在滥用的问题，比如高雄市的农地保护问题就很突出。因此，在采用区段征收的过程中，必须有一套相应农田保护，区域规划制度作为保障。

执笔人：伍振军，国务院发展研究中心农村经济研究部副研究员

· 调研报告篇 ·

土地征占、整建制转居与农民市民化

——北京市顺义区卸甲营村调查

城市化是农民转移就业和转变身份的过程，也就是农民市民化的过程。随着城市化的发展，城乡接合部地区的农村被不断并入城市版图，成为城市的一部分。北京顺义区南法信镇卸甲营村位于城乡接合部，属于典型的土地全部征占、整建制转居、异地集中安置的城市化发展模式。最近，我们对该村进行了调查。

一 基本情况

顺义区南法信镇卸甲营村位于首都机场附近，整建制拆迁前，村域面积1335.8亩，人口620人，外来人口300人左右，村民以种粮、种树和土地出租为业。外来租赁土地的企业有5家，土地出租是该村集体经济的主要收入来源。2009年全村总收入1807.25万元，主要是农户经营收入。村集体补贴收入14.25万元，其他收入43万元；村集体资产5224.6万元，其中固定资产16.6万元，流动资产5208万元。现有户籍人口511人，其中劳动力141人，"4050"人员80人，就业劳动力90人，待业劳动力51人，村民人均年纯收入11289元。

卸甲营村属于首都机场东扩建设工程第一批整建制拆迁村。首都机场东扩建设工程是奥运会重点工程，于2004年3月底开工，机场东扩一期工程涉及顺义区三个镇六个村。从2003年11月开始，卸甲营村与龙山、塔河、桃山、冯家营、哨马营5个村全部实行整建制拆迁，6个村共搬迁人口6900余人、拆迁民宅2100余宗、林木伐移364万株、坟墓迁移1万余座，到2006年6月底全部完成搬迁任务。卸甲营村自2004年10月开始拆迁，半个月就完成了搬迁任务。到2008年春节，村民全部新迁到位于顺义城区石园街道办事处的

"港馨家园"安置小区居住生活。

二　主要特点、做法和成效

卸甲营村被动城市化的主要特点和做法表现在以下几个方面。

（1）土地全部征收。根据土地管理法及 2004 年 7 月 1 日施行的《北京市建设征地补偿安置办法》（148 号令），2004 年卸甲营村集体所有土地全部征收为国有土地。征地补偿标准统一打包，每亩 20 万元，村民宅基地补偿标准为每平方米 1480 元。

（2）整建制转居。根据北京市政府 2004 年 148 号令"逢征必转"的规定，卸甲营村所有村民由农业户籍转为非农业户籍，成为城市居民，一次性完成农民身份的市民化。转非农业户籍的劳动力全部签订自谋职业协议，统一发放就业补助费，最低每人补偿 3.4 万元，最高补偿近 6 万元，一般在 4 万元左右。首都机场没有安置该村人员就业，学生、儿童只办理转为非农业户口手续，不享受转非劳动力安置补偿待遇。女满 50 周岁、男满 60 周岁的"超转人员"，按照《关于征地超转人员生活和医疗补助若干问题意见的通知》（京政办发〔2004〕41 号）享受相关待遇，卸甲村现有"超转人员"80 人，每人享受 1030 元/月的生活补助。

（3）规范拆迁补偿。《北京市集体土地房屋拆迁管理办法》（124 号令）、《北京市宅基地房屋拆迁补偿规则》（京国土房管征〔2003〕606 号）、《北京市房屋拆迁评估规则（暂行）》（京国土房管拆字〔2001〕1234 号）、顺义区《关于集体土地房屋拆迁补偿安置的规定》（顺政发〔2003〕34 号）等政策文件对集体土地房屋拆迁补偿标准作了明确规定。卸甲营村属于顺义区划定的二类地区，普通住宅拆迁补偿指导价标准为 1900~2600 元/平方米。卸甲营村民房屋按照统一标准进行评估补偿，因各户条件不同，补偿费并不一样，比如村支书李继军的房屋拆迁补偿的均价为 580 元/平方米。村民每户享有 3000 元的搬家补助费，提前搬家的每户奖励 2000 元。

（4）异地集中安置。顺义区对因机场扩建搬迁的村民实行异地集中安置。卸甲村民被统一安置在顺义城区的"港馨家园"安置小区，该安置小区还安置塔河村、哨马营村、冯家营村共 3000 余户村民。具体住房安置政策是：人均安置房面积 45 平方米，均价 2100 元/平方米；人均 45 平方米以上的，均价 3980 元/平方米。

（5）统一社会保险。转非劳动力全部纳入城镇社会保险网络，统一参加医疗、养老和失业保险。转非劳动力补缴的社会保障费，由征地单位从征地补偿费中直接拨付给社会保险经办机构。转非劳动力还享受各项就业培训和指导服务；转非劳动力失业的，可办理失业登记，申领失业保险金。

卸甲营村被动城市化的主要成效。一是居住和生活环境明显改善。村民集中居住在"港馨家园"安置小区，实现了集中上楼，过上了现代城市社区的生活。二是基本生活有了明确保障。村民纳入城镇社会保障体系，享受城镇职工医疗、养老和失业保险待遇，有效保障了村民的基本生活。三是身份和生活发生了重大变化。转居后，农民开始脱离传统的乡村生活方式，开始融入现代城市生活，全体村民实现了市民化。

三　面临的主要问题

当前，卸甲营村面临的主要问题有以下几个方面。

（1）集体资产处置问题。该村现有5000多万元的征地补偿款，如何处置村集体资产是一个棘手的大问题。有的主张投资建设，有的主张分配给村民，至今没有定论。根据"村账镇管"，该村的征地补偿款现由镇里统管。村集体每年给村民每人发放大约4000元的福利。

（2）长远发展问题。卸甲营村没有集体企业，土地被全部征占后，村集体和村民原来的出租收入来源被切断，全村丧失了可持续发展的空间。以后如何实现长远发展，这是该村面临的最大难题。

（3）融入城市问题。村民搬迁上楼集中居住后，村民对新的城市小区生活感到不太适应，原来熟悉的邻里关系和人际交往网络被割裂，新的生活环境对村民的心理和精神产生了较大的冲击。集中上楼居住后，村民生活成本明显上升，如没有稳定的工作和收入来源，村民的生活压力就会加大。

（4）就业困难问题。该村拆迁转居前，有80%的村民在机场就业，拆迁转居后，机场不再接受该村转居人员就业，这主要是因为居民安排就业会相应增加机场缴纳社会保险费的成本。加上村民文化程度较低，年龄较大，选择新的就业并不容易。一些村民就在家打麻将混时间，个别村民将补偿款花完了，又没有购买房子，生活陷入困境。

（5）社区管理问题。卸甲营村民虽然没有土地，不进行农耕，也不再是农民，他们完全居住、工作和生活在城市，但对他们的管理仍然实行农村管理体制，没有向城市社区体制转变。如何构建和创新社区管理和服务体制，满足转居人员新的生活需要，这对政府的治理提出了新的要求。

四 思考与建议

卸甲营村实行的土地全部征占、整建制转居的城市化模式，既为首都机场扩建和北京奥运会的成功举办做出重要贡献，但也为自身的长远发展留下了难题。村民既全部转变身份实现了市民化，又面临融入城市生活的现实挑战。卸甲营村的城市化案例，为我们推进城市化进程提供新的思考。

一是如何切实保障农民的生存权和发展权。卸甲营村在城市化过程中，以失去土地换来了社会保障，可以说村民的生存权得到了基本的保障，但村民要以征地补偿费缴纳社会保险费才能获得社会保障，就是说村民以自己的财产为自己建立社会保障，这相对于没有为失地农民提供社会保障来说是明显的进步，从农民作为公民应当享有社会保障权来看却是极不公平的。同时，该村整体搬迁后，村集体和村民永远失去了土地和宅基地，从而也就丧失了以土地和宅基地为基础的发展权，由此造成村集体及村民陷入长远发展的困境。在城市化过程中，如何确保农民带着土地和其他集体资产进入城市，实现市民化，是当前推进城市化必须面对和解决的重大任务。

二是如何兼顾原居民与流动人口的正当利益。外来流动人口是城市发展不可或缺的重要组成部分，在推进城市化进程中，不仅要切实维护原住农民的各项权益，也要切实维护流动人口的正当权益。在以往的城市改造建设中，外来流动人口基本被排除在城市化进程之外，其正当权益普遍受到了忽视。外来流动人口是城市常住人口的重要组成部分，他们为城市的发展做出重大贡献，理应享受城市市民的基本权益，特别是要将为外来流动提供租房作为城乡接合部建设的一项重要任务。实现外来流动人口的市民化，让外来流动人口共同分享城市发展的文明成果，是坚持以人为本、走新型城市化道路的内在要求。

三是如何使农民融入新的城市生活。城市化不仅是农民转变身份的过程，而且是农民融入城市生活的过程，是农民完全实现市民化的过程。要适应城市化和农民市民化的需要，强化政府社会管理和公共服务职能，创新城市社区管理和服务方式，为融入城市的新市民提供充分且有保障的基本公共服务。通过加强社会建设，为农民融入城市提供新的社会关系网络支持和精神家园，同时要实现基层和社区治理的结构转型，尊重和保障居民参与社区公共事务管理的民主权利。

针对卸甲营村当前面临的实际问题，我们有如下几点建议。

一是推进集体产权制度改革。按照"资产变股权、农民当股东"的改革方向，结合整建制转居村集体的特点，尽快推进集体产权制度改革，切实保障村民拥有集体资产的权益。

二是积极探索新型集体经济发展之路。要在推进集体产权制度改革的基础上，充分利用已有集体资产，探索信托化经营之路，确保集体资产保值增值，通过发展新型集体经济，拓宽就业渠道，壮大集体经济实力，实现全村的长远发展。

三是创新社会管理体制。要适应整建制转居、农民实现市民化的新要求，适时将农村社会管理体制转变为城市社区管理体制，将全体转居人员全面纳入城市生活保障网络，为转居人员提供充分且有保障的基本公共服务，通过创新基层民主形式，保障和发挥村民的主体作用，促进转居人员有效参与社区公共事务和公共生活，形成新的健康文明的城市社会生活秩序。

执笔人：张英洪

完稿于 2010 年 10 月 20 日

155

"民办公助"的村庄自主型改造

——北京市高碑店村调查

城中村改造是加快推进城市化和新农村建设的重要任务。目前全国各地开展的城中村改造，主要有政府主导型、开发商主导型、开发商与政府合作型、开发商与村集体合作型等模式。北京市高碑店村西区旧村改造坚持村委引导服务与村民自主选择相结合，形成了"民办公助"的村庄自主型改造的新模式，较好地维护了农民权益，加快了城乡接合部经济发展方式的转变，促进了村庄发展。

一　基本情况

隶属于北京市朝阳区高碑店乡的高碑店村，地处北京市东长安街延长线上，距天安门 8 公里，有"长安街第一村"之称，是典型的城乡接合部地区。村域面积 2.7 平方公里，全村 3270 户，户籍人口 6576 人，流动人口 1 万余人。

该村地理位置特殊，京沈铁路、京秦铁路、京通快速路以及通惠河、华北输电线均穿过村庄。1983 年以来，因华能电厂、北京市高碑店污水处理厂等国家及市重点工程建设征占土地，这个原有 2300 亩耕地的村庄已失去全部耕地，只剩下 80 亩工业用地。2002 年的五环路及百米绿化带建设，又使该村 26 家企业被拆迁。高碑店村一度成了"叫农村无农业，称农民无耕地，农转居无工作"的"三无村"。

2002 年以来，该村面对"上有高压线、下有排水管"的约束条件，结合自身特点，扬长避短，大力挖掘发展潜力，成功培育出古典家具主导产业，最终跻身于京郊百强村之列。2009 年该村经济总收入 20.76 亿元，总利润 9995 万元，上缴税金 3632 万元，村集体资产总额 26264 万元，集体净资产 13423.8

万元，人均所有者权益为 167379.1 元。

2006 年，高碑店村被列入北京市 80 个社会主义新农村建设试点村。2007 年，高碑店村由原规划的绿化隔离带地区整体搬迁村调整为就地改造保留村。根据村庄土地利用规划，该村规划西居住区、陶家湾居住区两个居住区以及古典家具文化区、民俗文化聚集区、医药文化交易区三大产业发展区。陶家湾居住区目前尚未启动。西区旧村改造方案于 2008 年通过，2009 年正式启动改造。

二 西区旧村改造模式的主要内容

作为高碑店村开发建设一部分的西区旧村，面积 15.5 万平方米，共 1528 户，529 个院，常住人口 2576 人，流动人口 4000 余人。村民住宅建筑面积 10.5 万平方米，单位企业占地 1.4 万平方米，绿化占地面积 1.7 万平方米，道路占地面积 1.9 万平方米。

西区改造建设的特点是形成了村党总支委、村委会引导服务与村民自主选择相结合的村庄自主型旧村改造模式，也就是该村自称的"民办公助"模式。所谓"民办"，就是村民自己周转、自己拆房、自己筹资；所谓"公助"，就是实行统一设计、统一施工，统一基础设施和公共服务设施建设。村庄自主型改造既不是完全的村委自主改造，也不是纯粹的村民自主改造，而是二者的有机结合。

根据改造方案，西区旧村改造的主要政策如下。①改造户每户以现有住宅土地使用证为准，新建住宅占地面积在原有面积上缩减 15%，缩减面积主要用于拓宽道路。新宅可以建三层，但不超过三层。②改造户原住宅是楼房的，村集体对二层楼房给予每平方米 1000 元拆迁补贴，二层以上不给予补贴。改造前住房中属于违章建筑的砖瓦结构房屋，由村集体给予每平方米 150 元拆迁补贴费。③新建住宅的建设成本为每平方米 1175 元，其中村民自付每平方米 1025 元，村集体补助每平方米 150 元。④对"五保户"，由村集体负责出资建设安置楼，房屋所有权归村集体，对自筹资金不足的，由村委会提供银行贷款担保，但贷款额度不得超过总建房款的 60%，期限不超过 5 年，村集体投资建设住宅安置楼，解决少数没有经济能力自建楼房的农户及需要分家的农户，以原住宅建筑面积为准按照 1∶1 无偿置换上楼，新房超过原宅面积的，按每平方米 2600~3000 元购买。对一些原住宅面积较大的户，允许其在村内转让宅基地面积，原规定转让价每平方米不超过 1 万元，现转让价已涨到每平方米

2.8 万元。⑤一期、二期改造的村民，在 2009 年 5 月 1 日之前搬迁的，以土地使用证为依据，每证奖励 2 万元，在 5 月 1 日之后搬迁的，以签订拆迁协议时间为准，每超过 1 天，扣除搬家奖励 1000 元。⑥对少数不愿意参加本次旧村改造的农户，允许其保留现有住宅，将来新建时须提出申请，按规定缩减原有宅基地 15% 的面积。⑦旧村改造区的基础设施和公共服务设施投资，由村经济合作社负担 50%，其余部分由政府承担。

三　西区旧村改造实施情况

高碑店村西区旧村改造由北京水利勘探设计公司统一设计，田华五公司二队为主组建的施工队伍统一施工，北京国电建设工程有限公司统一监理。新建住宅在原址上实行连体排式布局，每一排新宅，户户左右连体、前后临街，外观采用古色古香的明清建筑风格，继承和保持了千年古村的文化特色。村总支委和村委会根据各改造户的实际需求提供相应的服务。村民在改造建设中可以自己选择周转房、自己拆除旧房、自己设计房屋风格、自己筹资建房、自己出租经营。

西区旧村改造共涉及 529 个院，计划三年内完成改造任务。据测算，西区旧村改造需投入道路、上下水、天然气、消防管线、电力改造工程等市政基础设施 2.6 亿元，绿化工程 660 万元，周转及其他费用 3500 万元，村民房屋建设 1.85 亿元。

自 2003 年高碑店村民代表大会通过西区旧村禁止翻建房屋的决定（危房除外）后，西区已连续 6 年未翻建新房。2009 年 3 月 19 日，高碑店村西区旧村改造工程正式启动，一、二期工程需拆迁 146 户。2009 年底，共拆迁 315 个院、开工建筑面积 6 万平方米，175 户迁入新楼房。到 2010 年 6 月，一期工程村民已陆续回迁，二期工程主体建设已完成，三期工程已于 2010 年 3 月 1 日开始拆迁。西区改造整体拆除已完成 95%，尚有 12 户暂未达成拆迁协议。

高碑店村将西区旧村改造中每户缩减 15% 的宅基地面积，主要用于拓宽道路。在原址上新建的住宅区，将建成 13 米宽的主路 1 条、8 米宽的路 3 条、6 米宽的路 13 条、5 米宽的胡同路 50 条，做到家家门前有路、户户商铺临界。西区旧村改造后，宅基地面积由 10.5 万平方米减少至 7.2 万平方米，人均宅基地面积由 40.7 平方米减少至 28 平方米，村民人均建筑面积由 40.7 平方米增加至 73.3 平方米，全村绿化率由 11% 提高至 30%。

四　主要创新意义和基本经验

高碑店村庄旧村改造自主模式，其创新意义和基本经验主要有以下几个方面。

一是保障了农户宅基地的用益物权。这是高碑店村西区旧村改造的亮点之一。有的旧村改造模式使农民腾出宅基地搬迁上楼，农民虽然上了楼，却失去了原有的宅基地。高碑店村的自主改造，总体上使农民在原有的宅基地上建设新楼房，既永久保留了农民的宅基地，又实现了农民上楼。

二是维护了农民的可持续收入。房屋出租是城乡接合部地区农民的主要收入来源。有的旧村改造在拆除农民旧房置换农民上楼后，农民在一夜之间失去了房屋租金，掐断了农民重要的收入来源。高碑店村自主改造后，村民一般将新楼房的一、二层用于出租（也有自主经营），三层用于自家居住。这不仅保障了农民的出租收入，而且明显提高了租金水平。村民新宅一、二层的年租金收入有的高达 20 万元。

三是尊重了少数暂时不愿拆迁户的权益。高碑店村西区旧村改造虽然得到大多数村民的赞同、支持与配合，但至今仍有十几户村民没有搬迁。据调查，少数不愿搬迁的农民并不是反对旧村改造，也不是不同意搬迁，只是对拆迁中涉及的一些具体问题尚未达成共识。高碑店村不是简单地对少数暂时不愿拆迁户实行强制性暴力拆迁，而是允许其保持现状，将来翻新需提出申请，每户仍须按其红本面积缩减 15%，水、电、气等市政费用自付。这在一定程度上体现了既尊重多数人意见又保护少数人利益的民主取向。

四是节省了政府改造拆迁的成本。如果按照政府征地拆迁安置上楼的模式，全村 3200 多户的拆迁安置，需要政府投入大约 40 亿元，平均每户拆迁安置成本 125 万元，农民每户在得到一两套单元房和三四十万元现金补偿后，将失去原有的宅基地。高碑店村的自主改造，政府只需投入大约 4 亿元用于水、电、气、热等基础设施和公共服务设施配套建设，就可以完成旧村改造，实现农民生活质量的大幅提升。

五是形成了民主决策的机制。民主决策是高碑店村旧村改造的突出亮点之一。该村坚持将涉及旧村改造的重大问题和村民反映的一些具体问题，全部提交村民代表会议讨论，实行公开透明，民主决策，使村民代表大会成为村民日常生活的重要内容，保障了村民当家做主的权益。在西区旧村改造建设中，已召开村民代表大会 18 次，通过了 31 条提案，真正形成了民主决策、民主管理、民主讨论、民主监督的机制，较好地维护了村民的知情权、参与权、表达权和监督权，从而有效化解了旧村改造过程中的许多矛盾和隐患，推动了旧村改造的顺利进行。

五　几点启示

高碑店村的自主改造模式，给人有以下几点启示。

一是要切实维护农民权益。保障农民的物质利益和民主权利，尊重农民和基层的创造精神，是旧村改造必须坚持的重大原则。在城中村改造中，各地要结合实际，充分尊重农民意愿，切实维护农民的根本利益，尤其是要保障农民宅基地的用益物权，将城市化进程中的土地增值收益还给农民，保障和实现农民的发展权。是否有效地维护了农民的权益，是检验旧村改造成功与否的重要标志。

二是要始终坚持公平公正。公平公正是社会的基本价值，也是旧村改造必须遵循的基本原则。高碑店村将公平公正原则细化到旧村改造的全过程中，做到改造方案民主讨论通过、改造政策公开透明、村民诉求渠道畅通，最大限度地调动了村民的积极性，团结了村民，振奋了精神，凝聚了力量。

三是要建立健全的民主制度。民主是现代社会实现善治的基本途径。旧村改造事关每家每户的切身利益，需要全体村民的共同参与。没有健全的民主制度，就不可能倾听民心、尊重民意、维护民利。没有广大村民的积极参与，就不可能有效地维护村民的根本利益，也不可能调动村民的积极性。建立健全民主制度，关键是要贯彻落实以人为本的科学发展观，不断创新机制，扩大公众参与渠道，真心实意地维护和实现农民的经济利益与民主权利。

四是要保障基本公共服务。为村民提供公共服务而不是包办代替村民的自主选择，是旧村改造中应当坚持的基本准则。为村民提供基本公共服务主要有两个层面，一是村集体在其职责范围内为村民提供相关的具体服务，解决村民遇到的实际困难；二是超越村集体职责的基本公共服务，需要各级政府承担公共产品供给的责任，以确保基本公共服务的均等化。

执笔人：张英洪

2010 年 8 月 29 日

北京城中村治理的调查与思考

"城中村"是具有中国特色的称谓，是中国城市化进程中的一种特有现象。广义的概念是指在城市高速发展的进程中，滞后于时代发展步伐、游离于现代城市管理之外、生活水平低下的居民生活区。狭义的概念是指在规划市区内仍然保留和实行农村集体所有制和农村经营体制的农村社区。北京市的城中村大体分为两类。第一类是指在建成区内环境脏乱的城市角落。这部分城中村经过奥运会前 3 年的集中整治，公共环境已经有了明显改观。第二类城中村主要是指规划市区范围内的行政村。它们大多位于城乡接合部地区，具有人口高度密集，公共设施严重不足，生活环境脏乱差等基本特征，是当前北京市在城乡统筹过程中重点关注和着手治理的地区。

城中村是城乡接合部的顽疾所在。通过旧村改造和新村建设的方式进行城市化改造，是彻底改变城中村生存环境日趋恶化的有效途径。2009 年启动的北京市城乡接合部综合配套改革试验，是政府主导下的一次乡村社会变革。在城乡二元分治已经制度化，很难通过单一政策彻底治愈城中村顽疾的情况下，遵循"政府主导，农民主体、政策创新"的原则，2009 年北京市从 2 个试验点起步，到 2010 年向 50 个重点村推进，如此有计划、分步骤、大规模的"城中村"改造，开了全国城乡接合部地区城乡统筹配套改革的先河，引起了国内外，特别是北京学界的高度关注。

城乡接合部一直是我们多年关注和研究的课题。2009 年以来，配合市政府的试点工作，我们不仅对北坞村、大望京村、草桥村等 3 个试点模式做了深入调查，而且也对纳入 2010 年改造计划的唐家岭、肖家河，以及尚未进入改造名单的石景山区雍王府村、昌平区东小口镇兰各庄村等做了深入访谈，并与市有关职能部门和相关区、乡镇政府就城中村改造政策进行了多次交流。总体看，试点经验可圈可点具有推广价值，预期目标可以实现，但是周边村落可能因搬迁人口的涌入，导致生存环境的进一步恶化和社会矛盾的突起。因此，应未雨绸缪，及早做好应对准备。

一 北京城中村的基本特征

北京城中村的情况变化与流动人口数量变动呈现正相关关系。总的来说是数量不断增多，规模不断扩大，问题日趋严重。

奥运会前夕，在京登记的非北京户籍的流动人口 855 万人。其中规划市区范围内的城市功能拓展区（即朝阳、海淀、丰台、石景山四区）流动人口高度密集，其数量占全市流动人口总量的 60%。特别是处于四环与五环之间的城乡接合部地区，流动人口高度聚居，77 个街道乡镇中流动人口达万人以上的就有 71 个。相对于街道而言，农村乡镇的密度更高。据有关部门统计，目前仅朝阳、海淀、丰台、石景山四个区，包括规划城区外的地区就有城中村 300 余处，流动人口与户籍人口数量倒挂现象十分普遍，流动人口数量超过本地人口几倍、十几倍的情况不在少数。北京的城中村有以下几个特点。

一是万人以上规模的流动人口聚居的行政村（点）数量多，规模大，已经由前期的四环路附近逐渐外推至与八城区交界的环城带。2009 年北京市流管委调查数据显示，城乡接合部地区流动人口数量超过户籍人口的社区（村）有 667 个，其中具有万人以上流动人口规模的社区（村）达到 81 个，比 2007 年的 55 个净增 26 个，增幅达 47.2%。随着五环内行政村城市化改造进程的加快，流动人口开始向外扩散，城中村外移现象明显，已经由朝阳、海淀、丰台、石景山四个近郊区向与之接壤的大兴、通州、顺义、昌平和房山的环城带地区推进。

二是靠近建筑工地、建材、家居、各类商品批发交易市场、科技园区的城中村流动人口规模庞大。例如，昌平区东小口镇紧邻北京最大住宅区之一的天通苑。镇属东小口自然村，户籍人口不足 2000 人，但高峰时的流动人口数量达 2 万之多，朝阳区南磨坊乡情况也类似。位于东南三环路交界处的朝阳区十八里店乡十八里店村，因建有远近闻名的建材一条街吸引了众多商户，流动人口高达 2 万多人，而全村的村民只有 1500 余人。需要指出的是：在北京，城中村居住的并不都是低收入的农民工群体，具有大专以上学历的"校漂族""北漂族"也是城中村的常客。近期不断被媒体曝光的海淀区唐家岭就是一个流动人口高度聚集的城中村。它因毗邻上地信息产业基地、中关村软件园、永丰产业基地、中关村生命科学园等高科技园区和中国软件大学，吸引了数以万计的"校漂族""北漂族"。目前村内住有近 5 万的流动人口，是户籍人口的近 20 倍。

三是以农民出租房屋为主的城中村和以乡村承包、租赁土地形式出现的流动人口聚居大院，在一定程度上形成了自我供给、自我服务的次生经济圈和低层次生活链。一些规模较大的流动人口聚居村（点）已经初步形成了一个相对独立、功能齐全、自我供给、自我服务的小社会。

四是大规模、高密度的违章建筑屡拆屡建，生活基础设施严重不足，安全隐患突出。随着流动人口向城中村的聚集，仅靠农民的自有房屋已经远远不能满足流动人口居住需求，于是在原有宅基地上加高或者翻盖、扩大出租房的面积，成为城中村农民的自然选择。出于造价低廉、快速增利的考虑，不少出租房屋达不到安全居住的要求，私搭乱建的简易、简陋房屋严重影响着租房者的居住安全。北京郊区原有的村镇建设是按照户籍村民的需求设计的，现有城中村人口的剧增，使水、电、道路、公厕、垃圾处理等公共基础设施严重短缺。目前城乡接合部多数地区农村居民吃的还是井水，由于市政污水处理设施及其地下管网与农村污水排放系统不匹配，难以进行衔接，生活污水主要靠明沟、明渠和渗井排放，严重污染了城中村的生活环境。此外，由于人口居住密度过大，道路狭窄，有较大的消防隐患，而公共服务设施的供不应求，也导致非法行医、无照经营的现象屡禁不止。

五是流动人口与当地组织和居民沟通较少，一旦出现问题就比较严重。目前，村级组织对流动人口的管理与服务主要体现在通过流动人口协管员办理暂住登记，开展预防煤气中毒等宣传教育，通过计划生育组织提供计划生育咨询服务等方面。由于流动人口与户籍人口比例倒挂严重，加上人员流动较为频繁，村级组织对流动人口的情况不甚明了。村民出租房屋，一般只是要求承租人出示身份证，对入住人员的其他情况基本不明，如果不住同院，平时也很少接触。通常流动人口发生矛盾或冲突，都是自己解决，难以调和时就会找老乡帮忙，冲突激烈就会升级，甚至发生命案。

二　城中村治理模式

北京的城中村大多位于规划市区范围内，通过旧村改造和新村建设的方式实施城市化改造，是彻底改变城中村日趋恶化生存环境的有效途径。与以往对城中村实施单一的环境改造不同，2009 年初启动的城乡接合部城中村治理，采取了新村建设与经济发展、社会保障、制度创新相互配套的一揽子改革方案，体现了城乡统筹、整体推进的发展思路。

1. 北坞模式

北坞村位于海淀区四季青镇北部，东临颐和园，北靠玉泉山，南至南水北调调节池，属于皇家园林控制区和市政府确定的第一道绿化隔离地区，是 2009 年北京城乡接合部综合配套改革试验的第一个试点村。北坞村是一个典型的城中村，其人口最多时，该一千多户的小村流动人口达到 2.1 万。"瓦片经济"在给村民带来经济效益的同时，也给村内的基础设施、公共服务带来沉重的压力，并产生了许多社会问题。

北坞村实施的是就地城市化改造模式，即按照"宅基地腾退上楼、地上物腾退补偿"方式，本着先建后拆的原则，在村西侧，由四季青镇统一自主开发建设由 34 栋住宅楼组成的新北坞村——北坞嘉园。整个过程实施统一规划、统一建设、整体搬迁。

在新村建设的同时，北坞村模式的特点在于社会保障方面的制度创新。与大多数北京郊区实行村级核算不同，四季青镇实行乡级核算。因此，北坞村作为四季青的一个自然村，城市化改造后的社会保障由四季青镇统一调配和安排。

北坞村的社会保障制度创新主要体现在三个方面。一是开发就业岗位和安置农民就业相结合。四季青镇政府对城乡一体化发展过程中开发出来的社区保洁、种绿养绿、社区保安、公共设施维护等公共服务岗位实施集中管理、统一使用，并将通过成立劳务派遣组织、定岗技能培训、提供创业帮扶等方式帮助农民实现就业。二是养老政策上的突破，即在企业工作的农民工，可以参加企业职工的各项社会保险，参保费用由企业和农民工按规定共同缴纳，农民工满足规定的缴费年限，可以享受与城镇职工一样的社会保险待遇。按正常缴费退休时达不到规定缴费年限的农民，在个人自愿的前提下，可以参照城镇职工延期缴费的办法，继续缴纳社会保险费，确保农民享受到社会保障待遇。三是提供发展用地，解决农民后续发展问题。包括：利用玉泉地区新增产业用地中的 10 公顷土地，用于村集体产业项目；利用规划产业用地中的 1.5 公顷建设一座 2 万平方米的外来人口出租公寓；在茶棚路西侧、闵庄路北侧，预留约 10 公顷的集体产业项目用地，重点发展与本地区经济结构和业态相符合的产业①。目前，北坞村试点工作进展顺利。截至 2009 年 9 月 9 日，北坞村 33 栋回迁楼已封顶，并进入二次结构施工和外装阶段。腾退拆迁工作也在紧张进行之中。

总结北坞村的试点经验，海淀区委区政府明确提出要谋划好未来发展，努力争当北京城乡一体化发展的试验区。重点推进城乡发展规划、基础设施、产业发展、社会事业、环境建设、社会管理、公共服务、就业和社会保障等八个方面的城乡一体化。特别是要在基础设施同步、收入差距缩小、公共服务均等、社会保障对接等方面优先考虑，抓出成效②。

2. 大望京村模式

朝阳区崔各庄乡大望京村是北京城乡接合部综合配套改革试验的第二个试点村。与北坞村就地城市化改造不同，大望京村采取的是异地搬迁改造模式。

大望京村定向安置房规划在南皋组团。南皋组团位于崔各庄乡东营村村南，北小河畔，紧邻中国电影博物馆、中国铁道博物馆、中国民航博物馆、蟹岛度假村和大环文化产业园，总占地面积 78.8 公顷，建筑面积 120 万平方米，经北京市规划委员批准，是乡域安居工程集居区，计划分 3～4 期实施，2015 年完成。该项目完成后，形成一个布局合理、功能齐备，商业、教育、医院和社区服务设施配套的园区。园区内楼间有大面积的完整园林绿化，每个区间均设置集中的公共绿化和休闲健身公共活动场地。园区周边的机场辅路、机场高速路、京密路、五环路和北皋路构成立体交通网络，居民出行十分便利。

大望京村城乡一体化试点主要有四个方面的内容：实施环境整治，优化区域环境；整体搬迁上楼，改善农民居住条件；提高产业发展水平，解决就业增收和社保问题；推进配套改革，创新体制机制③。

环境整治主要有两项任务。一是对该村实施搬迁腾退，需拆迁住宅建筑面积 24 万平方米，企业建筑面积 23.4 万平方米。二是按照规划对腾退后的土地实施政府储备及绿化美化。依据现行土地政策，将大望京村经营性土地和规划绿地纳入政府土地储备，由市土地储备中心朝阳分中心作为主体，负责筹集资金及办理相关手续。腾退工作完成后，经营性土地按照规定公开入市交易，用于统一平衡资金，规划绿地按照城市景观要求，高水平建设、高标准管理，全

---

① 《北京四季青镇北坞村启动城乡一体化改革试点》，《北京晚报》2009 年 9 月 10 日。

② 谭维克：《做好北坞村试点探索城乡一体化新路》，《前线》2009 年第 8 期。

③ 谭少容：《北京朝阳区大望京村：试点城乡一体化，破解城乡接合部发展难题》，城市化网，2009 年 7 月 7 日。

面实施绿化美化。绿化建设及养护费用按照城市绿地建设、养护标准，纳入公共财政范畴。

搬迁上楼的具体方案是：在崔各庄乡东营村规划的建设用地范围内建设农民安置房，占地面积约 14.33 公顷，建筑面积 21 万平方米，用于定向安置大望京村 2998 名农（居）民和安置房所在地地块内 1671 名农（居）民。农民安置房建设由崔各庄乡政府全额出资的六合置业房地产开发公司负责建设。

发展产业有三条途径。一是实物补偿还建产业。大望京村集体土地全部纳入土地储备，征地补偿采取货币补偿与房屋安置相结合的方式进行，除给予集体经济组织适当的货币补偿外，同时在大望京村规划建设用地范围内给予 5 万平方米的商业建筑作为实物补偿，按照城市功能定位和地区业态特征发展集体经济，确保农民获得长久稳定的收益。二是以集体经济组织为主体，参照绿化隔离地区产业用地的相关政策，启动崔各庄乡东营村内约 10.67 公顷规划产业用地建设，统筹解决农民就业安置问题。建筑面积依据所需安置的劳动力数量，按人均 50 平方米的标准进行安排。产业用地采取自征自用的方式，由集体经济组织发展具有区域特色的文化创意产业。三是将大望京村农民全部转居转工，解决农民的后顾之忧。其中，898 名劳动力补缴社保费用后进入城镇保障体系，223 名超转人员缴纳社保费用后进入民政系统管理。

三项配套改革。一是按照《北京市撤制村队集体资产处置办法》（京政办发〔1999〕92 号）规定，妥善处置大望京村村级集体资产。二是建立乡级统筹的经济管理体制。尽管大望京村是村级核算单位，但是为了保证全乡农民在规划实施中的利益平衡，大望京村改造工作在乡域内统筹解决。按照"资产变股权，农民当股东"的方式，将崔各庄乡各村经济合作社改制为股份经济合作社。同时组建土地股份合作公司，各村作为公司股东，出资比例依据各村集体土地占全乡集体土地面积的比例确定。三是按照城市管理要求，建立与城市化相适应的城市管理体制。

搬迁腾退后的土地进入政府土地储备中心进行交易是大望京村试点的核心内容。据估计，大望京村全部拆迁成本在 60 亿元以上[1]。通过北京土地储备中心将大望京村内用于建设用地的 41.6 公顷土地在一级开发完成后进行交易，是平衡政府拆迁成本的唯一途径。总结大望京村拆迁经验，朝阳区政府已经明确表示，将启动 26.2 平方公里农村地区的土地储备，涉及 8 个乡，20 多个村。

---

[1] 贾海峰：《北京"储地"推广大望京村模式》，《21 世纪经济报道》2009 年 7 月 24 日。

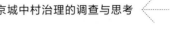

10 万人的大规模拆迁行动即将启动。

3. "一村一策" 的 50 个 "重点村" 改造工程

2010 年启动的 50 个重点村改造工程是在借鉴 "北坞村模式" 和 "大望京村模式" 经验的基础上，本着 "政府主导、农民主体、政策创新" 的原则，实行 "一村一策"。

政府主导是指政府在城中村改造中承担制定规划、集成政策、建设基础设施等宏观指导和落实公共服务职责，从城乡规划、产业布局、基础设施建设、公共服务、劳动就业、社会管理等多角度、全方位推进城乡一体化进程。农民主体是指保护好农民对集体土地、集体资产方面的权益，引导农民根据区域功能定位，发展有助于发挥当地优势的产业，加强培训，提高农民的就业能力。政策创新是指在落实已有政策的基础上，在宅基地使用、城乡一体的社会保障和发展绿色产业等方面有所创新。"一村一策" 则是在坚持上述原则的基础上，根据各村的具体情况，制定好本村的发展思路。

50 个重点村同步改造在北京城市化进程中是首次尝试。为加强市区两级配合与沟通，北京市专门成立了由市领导牵头挂帅的城乡接合部改造工作领导小组。目前，50 个重点村规划实施方案的编制和审查全部完成，已上报市政府批准。根据规划，50 个重点村回迁安置房建设于 2011 年内全部启动，回迁人员全部安置在所在乡域，其中 2/3 的村庄，是在原村域回迁。改造后的北京户籍农民全部实行农转非，纳入社会保障体系①。

三 对北京城中村治理的基本评价与反思

（一）基本评价

2009 年启动的北京城中村治理是政府主导下的一次乡村社会变革。在城乡二元分治已经制度化且很难通过单一政策彻底改变城中村状况的情况下，依靠政府力量推动城中村治理有其重要意义。

与以往政府工作都被冠以 "领导重视" 不同，这次北京的城乡接合部地区综合配套试验改革，是一次上至市委书记、市长下至乡村干部亲力亲为的直接行动。为寻求城乡一体化的破解之道，时任市委书记刘淇带队在一个多月的

① 傅沙沙、马力：《北京年内将搬迁改造 50 个重点村 2/3 原村回迁》，《新京报》2010 年 4 月 2 日。

时间内，四下北坞村，召开了三次专题调研座谈会。市委、市政府有关部门组成政策、规划、人口产业经济发展三个研究小组，就城市规划、房屋土地、人口结构、产业格局、就业形式、治安环境等各方面的利益关系以及相关政策对北坞村试点进行专题调研。试点工作正式启动后，市领导多次到 2 个试验点进行调研，部署协调解决实施过程中遇到的各种难题，其重视程度以往少见。

这次试点工作有以下几个特点。

1. 思路清晰，方向明确

在分析城中村不同利益主体各自利益诉求的基础上，刘淇书记明确提出要统筹处理好三个方面的利益关系。一是要统筹近期利益和远期利益的关系，在维护远期利益的前提下探索促进近期利益诉求的思路和办法。二是统筹整体与局部、集体与个人的利益。重要的是寻找三个利益的结合点，把共同的利益优先解决好。同时对弱势群众的利益诉求要给予特别照顾，使弱势群众能够有起码的生存发展的条件和机会。三是统筹需要和可能之间的关系，把能够使用的财力、物力与解决不同群体的诉求统筹起来，力所能及地、分步分批地解决这些利益诉求。在"三个统筹"思路下对城中村问题进行分解，使城中村治理从开始就抓住了核心，起到纲举目张的作用。

2. 主动探索，积极创新

与以往对城中村实施单一的环境改造不同，作为新时期北京城乡一体化建设战略部署下的一次持续性改造行动，此次城中村改造在政策上有两大突破：一是将宅基地腾退置换、城乡社会保障衔接、后续产业安排、集体资产处置等涉及城中村农民切身利益的配套政策作为前置条件逐项落实，解决了农民市民化的后顾之忧；二是突破集体建设用地不能建设出租房屋的制度瓶颈，鼓励农村集体经济组织集资贷款利用集体土地建设公租房。尽管政策出台不久，具体实施办法尚在制定之中；但这项制度创新的意义已经远远超出了缓解流动人口住房难的界限，它表明北京已经走出了"以房控人"的路径依赖，在兼顾农民利益的同时，开始以海纳百川的胸怀接纳来自祖国各地与北京共谋发展的人们。

3. 落实职责，协调联动

强调政府在城乡接合部地区建设中的公共服务责任，是这次改革试点的一大特色。通过调研，政府已经意识到城乡接合部出现的问题，相当一部分是由于政府在投入、规划、建设、管理等方面工作不到位造成的。解决这个问题，关键是要加大公共财政对农村的支持力度，着力解决好城乡接合部农村地区基础设施、公共服务设施落后的现象，尽快让这一地区的群众享有城乡一体化的社会保障体系，让农民有条件通过发展产业，解决就业，增加收入。为此，市政府协调市发改委、市规划委、市国土局、市住房和城乡建设委员会、市财政局、市农委等部门，开辟"绿色通道"，给予政策资金倾斜等方面的大力支持。区、镇、村三级指挥机构加强工作协调和人员调度，区级相关职能部门各负其责，形成了强大合力。

4. 尊重主体，问计于民

农村发展的主体是农民，因此问政于民、问需于民、问计于民是做好试点工作的前提。这次政府的决策，不是坐在办公室听汇报就可以做出的。从方案设计到试点推动，市领导和职能部门多次下到试验点，直接听取村民、村干部的意见，使改革方案更贴近百姓的愿望和需要。

（二）对城中村治理政策的反思

尽管这次城中村治理试点经验可圈可点，但是通过实地调查，我们发现仍然存在两个明显的缺陷。

1. 户籍农民就业仍是未来社会发展的一道难题

客观地说，北京这次城中村改造的直接受益群体是试验点的村民。无论是"就地改造"，还是"异地搬迁"，试验点的户籍农民的生活水平会有一个显著的提升。据丰台区有关部门测算，如果一个农户有 200 平方米的宅基地，按照拆迁地价 4000 元/平方米，地上建筑 1000 多元/平方米补助标准计算，该农户除了可以无偿获得 1 套 90 平方米左右的两居室和 1 套 45 平方米左右一居室外，还可剩余 100 余万元现款，同时，医疗、养老等社会保障水平也有明显提高，但不容忽视的是其再就业会出现较大困难。

尽管城中村改造试验点的亮点之一是通过预留产业用地，为村民再就业提供发展空间。但是多年的实践证明，北京郊区农民的就业渠道十分有限。这固然有对岗位"挑肥拣瘦"的因素，但是一个不可回避的事实是：户籍农民缺少市场竞争下的再就业能力。

京郊农民再就业面临着"三难"境地。一是自谋职业能力低。北京郊区以集体经济闻名，即使在 20 世纪 80 年代初期全国农村实行家庭联产承包责任制之时，也一直坚持农村集体经济组织形式。由此，农民的生产、生活与集体经济的发展形成密不可分的关系。从某种意义上讲，这种关系削弱了农民个体主动进军市场的能力，也失去了较早进入市场的机会。二是根据首都城市功能的定位，城中村改造后的新的经济增长点主要是现代服务业，但目前留守农民大多缺乏与现代服务业相匹配的职业能力，其能力的提高也不是一蹴而就的事。三是城市劳动力市场基本处于饱和状态，农民进城再就业明显缺乏竞争优势。

从我们调查的情况看，未来城中村改造后的村民再就业主要集中于社区保洁、种绿养绿、社区保安、公共设施维护等公共服务岗位，而这些岗位并不是村民所青睐的，目前大都由流动人口承担。多年前市政府就想通过"腾笼换鸟"的方式，将流动人口所从事的低端产业通过政策支持由户籍人口替代，但实施情况很不理想。因此，在解决了村民的医疗、养老等社会保障，特别是有了拆迁补偿之后，希望村民以从事上述公共服务岗位为生，可能并不现实。

2. 城中村改造周边地区可能面临更深的发展困境

城乡接合部治理的最大困难在于流动人口的高度聚居。实地调查结果表明，城中村改造对于居住在这些城中村的流动人口而言，意味着新的"漂泊"即将开始。由于城中村改造是一个过程，50 个重点村的改造历时两年才能完成，因此，对于周边尚未纳入改造计划的村（点）而言，无论是接纳"搬迁村民"的临时居住，还是成为漂泊一族的首选之地，都将承受人口激增引发的巨大社会压力。

（1）基础设施捉襟见肘，违章建筑可能再掀高潮

城乡接合部户籍人口与流动人口数量倒挂是一个普遍现象，50 个重点村（点）仅是 667 个人口倒挂村（点）的缩影。据统计，667 个人口倒挂村（点）中，流动人口高达 320 万人，是户籍人口的 3.4 倍，人口资源环境的压力已经很大，如果再接纳 50 个改造村"搬迁"而来的近百万人口，实在难以承受。由于受各种条件的制约，在 50 个村（点）的两年改造期间，周边地区再进行大规模拆迁改造的可能性不大，而新建社区为流动人口提供的公租房建设也不可能一蹴而就，因此，住房需求的供不应求，将使新一轮违章建筑在周边地区的再度兴起顺理成章，导致水电气暖、公厕、垃圾处理等基本生活设施的进一步紧缺，将使周边地区环境更加恶化。

（2）"人口分管"模式将使社会管理面临更大挑战

"人口分管"是指在建立在城乡社会分治管理体制的基础上，基层街（乡）、社区（村）实施的城乡户籍人口、户籍人口与流动人口分口管理的工作体制，即街道、居委会管理服务北京户籍市民，乡镇、村委会管理服务北京户籍农民，独立于地方政府和社区组织系列之外的流管办、流管站管理服务非北京户籍的流动人口。由于街居、乡村、流管站在社会资源占有、公共服务资

源配置、社会管理经费人员配备等方面呈现严重的"梯度递减"差距，因此，70余万"被搬迁"的流动人口的集中涌入，会使改造进程中的"城中村"周边地区本来就难以支撑的社会管理处于更加困难的境地。

城中村拆迁伴随社会问题的"复制、外推"，是各地城市化改造过程中的一个普遍现象。当前北京大规模的城中村改造，涉及数百万人的切身利益，社会矛盾累积导致的冲突可能一触即发。如果继续维持现有的城乡"社会分治""人口分管"体制，即使领导重视，增加管理经费和管理人员，也很难处理波及面较大的连锁式"冲突事件"。

问题在于上述缺陷尚未得到政府的高度重视。借鉴"北坞""大望京"模式的经验，新一轮城中村改造已经纳入2010年的实施计划。根据北京市政府的总体部署，50个难点村的拆迁改造工程已经整体启动，并限期完成整治工作。如果在新一轮的城中村改造中不注意解决上述问题，积聚已久的社会矛盾和冲突的爆发是很难避免的。

四　统筹兼顾，重点推进

"十二五"时期是落实《中共北京市委关于率先形成城乡经济社会发展一体化新格局的意见》，城中村改造从试点到全面铺开的关键时期。2010年是"十二五"的规划年，将城中村改造周边地区的协调发展纳入城市建设与社会建设的"十二五"规划，以生活设施改造和社会管理体制创新为突破口，本着"规划是龙头，建设是基础，管理是手段"的思路，统筹兼顾尚待城市化地区的协调发展，机不可失。

（一）将城乡接合部待城市化地区的生活实施改造纳入城市建设"十二五" 规划

城乡接合部待城市化地区的生活实施改造是涉及城市化进程、城市功能布局、财政支持能力等一系列相关因素的复杂工程。尽管局部改造会面临许多困难，但无论是站在环境建设应与世界城市建设接轨的高度，还是从改善城乡接合部居民生存环境，将人的需求摆在首位的科学发展观角度，都应将其纳入规划之中。

1. 加大对城乡接合部未纳入城市化改造地区基础设施建设力度

近日市规划委已经完成对50个挂账村规划方案的编制，下一步应结合实际需求，在编制"十二五"城市建设规划时，将城乡接合部其他地区的基础设施建设方案纳入其中，做到规划引领建设，建设助推管理。城乡接合部未纳入城市化改造的地区大多位于绿化隔离带地区。建议在规划的基础上，督促落实国家发改委《关于进一步推进本市第一道绿化隔离带地区建设的意见》（京政发〔2008〕17号），将近期未纳入改造计划的城中村的基础设施建设分期纳入财政预算，根据需求进行适度改造。

2. 加大集体建设用地建设公租房的推动力度

允许农村集体经济组织集资贷款利用集体土地建设公租房，是城乡接合部综合配套改革的一大亮点，它突破了长期以来集体建设用地不能建设出租房屋的制度瓶颈，使出租房屋建设走上了合法化、规范化、制度化轨道。应该说50个重点村规划的公租房面积远远不能满足流动人口的住房需求，建议结合北京产业结构调整，摸清租房缺口需求，在符合城市规划和土地利用总体规划的前提下，将"十二五"期间未能纳入城市化改造的地区作为重点，探索在流动人口聚集的企业、大型集贸市场附近以及流动人口聚居区，由政府引导支持、市场运作，把当地居民组织起来入股经营，或由企业、个人投资，打造符合流动人口居住需求特点，满足基本生活需要，具有经济承受能力的住房供给形式。

（二）将城乡社会管理一体化纳入社会建设"十二五"规划

目前，北京市社工委正在着手组织研究"十二五"社会建设规划，作为北京市第一部社会建设规划，社会管理体制创新是题中之义。建议将城乡接合部人口属地化管理作为社会管理体制创新的突破口，重点研究以下问题。

1. 城乡接合部社会管理体制创新的基本思路和着眼点

基本思路：打破"城乡分治""人口分管"的社会管理体制障碍，实现居住地实有人口的一体化管理，建立一种没有户籍身份限制，政府依法行政、公民依法自治、其他社会组织参与的互动型社会治理模式。

着眼点：重点研究户籍人口与流动人口实施一体化管理的条件、途径和模式，可以通过试点方式，探索流动人口社会融合的渠道。

建议：改变城乡地域交叉的局面，将城乡接合部地区的街道办事处和乡镇政府作为一个整体，本着街（乡）行政管理边界清晰，管理主体唯一，区域规模适中，有利于统一功能定位、综合利用资源等原则，重新调整街（乡）行政区划。赋予乡镇政府具有与街道办事处同样的统筹辖区发展，监督专业管理，组织公共服务，指导社区建设的社会管理职能。将目前独立于街（乡）政府行政管理体系之外的流动人口与出租房屋管理办公室纳入街（乡）行政管理体系。按照辖区实有人口调整行政编制和管理经费，经济发展薄弱且人口规模庞大的街（乡）的行政管理费用应通过市、区财政转移支付加以解决。

改变目前以农业和非农业人口划分城乡社区的做法，将行政村或者自然村作为一个整体社区，按照城市社区组织的功能定位，重新组建社区党组织、社区自治组织、社区服务站以及社区各类社会组织。将原有的村委会按照社企分离的原则，改造成为负有单一经济管理职能的经济组织，将原来的社会管理和服务功能让渡给新建的社区居民委员会。新建的社区党支部和居民委员会由户籍居民、户籍村民、流动人口选举的代表构成。经民主选举产生的社区居民委员会全面负责社区日常公共事务和公益事业管理，配合当地政府做好辖区社会治安综合治理工作。

2. 将公共服务体系建设拓展到城乡接合部农村地区

公共服务体系建设是缓解城乡接合部农村地区公共服务资源严重不足的有效途径。应结合城中村改造的周边地区、尚未纳入城市化改造地区、城乡接合部外缘地区的不同需求特点，研究公共服务体系建设的重点、组织途径、资金来源、提供方式和效果评估。

建议：根据国家政策规定，尽快研究落实北京城乡社会保障制度衔接、流动人口新农合、基本医疗保障关系跨制度、跨地区转移接续办法，以及农民工养老保险关系转移和权益累积等政策，逐步缩小不同社会身份居民之间享有公共服务的差距。

流动人口公共服务严重不足所引发的流动人口社会疏离，孕育着较大的社会风险。建议通过政策扶持，鼓励致力于流动人口管理和服务的 NGO 组织，特别是流动人口自我服务性组织的发展（"新居民互助服务站"只是其中的一种方式），使流动人口在公共服务参与过程中，分享成果、承担义务，增进社会融合。

3. 构筑社会支持网络，提升社会管理能力

城乡接合部农村社区是一个社会资本薄弱、社会管理能力不足的地区，社会支持网络的建设有助于弥补这一缺陷。社会支持网络建设的重点在于研究政府、社会组织、企业、社区成员在社会支持网络中的角色、功能与合作互动的途径。

建议：寓管理于服务之中是社区管理的成功经验。建议在社区重建的基础上，以新建社区为平台，以社区需求为导向，发挥城市街道政府和社区组织优势，通过结对帮扶，对口支援城乡接合部农村社区，弥补农村社区社会单位资源贫乏、社会资本短缺的缺陷。同时集中政府和社会力量，携手打造无边界社会网络支持系统，重点发挥致力于社区能力建设的社会组织作用，以需求为导向，以"项目运作"为纽带，通过项目培训和全程指导，帮助社区工作者在为民服务的过程中提升社会管理水平。

执笔人：冯晓英，北京市社会科学院社会学研究所原所长、研究员

北京市昌平区郑各庄村农民自主城市化调研报告

郑各庄的农民经过 18 年的不懈奋斗，在集体土地上建成了一个现代城市社区和产业集群，受到了国内外各界人士的广泛赞誉。北京城里虽不是所有人都知道郑各庄，但很多人都知道有个适宜休闲度假的"温都水城"。2008 年第八届全国村主任论坛在郑各庄成功举办，村党总支书记、村委会主任、宏福集团董事长黄福水当选为中国村社发展促进会副会长、中国乡镇企业协会副会长、全国劳动模范、北京市人民代表大会代表。2012 年，郑各庄的事迹被美国哈佛大学肯尼迪政府学院选定为"中国案例"，黄福水到哈佛大学做了以"创新解难题，求变促发展"和"主动城市化引领郑各庄农民走向富裕路"为主题的演讲，受到师生的欢迎。然而在一片赞誉声中，争议也不断出现，特别是小产权房问题常使他们陷入尴尬的处境。

围绕郑各庄自主城市化的争论，我们召开了基层干部和专家座谈会，并对郑各庄的成功实践和周边几个村庄的乱象与困局作了一次对比调查。现将实际情况和我们的看法报告如下。

一 郑各庄自主城市化的成功实践

郑各庄是北京昌平区北七家镇的一个行政村。共有 711 户人家，1502 口人，其中农民户籍人口 1100 人，村域面积 2.9 平方公里，南距天安门 22 公里，是典型的城乡接合部。1990 年，黄福水带领村里几十个壮劳力在北京亚运村工地做工程，一位规划专家问他："你们农民总是在为城里人建设城市，能不能为自己造城呢？"他回答说："能！一定能！"但在当时，"为自己造城"不过是他刚刚萌生的一个愿望而已，真正下决心走主动城市化的路是在 1995 年。

（一）郑各庄为什么要主动城市化

因为当时他们面临着四大困惑。

一是集体经济弱化，农民收入差距加大，农民弃地问题突出。1985 年初郑各庄农地分包到户，集体资产全部拍卖给个人。一小部分有本事的人搞起个体运输或从事家庭养殖，80% 的农民依赖于自己承包的一亩多农地营生，收入差距过大使村里的矛盾日益突出。由于土里刨食收入微薄，一年种地收成抵不上打一个月工的报酬，很多人弃地外出务工，大部分农地撂荒。

二是土地资源配置不合理，人居环境恶劣。郑各庄明代成村，总面积4432 亩。由于民居分布散落，村内虽只有 394 户人家，但村庄占地面积达1050 亩，占村域面积的 23.7%；还有约 1200 亩的公共墓地、河套、坑塘、河滩，占 27.1%，人均拥有耕地不到 1 亩半。由于集体经济薄弱，无力治理村庄，村内街道坑洼不平，农民的宅院处在柴草垛、粪堆、厕所、猪圈的包围之中，教育、文化、商业以及水、电等基础设施严重缺乏。

三是农民饱受盖房的攀比心理的困扰。受乡村传统居住观念的影响，村民谁也不愿意自家的房子比别人家的矮，所有的积蓄全部用在折腾房子上，甚至不惜借钱翻建，导致一些农户债台高筑甚至返贫。盖房攀比的同时，又诱发了挤街占道、宅基地纠纷、邻里矛盾、家庭不和等问题。无力翻盖房子的家庭，只能无奈地蜗居在整日见不到阳光的夹缝中。

四是了解到周边农民被动城市化的痛苦。房地产开发商打着农村城市化的招牌，征占了与郑各庄毗邻村庄的大面积农地，建设商品住宅区。但只圈地不改村，使失地的农民不但无业可从，而且其生活居住环境与一栋栋高楼、别墅相比形成天壤之别，严重伤害了农民的利益和尊严。为了化解这些困惑，让村民过上舒心日子，经过广泛征求村民的意愿，他们决心自己动手，建设一个美好的城市家园。

（二）郑各庄主动城市化的基本做法和成果

郑各庄人从 1995 年起步，经过 18 年的坚持，以超前的胆识，破天荒地做成了五件大事。

一是完成了村庄整体规划、控制性详规和土地置换。1995 年他们请来专家，编制了"郑各庄村 21 世纪生态庄园"建设规划。把辖区划分为生活居住、教育科研、科技产业、旅游休闲产业四个功能板块，力争 15～20 年把郑各庄打造成现代城市化社区。同时，遵循农地与建设用地增减挂钩、占补平衡的政策，由本村企业出资，帮助流村镇将废弃的建设用地整理复垦为农地，把本村的农地置换为集体建设用地。到 2001 年，除了保留 75 亩的农地外，其余的土地全部置换为建设用地。2005 年 5 月，以上述规划为蓝本的"郑各庄片区控制性详细规划"，获得了北京市规划委员会的正式批准。这就从规划和用地两个方面为自主城市化的推进奠定了基础。

二是完成了农民上楼工程，节约出土地 800 亩。1998 年 3 月，以自主投资、设计，自主建设、管理的村民自治方式，启动了旧村改造工程。2004 年底，98% 的村民搬迁上楼，彻底改变了农民的生活方式。村民人均住房由原来的 23 平方米增加至 70 平方米，除自住外还可出租，2012 年村民人均房屋租赁收入 12258 元。而且新住宅区仅占地 250 亩，节约出土地 800 亩，为郑各庄发展现代产业、解决职工和外来人口住房腾出了新空间。

三是改革产权制度和运行机制，坚持诚信包容，增强凝聚力，提高吸引力，为转型发展构造动力源。1996 年北京宏福集团成立，随即创立了"以企带村""村企合一"的发展机制。1999 年又完成了集团公司产权改革，公司法人控股 66.6%，村委会和村民（即自然人）各持 16.6% 的股权。宏福集团成为农民参与投资、效益成果共享的新型集体企业。目前，村民人均持有股份 12 万元，2012 年股东收益 21173 元，股份分红成为村民重要的收入来源。

1999 年，推出了"确权、确利、保收益"的土地流转经营机制。农民以委托经营方式将承包土地使用权有偿流转给企业，企业不论盈亏，都要将土地租金足额支付给农民，农民毫无顾虑地进入企业，成为离土不失地的产业工人。2012 年村民人均土地承包收益 3116 元。

在改革产权制度的同时，党总支依靠村民自治实行民主法制。凡属村庄的重大问题均提交村民大会或村民代表会议讨论决定，属于经济发展的问题授权集团公司处理，属于社会管理的问题由村委会和居委会执行。制定了规范翔实的《村民自治章程》，明确干部和村民的权利义务，使经济和社会管理的各种实际问题的处置都有章可循，有效地调节了各种矛盾和纠纷，做到了公平合理，秩序井然。

创业者牢记"诚信、包容"四个字，对村民的诚信，使他们获得了内聚力；对外来投资者、就业者、居住者的包容，使他们获得了外聚力。凭着他们的诚信和包容，宏福集团引进了一大批高素质的专业人才，投身公司的经营管理和村庄建设。现在公司的高管，80% 是引进的职业经理人。依靠诚信和包容，郑各庄村解决了村庄封闭性与企业发展开放性之间的矛盾，营造了"亲商、富商、安商"的投资环境，汇聚了几十家合作企业和3所著名高校，并把产业发展到市外乃至国外。

这种朴实而真切的内力和外力紧紧地凝聚在一起，形成了巨大的合力，让他们实现了今天的跨越，成就着明天的希望。

四是推动传统产业走向新型工业化和现代服务业。在集体土地上成长起来的村办企业宏福集团，以开发建设促转型发展，实现了产业优化升级，大大提高了集体土地集约利用的水平。1986年黄福水创建的建筑队从土石方工程起家，经过二十几年的奋斗，完成了从基础工程、主体施工到市政工程、建材加工、周转材料供应以及设备租赁等关联产业配套的跨越，成为集团的骨干企业，在国内外（利比亚、伊拉克）承包工程，2012年营业收入超过20亿元。

他们从开发工业园，以参股、控股等合作方式引进了几十家科技型企业入手，顺应为首都城市服务的趋势，大力发展现代服务业，引进北京邮电大学、中央戏剧学院、北京电影学院等高等院校，发展了影、视、剧、动漫、游戏等文化创意产业，打造了集高档酒店、商务会展、温泉养生、休闲娱乐于一体的旅游休闲产业——温都水城，并把这一品牌输出到黑龙江五大莲池、海南博鳌等地。在村内兴建具有800个床位的三级甲等新安贞医院，开发了国际老年公寓，以会员制的形式向国内外的老年人提供一条龙式的养老服务，并推出了北京、黑龙江五大连池、海南博鳌"三地候鸟型"养老。

以传统产业与现代产业共同发展、独资与合作并存、技术密集型与劳动密集型优势互补的产业格局在郑各庄全面铺开。

五是社区基础设施和公共服务基本配套。村累计投资20多亿元，翻修道路，兴建1个变电站、12个电力开闭站以及供热中心、供水中心、垃圾分类站、污水处理厂和中水再利用系统、雨水回收系统等基础设施。改造了中小学校、幼儿园；引进了公交专线以及银行、邮局，完善了文化娱乐、休闲健身、购物、餐饮等服务设施；开发了地热资源，实现了互联网、温泉水、天然气联网入户等。在这一系列工作中，包括一些本应该由政府投资，或政府想做还没来得及做的事情。

（三）成效卓著，成本低廉，农民共享，多方受益

郑各庄的自主城市化极大地解放了生产力，促进了经济的高速发展和社会、文化、生态建设的全面进步。从1998年启动旧村改造起到2012年，这15

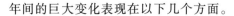

年间的巨大变化表现在以下几个方面。

1. 经济发展

村自营实体公司由 1 个发展为 23 个，引进企业由 3 个增加到 76 个。产业工人由 300 多人扩大到 13000 多人，增加约 42 倍。

集体资产由 3600 万元滚动到 60 亿元，增加约 167 倍。村营经济总收入从 3500 万元，增加至 39 亿元，可支配利润 4.5 亿元。加上引进企业，总产值达到 95 亿元，上缴税金 2.6 亿元。

2. 文化进步

村内原来只有一个容纳几十个孩子的幼儿园、一所有 6 个班的小学和一个简陋的医务室，如今形成了从幼儿园、小学、中学到大学的教育体系。北京邮电大学、中央戏剧学院和北京电影学院继续教育分院的在校大学生达到 1.1 万人。大力发展成人教育，使本村农民劳动年龄人口平均受教育年限由不足 7 年提高至 11.5 年。合作建设的三等甲级新安贞医院已投入 6 亿元。原有以"康熙行宫"为代表的古迹文化也得到了保护和发扬。

3. 环境改善

他们不仅按照城市标准配套建设各种基础设施，而且重视生态建设。2000 年以来，共投入 5000 多万元进行绿化美化，在道路两旁、水系两岸、楼宇之间"见缝插绿"，使绿化率达到 35%。2003 年投入 1633 万元兴建的污水处理站，日处理能力 2400 吨，通过水循环系统，使生活用水经处理后补充到人工湖、护城河水系，实现水景观光、水产养殖、绿地喷灌的梯级利用，该水循环系统同时也具有雨水回收、补充地下水的功能。

4. 社会转型

原来贫穷落后封闭的农村社会，如今转型成为城乡融合、四通八达的现代城市社区和产业集群。聚集在这里生活、工作、学习的村民 1500 人，非本村的外来人口 4 万多人，就业岗位 13000 个，其中村属企事业职工共 4300 人，入驻的企事业职工共 8000 人，超市、餐饮、商铺等的工作人员共 700 人。温都水城不仅有各种休闲娱乐健身设施，而且拥有 4 座宾馆 2000 多套客房、100 多个会议室、20 多个不同风味的餐厅，一年接待 60 万~70 万人来这里消费、开会。一年举办规模为 300 人以上的会展上百次。转型后的村庄呈现一派车水马龙、熙熙攘攘、生机勃勃、文明有序的城市景象。特别值得称道的是，这些发展成果做到了资源节约，村民共享，多方受益。

在资源节约方面。郑各庄村域面积 4432 亩，其中村民居住、产业配套用房和商品房用地共 1050 亩，商住小区（"壹千栋"）494 亩，农地 75 亩，工业用地 390 亩，教育用地 681 亩，商业服务与公共管理用地共 831 亩，道路用地 680 亩，水系 231 亩。从土地所有制看，除 4 个项目（"壹千栋"、中央戏剧学院、修正药业、新安贞医院）用地 930 余亩被征为国有外，其余约 3500 亩仍为集体所有，其使用除自用、共用外均用于出租。土地租金首先用于保证集体福利，其余村民按人头分配，人均土地租金收入 1.1 万元。他们一般坚持"租地不卖地"的原则，这样做，不仅保证了农民持续不断的土地收入，而且降低了企、事业的运营成本。就是这种在集体土地上农民自主的城市化，创造了土地产出低成本、高效益。2012 年全部土地产值创 95 亿元，纳税金额 2.6 亿元，亩均产值 21435 万元，创税金额 5.87 万元。

在村民共享方面，农民的收入来源由过去单一的劳动报酬，扩展为"劳动报酬+福利保障+股东收益+土地收益+房屋租金"这样多元化的收入结构。2012 年村民人均纯收入 5.98 万元，其中劳动报酬 15327 元，占 25.6%，非劳动性收入人均 44160 元，占人均纯收入的 74%。农民实现了共同富裕。

在农民福利保障上，特别重视"一老一小"。实现了社会保障与城市接轨，2007 年又推出了双重保障机制，农民退休后，既享受村里农民的各项福利，又享受与城镇居民同等的保障。他们还实行了从幼儿园到大学全程教育补贴，学费和书本费全部由村里报销。现在家家都有了大学生。

在多方受益方面，一是带动了周边发展。临近村庄有 900 多名农民在郑各庄就业，基础设施和公共服务设施周边村民与本村村民共享，郑各庄帮助西沙各庄盘活土地 400 亩，发展现代产业。二是为社会慈善与公益事业做出贡献，2001 年以来，教育专业 3100 万元，承办大型公益活动支出 3269 万元，对口扶贫和赈灾捐款 146 万元。三是在为政府提供税收（15 年累计纳税 12.2 亿元）的同时，减轻了政府负担。仅以村庄改造为例，他们用村民自治的方式推进拆迁上楼，没有动用过政府的"一兵一卒"，没有发生一起上访告状事件。

更为重要的是郑各庄村村民自主城市化分担了城市功能，分流了外来人口，避免了农村凋敝。

郑各庄现象对于城市的更重要价值在于：该村一千多人口，通过自主城市化和新型工业化建设，改善了农村地区的生产和生活条件，既为全市截留了超过本村人口 10 倍的外来人口，又留住了当地的农村人口，为缓解城市的多种压力做出很大贡献，同时也避免了城市工业化当中普遍出现的农村老龄化、空心化问题，使乡村地区充满了发展活力，成为新型工业化和城镇化的一个好典型。

总之，郑各庄农民自主就地城市化的优势在于以下几点。①节约建设成本。土地是自己的或租赁的，运用自己的建设施工力量，建设的土地成本和投入成本大大降低。②新型社区以亲情和自治为基础的人际关系，有利于协调内部矛盾，降低运行成本。③干部把城市化当成自己毕生的事业，生于此，长于此，贡献于此，死后也埋在这里，能够对事业负责到底。④符合产业与社会转型的渐进式成长的规律。城市化不能靠运动式突击，一口吃成个胖子。他们在二十多年的探索中前行，在百折不挠的创新中发展，在坚持不懈的实践中锻炼学习、逐步成长，避免了急剧转轨带来的许多不适应和挫折与失误。这样的成功结果和宝贵经验值得人们认真学习。

（四）制约村庄发展的瓶颈

在我国城乡二元体制下，农村集体建设用地与国有土地享有不同的待遇。国有土地及其地上的建筑、设施，可以取得产权，可以有偿转让；而农民集体建设用地包括宅基地上的房产，尽管符合规划，也不能立项，拿不到产权证书。即使政府帮助协调，也很难跨过这道门槛，这使他们几十亿元的资产既无法上市，又不能抵押贷款，制约着郑各庄的后续发展。

二 周边几个村的乱象与困局

与郑各庄自主城市化带来的兴旺发达、和谐有序形成鲜明对照的，是周边几个村的种种乱象和困局，这也让我们感到吃惊，值得我们深思。

一是政府征地，开发商操办，农民被动城市化带来的困局。农民被动城市化这一现象出现，早在1994年就在郑各庄东面的白庙村、平坊村、东沙各庄村出现了。当时，房地产开发商打着农村城市化的招牌，以每亩15万元的低价（镇政府和北郊农场截留后，村里实得5万元左右），把上千亩区位最好、最平整的耕地征走，开发建设了王府花园、王府公寓、王府家庭农场、温馨花园、温泉花园等高中档住宅小区，对农民村庄的改造建设则不闻不问。失地失业的农民只能在宅基地上建房出租，开始的时候，只建两层小楼就很满足了，以后随着外来农民工的涌入，他们又将房子建到四五层，没有条件翻盖的家庭只能蜗居在整日不见阳光的夹缝中。这些地区的农民的居住环境与相邻的高档商住小区相比，与邻村郑各庄相比已是天壤之别，幸福感严重缺失。

到了 21 世纪，政府征地已经推进到吞没村庄的程度。一些开发商只顾企业盈利，不认真履行安置农民的义务，致使农民长期无家可归，霍营村就是突出一例。该村位于郑各庄南面，属于东小口镇，有 280 余户，2007 年拆迁 250 户，剩余 30 户未拆迁。拆迁时开发商承诺：最迟 2009 年底回迁楼建成入住。但第一批安置楼建成后，被开发商当成商品房卖了。2008 年奥运会前夕和 2009 年 11 月先后两次举行回迁楼奠基仪式。第一次开工，由于村里一部分人反对，工程一度停工，第二次开工，计划 2011 年建成。2010 年初开建，到 2012 年初又因为质量问题被叫停，成了烂尾楼。至今 7 年过去了，这些村民依然无家可归，过着流离失所的生活，有些老人已经病死他乡。

这两个实例都说明，如果政府与开发商都以拿地生财为目的来推进城市化，农民难以得到平等的谈判权利，农民权益是很难得到保障的。

二是本地农民与流动人口互动成就的半拉子城市化出现的乱象。随着城市化的扩张，农民失去土地，只能靠出租房屋生活，同时，这一地区又不断涌入大量的流动人口，产生了巨大的租房需求，于是农民就在自己的宅基地上盖起楼来，由二层、三层，盖到四五层，甚至六层。基层干部形容有的农民"自己有 1 万块钱，就敢借 99 万块钱建房"，有的村子创下了"87 户农民，83 栋楼"的纪录。

在郑各庄南大门的对面，就是平西府村。这里也是明代就建成的村庄，有着和郑各庄一样的大牌楼，主街也宽，但是，这里聚集了 5 万外来人口，是本地户籍人口（2000 人）的 25 倍，满街都是摆摊做小生意的人，小发廊、小饭馆、小作坊、黑网吧、黑诊所比比皆是，上下班时连行人都难通过，汽车更无法通行。农户在宅基地上盖小楼，楼与楼间的胡同极窄，自行车也难行。变压器由 1 台增至 14 台，水井由 1 眼增至 4 眼，村集体的钱都花在增加公共设施上，但仍然时常停水断电，安全隐患多，人心很烦躁。打架斗殴、溜门撬锁之类的影响治安的事件高发。村党支部书记说："现在的形势是，随时可能出事。我最担心的是一旦发生群体事件，出现打砸抢，怎么办？"他认为："郑各庄的主动城市化好，可我们做不到了，只能靠政府推动，通过拆迁买断解决问题。"

东三旗村，本地村民 2700 人，聚集了 6 万流动人口。平均每户年均租房收入三四十万元，多则上百万元，少则一二十万元，95% 的农户出租房屋，租金收入是农民收入的主要来源。尽管有较为满意的房租收入，但是激增的人口给资源、环境和管理带来了巨大压力。基础设施和公共服务不堪重负，原先村庄供 2000 多人使用的基础设施，现在承载着 6 万多人运转，日产垃圾 70 吨，运都运不过来。资源紧张，环境恶化，影响治安的案件频发。老百姓间流行着这样的说法："买得起好酒，喝不上好水。开得起好车，走不上好路。养得起胃，养不起肺。"于是有的村民干脆到外面买房住，白天回到村里收租金。

北七家镇 17 个村，本地户籍人口 3.7 万人，如今加上小区人口和流动人口，常住人口已达 27 万人。镇党委书记刘长永反映：最近政府出台两个新政策，一是外来人口只要有暂住证、有收入来源、有房住，子女上小学一年级就可入北京市学籍；二是 65 岁以上的外来人口，和本市居民一样，乘公交车不花钱，逛公园免费。这两个新政策吸引大量外来人口把子女和老人都带到北京。如果把地铁再往北修到兴寿，那里也会很快变成外来人口聚集区。北京人口越聚越多，恐怕难以承受，需要适当控制。

北七家镇最近被列为推进北京市新型城镇化试点单位。当地镇村干部也强烈希望加快城镇化步伐，通过城镇化解决这一地区存在的诸多问题。但是，在路径选择上仍有分歧，需要进一步探讨。

三 村域城市化的路径选择与土地制度改革

（一）从城乡接合部村庄改造的历史看，最近 20 年已经相继出现了四种村域城市化的路径，各具不同的优势、贡献、难题和前途

1. 政府征地，开发商操办，农民被动的城市化

这是符合现行法律的通行做法，对于城市扩张、基础设施建设和产业发展发挥了重要作用。但是，政府低价征地，高价转让给开发商利用，而且往往"圈地不改村"，"吃肉留骨头"，农民失地失业失保障，难以完成由农民到市民的转化。这种路径，产生了大量的遗留问题。

现在，农民被动的城市化之路，已经很难行得通了。因为它损害农民的现实利益，并使农民丧失长远的生计，也难以完成农民到市民的转化。所谓"城市土地归国家所有"，并非现实，也难以实现。必须允许农民带着资产（主要是土地）进入城市，只有实现国有土地与农民集体土地"同地同权同利"，才能调动农民参与城市化的积极性和主动性，并使城市化的成本大大降低。

2. 规划指导，农民自主的城市化

大多是利用政府征地留下的集体建设用地特别是宅基地和乡镇企业用地，依靠集体的力量进行开发建设，与开放引进相结合，完成旧村改造和产业重构与社会转型，实现了低成本的城市化。突出的典型有：昌平区郑各庄、丰台区果园村、朝阳区南磨坊乡和高碑店村、通州区大稿村等。但是，它们在城乡和土地的二元体制夹缝中生存发展，其创造往往得不到有关部门的承认，拿不到产权证，不能进行抵押贷款。

现在，与郑各庄、果园等在 20 世纪 90 年代启动的自主城市化相比，当今的环境条件更困难一些，但是仍然具有发展余地。近两年，海淀区东升乡在原有乡镇企业用地上自主建设东升科技园区并取得了成功，证明了城中村仍然拥有相当数量的集体建设用地，主要是乡镇企业用地和农民宅基地，集体拥有较强经济实力和管理人才，并且能够就近招商，吸引高端的科技人才和项目入驻，具备了自主推进城市化的条件。关键是当地政府能否给予规划和政策法规上的支持和帮助。

3. 本地农民与流动人口结合互动，成就的自发无序的城市化

这种类型的城市化的功绩是，解决了大量流动人口的居住问题，降低了农民工进城务工经商的成本，为城市和产业的发展做出重要贡献，同时增加了本市农民的收入，成为失地失业农民主要的生活来源。但是，这种自发无序的半拉子城市化，也带来了日益严重的社会和环境问题：建筑安全难保证，基础设施不配套，公共服务跟不上，环境脏乱差，安全事故频发。从中可以看出，市场调节固然重要，但离开集体组织，宏观调控和政府管理也不行。

4. 政府主导，农民主体，城乡共赢的城市化模式

这是 2011 年北京市在城中村中的 50 个重点村进行的，全面改造、创造的经验。这些重点村，过去深受农民被动城市化之苦，村内乱象丛生，困局难解，推动政府改弦更张，出面化解。政府坚持把保护和发展农民利益放在第一位，通过调整土地利用规划和政策，拆迁上楼，保留集体建设用地，解决社保资金，实行集体产权制度改革，同时改善基础设施，回建绿地，腾出城市发展的空间，达到了城乡双赢的目的。这种模式的难点在于村域城市化是一个渐进的过程，不能操之过急，否则可能出现农民难以适应，政府难以承受，资金链断裂等问题。

尽管对于这个做法存在多种不同的看法，但是这种以维护和发展农民权益、减少转型矛盾和代价、取得城乡共赢为出发点的模式，在城乡接合部重点村改造中已经取得很大成功。在那些外来人口大量聚集、集体经济薄弱、社会矛盾尖锐的地方，尤其需要政府发挥主导作用，支持农民和集体自主改造家园，发展新的产业，达到城乡协调、合作共赢的目标。

（二）在新型城镇化的背景下，村域城市化的路径如何选择

1. 新型城镇化"新"在哪里

党的十八大提出了"新四化"，即新型工业化、信息化、城镇化、农业现代化。2012 年的中央经济工作会议提出新型城镇化的"四个要"：要围绕提高城镇化质量，引导城镇化健康发展；要构建科学合理的城市布局，大中小城市和小城镇、城市群要合理布局，与区域经济发展和产业布局紧密衔接，与资源环境承载能力相适应；要把有序推进农业转移人口市民化作为重要任务抓实抓好；要把生态文明理念和原则全面融入城镇化全过程，走集约、智能、绿色、低碳的新型城镇化道路。

这里已经对新型城镇化新在哪里，做了全面的说明和部署。

对于新型城镇化，专家学者也有不少解读。

韩俊（国务院发展研究中心副主任）认为：所谓新型城镇化，最根本的就是农民可以共享城镇化成果的城镇化，这才是真正的城镇化。新型城镇化为解决"三农"提供了新的机遇。但是，新型城镇化推进的过程中遇到的问题比以前 20 年要多得多，难得多。核心就是人的问题，地的问题，权的问题。如果这三个问题不解决好，农民还要继续为快速城镇化付出更高的代价，我们的期待是：农民不单是以他的劳动和就业，更多的是用他的资产和权益来共享中国城镇化的成果。[①]

袁以星认为，大都市推进新型城镇化建设，应该走新城、新市镇、新农村"三新"联动、协调发展的道路。韩红根指出，"推进城中村和城乡接合部改造"已经列入国家"十二五"规划，要探讨城中村改造的新模式。他认为城中村改造可以有政府主导、镇级集体经济组织主导、房地产开发商主导三条路径，其中由集体经济组织主导或参与的"以地富村"模式不失为优选，但需要在政策法律上有所突破：一是除公益性征用外，经营性建设用地发展权归属本集体经济组织成员；二是对原城中村拆除的土地，支持集体经济组织继续发

---

① 参见 2013 年 8 月 31 日韩俊在"新型城镇化高峰论坛"上的讲话。

划"为理由，将农民拒之门外，农民往往跑几十次甚至几年也难以立项。

现在改革土地制度的呼声甚高，但障碍重重。其中一个主要难题是土地财政和土地金融。有关专家指出：十年内，地方政府从征地出让中拿到5万多亿元土地出让金，这成为地方财政的一个主要来源，许多公共支出要从这里出，还有2.5万亿元的地方债务要靠土地出让金来还。"一下缩小征地范围，提高土地补偿费，土地出让金没了，地方政府垮台，银行也会破产。"① 因此，许多专家建议，要进行财税体制的配套改革，改征房产税、土地增值税，使地方政府有稳定的收入来源。郑各庄村的黄福水也赞成这个办法，村集体用自己的土地进行商品开发，取得产权，可以合理纳税，小产权房也可以这样处理。在规划审批上的困难，也希望在简政放权的行政体制改革中能够有新的改善。

（四）我们建议：北京市委在群众路线教育实践活动中，就如何推进城乡接合部村域城市化问题进行专题调研

解决城乡接合部的村域城市化问题，是建设现代化首都和世界城市的题中应有之义，是首都城市发展应该抓紧解决的大课题，必须按照我党"一切为了群众，一切依靠群众"的群众路线加以实施。

在这个问题上，目前北京市已经取得了不少成绩和经验，也面临诸多矛盾和困惑。这些矛盾和争议的核心问题，是农民自主城市化路径能否被予以认可。农民造田、造厂两大创举已经得到了国家法律的认可，农民造城目前尚未得到这样的承认，因此，出现了这个领导来了赞赏支持、那个领导来了批评查禁的摇摆，使农民自主城市化步履蹒跚，严重挫伤了农民在改革中的创新心气。尤其是，当前对于农村集体土地上进行的建设，不问青红皂白一律以"小产权房"的帽子予以查处，这种做法不是科学的态度，不是有利于改革的做法。有的专家从长期对郑各庄村的跟踪调研中得出的结论是：郑各庄村的建设是按照规划和政策循序渐进、合规合法的，是实现村庄发展规划的一个步骤，同以卖地、卖房为捞钱手段的短期行为有根本的不同，如果按照对付所谓"小产权"的方式处理，很可能有违于新型城镇化的方向。

有鉴于此，我们建议，在当前群众路线的教育实践活动中，北京市委、北京市人大、北京市政府应就如何推进城乡接合部村域城市化问题开展专题调研，主要领导亲自到基层了解实际情况，倾听干部群众的呼声，并组织相关部

---

① 郑振源：《改革征地制度》，《南方周末》2013年7月11日，第31版。

门和专家学者研究推进村域城市化的经验教训，统一思想认识，推动法律创新，提出改进办法。在《土地管理法》修改以前，建议北京市政府在城乡接合部有条件自主推进村域城市化的地方，允许它们采取重点村改造，实行土地政策创新和规划调整的做法。

本报告调研由赵树枫负责，黄小虎、刘守英、张强、李凌、柴浩放、张秋锦、陈雪原参与座谈、调查和报告修改，赵树枫、杨秋玲整理。2013 年 9 月 22 日完成终稿。

· 案例分析篇 ·

北京市门头沟区法院判决小产权房买卖合同有效案分析[*]

一　事件回溯

2010 年 1 月 8 日，朱先生看上了一套位于北京市郊的村民自建房，其与房东阴女士签订了书面的《房屋买卖协议》。协议约定，阴女士将其所有的位于北京市门头沟区军庄某村庄内的一套房屋出售给朱先生，售价为 45 万元整。1 月 5 日，朱先生交纳了定金 1 万元给阴女士，合同签订当天补齐了剩余的 44 万元房款。

合同签订之前，朱先生已经知道该房屋不具有正式的产权证，也完全不具备办理正式产权手续的条件，该房屋系农村的小产权房屋。但是由于房屋价格对比市售商品房价格优势明显，朱先生还是选择了购买该房屋。

2013 年下半年，随着北京房价的疯长，朱先生购买的这套小产权房的价格也随之飙升。在卖出房屋两年多后，原房主阴女士觉得之前的交易实在"太亏"，萌生了毁约的想法。经过了解，她意识到自己卖出的房屋是小产权房，现行的法律并不保护这一次交易，遂将朱先生告上法庭，要求法院判定 2010 年 1 月 8 日与朱先生签订的《房屋买卖合同》无效。

受理此案的北京市门头沟区人民法院经审理认为，该合同为依法成立的合同，受法律保护。本案中，买卖双方于 2010 年 1 月 8 日签订的《房屋买卖协议》是当事人真实的意思表示，且不违反法律、行政法规的强制性规定，应为有效合同。加之，双方当事人均明确在买卖诉争房屋时，对于该房屋系小产权房的事实均知情，鉴于我国对小产权房的相关法律规定尚未出台，且双方当

---

　　*　本课题组负责人：张英洪。执笔人：程雪阳，苏州大学王健法学院副教授，法学博士。

事人就诉争房屋正式产权手续的办理无明确预定，故法院对于原告要求确认《房屋买卖合同》无效的诉讼请求，不予支持。2013 年 12 月 2 日，法院判决驳回了原告阴女士的诉讼请求。①

事实上，近几年，关于小产权房屋买卖合同是否受法律保护的案例和讨论，在中国每年都会发生很多，法院判决的结果也各不相同。比如 2007 年的李玉兰与马海涛小产权房买卖纠纷案（即著名的北京宋庄画家村案）中，一审法院和二审法院就认为，宅基地的使用权是农村集体经济组织成员享有的权利，与享有者特定的身份相联系，非本集体经济组织成员无权取得或变相取得。马海涛与李玉兰所签的《房屋买卖协议书》的买卖标的物不仅是房屋，还包含相应的宅基地使用权。李玉兰并非通州区宋庄镇辛店村村民，且诉争院落的集体土地建设用地使用证至今未由原土地登记机关依法变更登记至李玉兰名下。因此，马海涛与李玉兰签订的房屋买卖协议无效。②

而审理上述朱先生与阴女士房屋买卖一案的门头沟法院，在 2013 年底也作出过相反的判决。比如，在 2013 年 11 月 19 日的高永茂诉北京市门头沟区龙泉镇西辛房村村委会房屋买卖合同纠纷案、2013 年 12 月 18 日的姚小娴诉北京市门头沟区龙泉镇西辛房村村委会房屋买卖合同纠纷案以及 2014 年 5 月 15 日的郝攀诉北京市门头沟区龙泉镇西辛房村村委会房屋买卖合同纠纷案，门头沟法院就认为，西辛房村委会将建造在本村集体土地上的房屋出售给高永茂等人，而高永茂等并非该集体经济组织成员，故双方的买卖行为违反国家法律的强制性规定，应属于无效。合同无效后，因该合同取得的财产，应当予以返还，有过错的乙方应当赔偿对方因此受到的损失，双方都有过错的，应当各自承担相应的责任。在这两个案件中，高永茂和姚小娴都是 2006 年 12 月与西辛房村委会签订的房屋买卖合同，当时门头沟龙泉镇人民政府都出具了证明，证明涉案房屋系西辛房村在本村集体土地上兴建的村民住宅楼。③

---

① 莫丽娟：《北京现小产权房买卖被法院认可案例》，http：//house. china. com. cn/newhouse/newsview707904. htm。

② 北京市第二中级人民法院（2007）二中民终字第 13692 号民事判决。该案的一审由北京市通州区人民法院做出，案件编号为北京市通州区人民法院（2007）通民初字第 1031 号民事判决。

③ "高永茂诉北京市门头沟区龙泉镇西辛房村村委会房屋买卖合同纠纷案"北京市门头沟法院民事判决书（2013）门初字第 3057 号。"姚小娴诉北京市门头沟区龙泉镇西辛房村村委会房屋买卖合同纠纷案"北京市门头沟法院民事判决书（2013）门初字第 3255 号。"郝攀诉北京市门头沟区龙泉镇西辛房村村委会房屋买卖合同纠纷案"北京市门头沟法院民事判决书（2014）门初字第 1320 号。

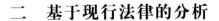

二 基于现行法律的分析

门头沟法院认定朱先生与阴女士房屋买卖合同有效的判决作出以后，立刻引来了社会的关注。有学者认为小产权房"建设本身是违法的，交易也是违法的，……作为违法建设的'小产权房'，其自身的利益以及其交易的利益均不是也不应是法律保护的权益，相关部门应当对违法的'小产权房'依法处置，避免人们从其违法行为中获利"。[①] 不过，也有学者认真研究了宪法和土地管理法之后，得出结论说，我国法律"在农村集体土地上并不完全禁止农民建房并且进行交易"。[②]

为何会出现这种截然对立的观点和结论呢？在笔者看来，这首先是因为人们所使用的术语具有很大的模糊性，比如，大家都在讨论"小产权房"，但对于"什么是小产权房"却并没有统一的认识。其次，很多人没有区分法律和政策，将政府的规范性文件中所表达出来的政策意见视为法律规定。最后，现行法律的相关规定过于模糊，无法让人得出明确的答案。

为了更清晰地讨论这个问题，笔者认为，应当首先用"农村住宅"来代替"小产权房"这一较为模糊的概念，[③] 然后要依照宪法的规定和精神，对与

---

① 杨建顺：《"小产权房"不受也不应受法律保护》，《检察日报》2013年12月25日。
② 秦前红：《小产权房困局之下的司法迷失》，《财经》2013年第37期。
③ 经济学家华生教授最近提出，小产权房不包括农民自住用的农地农房，只包括"农民在集体土地上建造的用于出租和出售的住宅"。所以"我们讨论的是今天城郊在集体土地上建造的用于出租出售（其实主要是出售）的商品性住宅是否违规违法"问题，而不是所有的农村住宅问题，参见华生：《小产权房合法化会不会天下大乱？》，《经济观察报》2014年6月28日。如果按照华先生的这个分类，农村的房屋可以分为自住型房屋和商用型的房屋两个类别。他反对后一种住宅进入房地产市场，因为这是违法的。然而，什么是"农民在集体土地上建造的用于出租和出售的住宅"？应该采用主观说（即依赖于农民在建造房屋时的自我宣布为自住或者出售）呢，还是采用客观说（即不管建造房屋时是何用途，只要出租或者出售即为小产权房）呢？如果采用前者，农民之前用于自住，后来将其全部或者部分出售的住宅是否属于"小产权房"呢？如何采用后者，那么农民或者农民集体最初是打算开发商品性住宅出售，结果因为种种原因（比如房地产市场不景气或者区位不好）无法出售，转为自住，那么这些住宅又是不是华先生所说的"小产权房"呢？对于上述问题，华先生恐怕很难给出一个逻辑一致的答案。虽然在现实中房屋确实可以分为自住型房屋和商用型房屋，但这种对于房屋用途的界定，完全取决于住宅所有权人在社会生活中的需要，这种界定一夜之间就可能会发生变化。除非我们的法律明确规定农村每户只能拥有多少平方米的房屋，多余的房屋全部算作商用型住宅，否则的话，对于讨论"小产权房是否合法"这个问题而言，这种分类基本是不能成立的。

小产权房建设和交易有关的法律、法规和其他规范性文件进行合宪性和合法性分析。依照笔者的梳理，涉及小产权房问题的法律主要有《物权法》《土地管理法》《城市房地产管理法》《城乡规划法》《建筑法》，涉及的部门规章有《建筑工程施工许可管理办法》《房屋登记办法》，涉及的规范性文件有《国务院办公厅关于加强土地转让管理严禁炒卖土地的通知》（1999）、《国务院关于深化改革严格土地管理的决定》（2004）、《国务院办公厅关于严格执行有关农村集体建设用地法律和政策的通知》（2007）等，笔者将逐一进行分析。

（一）《物权法》和《土地管理法》

让我们首先看一下 1998 年修改颁布的《土地管理法》。依据该部法律的规定，任何单位和个人进行建设，需要使用土地的，必须依法申请使用国有土地，但村民建设住宅、兴办乡镇企业以及乡（镇）村公共设施和公益事业除外（第 43 条）。另外，村民建设住宅必须符合三个条件：①应当符合村庄和集镇规划，以及乡（镇）土地利用总体规划和土地利用年度计划（第 59 条）；②农村村民一户只能拥有一处宅基地，其宅基地的面积不得超过省、自治区、直辖市规定的标准（第 62 条）；③如果村民建设住宅涉及占用农用地的，应当办理农用地转用审批手续（第 44 条）。就是说，村民建设住宅不需要申请国有土地，可以直接在自己的宅基地上建设住宅，而且只要不违反规划，其可以在自己的宅基地上建设多层和高层住宅。2007 年颁布的《物权法》也确认了这一点，其第 152 条规定"宅基地使用权人依法对集体所有的土地享有占有和使用的权利，有权依法利用该土地建造住宅及其附属设施"。

那么，村民在合法宅基地上建筑的房屋是否可以在房地产市场上进行交易呢？《物权法》第 153 条规定"宅基地使用权的取得、行使和转让，适用土地管理法等法律和国家有关规定"。然而，无论是自住房屋，还是非自住房屋（比如多层或高层住宅中的房屋），《土地管理法》并没有禁止出让、转让或出租的明确规定，仅仅要求"农村村民出卖、出租住房后，再申请宅基地的，不予批准"（第 62 条第 4 项）。

那么，为何会有很多人认为《土地管理法》禁止"农村住宅交易"呢？核心问题在于，该法第 63 条关于"农民集体所有的土地的使用权不得出让、转让或者出租用于非农业建设；但是，符合土地利用总体规划并依法取得建设用地的企业，因破产、兼并等情形致使土地使用权依法发生转移的除外"的规定。

从表面上来看，这条规定的含义似乎是禁止"农村住宅交易"的，然而如果认真分析这一条款，就会发现这一规定令人相当困惑。如果暂且搁置后面的但书规定，仅仅聚焦前半句的规定，那就会认为，第 63 条的规范含义应当是农民集体所有的农业用地（而不是所有的集体土地）的使用权不得出让、转让或者出租用于非农业建设，农民是否向本村以外的人出让、转让或者出租集体建设用地使用权与本条规定无关。之所以得出这个结论，是因为"农民集体所有的土地的使用权不得出让、转让或者出租用于非农业建设"这一规定，是不能被解释为"农民集体所有的建设用地使用权不得出让、转让或者出租用于非农业建设"的——其中的道理很简单，所谓"建设用地"，就是指该块土地已经用于非农业建设了，再规定其不能"出让、转让或者出租用于非农业建设"，不但在语言逻辑上存在问题，而且在实践上也是没有意义的。

然而，如果我们将该条规定作为一个整体来理解的话，就会认为第 63 条的规范含义应该是"集体建设用地的使用权不得出让、转让或者出租用于非农业建设；但是，符合土地利用总体规划并依法取得建设用地的企业，因破产、兼并等情形致使土地使用权依法发生转移的除外"，而不能是"集体农业用地的使用权，不得出让、转让或者出租用于非农业建设"。原因很简单，"集体农业用地使用权不得出让、转让或者出租用于非农业建设"与"符合土地利用总体规划并依法取得建设用地的企业，因破产、兼并等情形致使土地使用权依法发生转移的除外"这一但书规定根本就不应当写到一个条文里面，因为这种做法不但构不成一个有意义的规范，而且也不符合正常的"原则+但书"的法条结构。

由此观之，《土地管理法》第 63 条是一个存在内在张力和逻辑混乱的法律规范，其将"维护国家对建设用地市场的一级垄断"和"耕地保护"这两个并不太相关的问题纠缠在一起，造成了理解和实践上的困惑。

事实上，在《土地管理法》制定之初，这一规定并不存在，1986 年该法刚出台时并没有类似的规定。1988《土地管理法》进行第一次修订，但此次修订非但没有上述规定，反而明确规定，"国有土地和集体所有的土地的使用权可以依法转让。土地使用权转让的具体办法，由国务院另行规定"。① 遗憾

---

① 《土地管理法》（1988 年 12 月 29 日第七届全国人民代表大会常务委员会第五次会议修订）第 2 条第 4 款。

的是，国务院仅仅在 1990 年制定了《中华人民共和国城镇国有土地使用权出让和转让暂行条例》，并没有制定集体土地使用权转让的具体办法。

1998 年，在《土地管理法》修订的过程中，又有很多民众和地方政府（或其组成部门）希望建立集体土地流转和有偿使用制度。比如，"有的地方、群众提出，为了切实保护耕地，禁止农用地使用权进入市场转为建设用地是必要的，但是已经转为建设用地的集体土地应当允许流转，这也是已经普遍发生的情况，是符合市场经济要求的"。① 浙江省土地管理局以及杭州、绍兴等地市级的土地管理局认为，"国有土地实行有偿使用的制度适用的范围太小，应当将其扩大到集体土地。实际上目前集体土地也正在实行土地有偿使用制度，……建议规定集体土地实行有偿使用制度"。② 四川省则建议在土地管理法中增加"农民集体所有的土地使用权，在不改变所有权和土地用途的前提下，可以依法转让、出租或者抵押。具体办法由国务院规定"。③

但立法者再次拒绝了这些建议，并在该部法律中对集体土地增加了新的限制性规定，"任何单位和个人进行建设，需要使用土地的，必须依法申请使用国有土地；但是，兴办乡镇企业和村民建设住宅经依法批准使用本集体经济组织农民集体所有的土地的，或者乡（镇）村公共设施和公益事业建设经依法批准使用农民集体所有的土地的除外"，④ "农民集体所有的土地的使用权不得出让、转让或者出租用于非农业建设；但是，符合土地利用总体规划并依法取得建设用地的企业，因破产、兼并等情形致使土地使用权依法发生转移的除外"。⑤

在随后出台的权威释义中，立法者警告说，"由于我国的土地市场刚刚建立，政府管理土地市场的各项措施还不健全，加上前几年'房地产热''开发区热'造成大量的闲置土地，如果再允许集体土地进入市场，将又有大量集体土地变为建设用地，形成更多的闲置土地，国有土地使用制度改革也将难以进行"。⑥

---

① 转引自卞耀武主编《中华人民共和国土地管理法释义》，法律出版社，1998，第318页。
② 转引自卞耀武主编《中华人民共和国土地管理法释义》，法律出版社，1998，第366页。
③ 转引自卞耀武主编《中华人民共和国土地管理法释义》，法律出版社，1998，第381页。
④ 《土地管理法》（1998年8月29日第九届全国人民代表大会常务委员会第四次会议修订）第43条。
⑤ 《土地管理法》（1998年8月29日第九届全国人民代表大会常务委员会第四次会议修订）第63条。
⑥ 卞耀武主编《中华人民共和国土地管理法释义》，法律出版社，1998，第176页。

借此，集体土地的大部分建设用地使用权受到法律的严格限制，甚至可以说是被土地管理法无偿国有化了。现在看来，这种土地管理制度确实是有很多优点的，比如有力地推动了国有土地有偿出让制度改革，有力地改善了地方政府的财政收入，有力地促进了中国经济在 20 世纪 90 年代以后的高速发展。但与此同时，其所带来的弊端也越来越明显，比如，地方政府患上了"土地财政依赖症"，集体土地权利人被剥夺了大部分土地的增值收益，城市"摊大饼"式的扩张以及由此产生了"扭曲的城市化"和"土地的城市化快于人口的市民化"等恶果。① 鉴于现实中存在的这些问题已经广为人知，笔者就不做过多论述了。这里想重点强调的是，从宪法学的角度来看，这种土地管理制度是存在违宪嫌疑的。

之所以得出这一结论，一方面是因为根据我国现行《宪法》第 10 条第 1款和第 2 款的规定，我国的土地所有权分为国家所有和集体所有两种形式。依照这种宪法体制，这两种土地所有权以及由其所衍生出来的其他权利在法律地位上应该是平等的，权利内涵应当是一致的；另一方面，1988 年通过的《宪法》第 2 条修正案将《宪法》第 10 条第 4 款由原来的"任何组织或者个人不得侵占、买卖、出租或者以其他形式非法转让土地"规定，修改为"任何组织或者个人不得侵占、买卖或者以其他形式非法转让土地。土地的使用权可以依照法律的规定转让"，其修宪意图在于强调土地的使用权，无论是国有土地使用权还是集体土地使用权，原则上都是可以转让的，只有例外的情况下才可以依照法律的规定进行限制。② 但土地管理法将原则变成了例外，将例外变成了原则。

有人可能会说，宪法已经授权立法者就土地使用权流转进行立法了。所以土地使用权的流转规则如何制定属于立法者的自由，所以土地管理法的上述规定是合乎宪法的，并不存在违宪的问题。这种辩护貌似有道理，但实际上之所以持这种观点，是没有真正全面地认识宪法与具体法律之间的关系。

宪法关于"土地的使用权可以依照法律的规定转让"的规定，确实赋予

---

① 2011 年，《人民日报》发表文章称"当前，我国城镇化率是 46.59%，而城镇户籍人口占总人口的比例只有约 33%。这意味着有 13.6% 即 1.28 亿生活在城镇里的人没有真正城市化。许多进城农民并没有成为真正的市民。还有一些农民坐地被城市化，成了'扛锄头的市民'"，该文借此呼吁"城市化是人的市民化，而不是土地的城市化"。参见高云才《城市化不能"大跃进"》，《人民日报》2011 年 2 月 14 日。

② 相关详细论述参见程雪阳《土地发展权与土地增值收益》，《法学研究》2014 年第 5 期。

了立法者可以通过立法的形式来具体化宪法的权力，或者说，立法者在授权的范围内具有"立法形成自由"。然而，这种"立法形成自由"是有限度的，当其限制宪法权利时，这种限制也是要受到限制的，不能侵犯到该项权利的核心和本质，以及宪法的核心内容和价值追求。然而，土地管理法关于集体建设用地的规定恰恰侵犯到了集体建设用地使用权的核心和本质。

如果人们对这一点没有直观的认识，那可以将集体建设用地使用权与国有建设用地使用权进行对比。根据现行的法律和法规，国有建设用地不仅能够用作商务用地、工矿仓储用地、住宅用地、公共管理与公共服务用地（包括机关团体用地、新闻出版用地、科教用地、医卫慈善用地、文体娱乐用地、风景名胜设施用地）、特殊用地（包括军事设施用地、使领馆用地、监教场所用地等）、交通运输用地等用途，而且这些土地使用权几乎都是可以转让的。集体建设用地则只能用于兴办乡镇企业、村民住宅、乡（镇）村公共设施和公益事业建设，而且只有在乡镇企业破产时才可以进行转让。这很明显是对集体土地权利的不当限制，是违背《宪法》第 24 条修正案"国家尊重和保障人权"，第 13 条第 1、2 款关于"公民的合法的私有财产不受侵犯。国家依照法律规定保护公民的私有财产权和继承权"的规定的。不过，由于我国目前的宪法实施机制不够完善，违宪的部门法不能得到及时有效的审查，所以这些有违宪嫌疑的部门法才会生效到今日。

在司法实践中，还有法院认为农村房屋买卖违背了《土地管理法》第 10 条关于"农民集体所有的土地依法属于村农民集体所有的，由村集体经济组织或者村民委员会经营、管理；已经分别属于村内两个以上农村集体经济组织的农民集体所有的，由村内各该农村集体经济组织或者村民小组经营、管理；已经属于乡（镇）农民集体所有的，由乡（镇）农村集体经济组织经营、管理"的规定，① 因此相关房屋买卖合同无效。这种法律适用是可疑的，因为既然土地管理法赋予了村集体经济组织或者村民委员会经营、管理农民集体所有土地的权力，那么村集体经济组织或者村民委员会在获得村民（比如经过村民大会表决）同意的前提下，就可以出售或者出租集体的土地。

还有的法院认为，农村房屋买卖违背了《土地管理法》第 8 条关于"城市市区的土地属于国家所有。农村和城市郊区的土地，除由法律规定属于国家

---

① 比如："姚小娴诉北京市门头沟区龙泉镇西辛房村村委会房屋买卖合同纠纷案"北京市门头沟法院民事判决书（2013）门初字第 3255 号；"郝攀诉北京市门头沟区龙泉镇西辛房村村委会房屋买卖合同纠纷案"北京市门头沟法院民事判决书（2014）门初字第 1320 号。

所有的以外，属于农民集体所有；宅基地和自留地、自留山，属于农民集体所有"的规定，① 因为"宅基地使用权是农村集体经济组织成员享有的权利，与享有者特定的身份相联系，非本集体经济组织成员无权取得或变相取得"。

这种意见的本质涉及三个重大问题：①《土地管理法》第 8 条与《宪法》第 10 条第 1 款和第 2 款的规范性质；②如何理解"集体所有"；③集体成员的权应当如何界定，值得认真分析。

《土地管理法》第 8 条的规定是对现行《宪法》第 10 条第 1 款和第 2 款"城市的土地属于国家所有。农村和城市郊区的土地，除由法律规定属于国家所有的以外，属于集体所有；宅基地和自留地、自留山，也属于集体所有"的"具体化"。然而，诚如笔者之前所指出的那样，《土地管理法》的这一具体化也并没能将《宪法》第 10 条第 1、2 款模糊的规定明确下来。比如，什么是"城市"，如何界定"城市"或者"城市市区"呢？什么是"集体"；如何界定"集体所有"呢？"城市的土地属于国家所有"又具有什么样的规范内涵呢？② 这些问题依照现有的法律是解释不清楚的。

在 2014 年发表的一篇文章中，笔者提出，从字面上来看，现行《宪法》第 10 条第 1 款和第 2 款都是用陈述句，但作为《宪法》正文的组成部分，它们不应当是对某种事实的描述，而应当是某种类型的规范。具体到《宪法》第 10 条第 2 款关于农村和城市郊区的土地，除由法律规定属于国家所有的以外，属于集体所有；宅基地和自留地、自留山，也属于集体所有的规定，其应该是一个授权性宪法规范，具体的规范的含义应是"农村和城市郊区的土地可以属于集体所有，也可以不属于集体所有（比如属于国家所有或者其他主体所有）；宅基地和自留地、自留山，可以属于集体所有，也可以不属于集体所有（比如属于国家所有或者其他主体所有）"。③ 如果这种宪法解释方案可以接受的话，那么宅基地就不必然，也不必须属于集体所有，其完全可以属于国家（比如通过土地征收获得）或者其他主体（比如通过继承或者交易获得）所有。

---

① 比如，"李金华诉卢文明农村房屋买卖合同纠纷案"北京市房山区人民法院民事判决书（2013）房初字第 09193 号。
② 程雪阳：《中国的土地产权制度：基于宪法第 10 条的分析》，《法律和社会科学》2010 年第 2 期。
③ 程雪阳：《论"城市的土地属于国家所有"的宪法解释》，《法制与社会发展》2014 年第 1 期。

有一些人认为农村的宅基地是由集体无偿分配的，所以不能将宅基地变成个人所有。这种理解是偏颇的，不能成立。理由是，在1958年之前，中国农村中的宅基地都是属于私人购买或者通过继承得来的，并不是由集体无偿分配的。1958年人民公社兴起以后，不但生产资料要被"公有化"，而且包括宅基地等生活资料也要被"公有化"。比如经毛泽东同志亲自修改并作为全国人民公社样板的《嵖岈卫星人民公社简章（草案）》第4条规定"各个农业合作社合并为公社，根据共产主义大协作的精神，应该将一切公有财产交给公社，多者不退，少者不补。……因为迁入和长大到十六周岁而入社的社员不要补交股份基金；迁出和死亡的，也不能抽走股份基金"。第5条接着规定，"根据共产主义大协作的精神，应将包括土地在内的一切公有财产交给公社，多者不退，少者不补。在基本上实现了生产资料公有化的基础上，社员转入公社，应该交出自留地，并且将私有的房基、牲畜、林木等生产资料转为全社公有，但可以留下小量的家畜，家畜仍归个人所有"。

为何要将"私有的房基"转为全社公有呢？时任国家主席的刘少奇同志在1959年的讲话中讲得很清楚，人民公社"是在高级农业生产合作社的基础上发展走来的新的社会组织"。其与高级社最大的区别就是，前者"在组织生产的同时又组织生活，实行国家在农村的基层政权机构和公社的管理机构的合一"。既然人民公社不仅要组织生产，还要组织生活，那么宅基地自然要归公，然后统一分配了。①

不幸的是，随后的历史证明，中国人对于未来的设想实在过于乐观。经过了20多年残酷的社会实践之后，人民公社体制"许诺"给人们的美好生活非但没有实现，反而带来了持久的贫困、饥饿和灾难，所以，20世纪80年代以后，人民公社体制只能解体。依照1983年的改革要求，"人民公社的体制，要从两方面进行改革。这就是，实行生产责任制，特别是联产承包制；实行政社分设"。"在政社分设后，基层政权组织，依照宪法建立。"② 1984年的1号文件紧接着补充说"政社分设以后，农村经济组织应根据生产发展的需要，在群众自愿的基础上设置，形式与规模可以多种多样，不要自上而下强制推行某

---

① 刘少奇：《马克思列宁主义在中国的胜利：庆祝中华人民共和国成立十周年，为"和平和社会主义问题"杂志而作》（1959年9月14日），《山西政报》1959年第19期。

② 《印发〈当前农村经济政策的若干问题〉的通知》（1983年1月2日）（又称1983年中共中央1号文件）。

一种模式。……。这种组织，可以叫农业合作社、经济联合社或群众选定的其他名称；可以以村（大队或联队）为范围设置，也可以以生产队为单位设置。……此外，农民还可不受地区限制，自愿参加或组成不同形式、不同规模的各种专业合作经济组织"。①

不过，1984 年的 1 号文件所要求的改革并不彻底，因为其在做出上述规定的同时，又允许"农村经济组织可以同村民委员会分立，也可以一套班子两块牌子"。此后的历史大家都知道了，农村经济组织渐渐式微，甚至被人遗忘，村民委员会则成了农民集体的代名词。比如 2003 年开始实施的《农村土地承包法》第 12 条还在规定，"农民集体所有的土地依法属于村农民集体所有的，由村集体经济组织或者村民委员会发包"，2010 年修订的《村委会组织法》第 8 条就直接规定"村民委员会依照法律规定，管理本村属于村农民集体所有的土地和其他财产"了。于是"政社分设"的改革成了一个不断确认和加固的"改革烂尾楼"。

今天我们回过头来再去审视这段历史，那就必须要问，既然人民公社解体了，那么人民公社体制下的"既管生产，又管生活"式的集体所有是不是也应当放弃呢？作为生活资料的宅基地是不是也可以归农民私人所有呢？从理论上来说，答案应当是肯定的。比如，东欧的一些社会主义国家（匈牙利、罗马尼亚等）虽然也对其国内土地实行了国有化和集体化，但它们直到 1989 年时仍允许宅基地私有。②

可惜的是，中国的改革者在 20 世纪 80 年代的改革中似乎并没有注意到这个问题，反而将"宅基地和自留地、自留山也属于集体所有"写入 1982 年宪法，导致了今天的许多问题难以解决。比如农民子弟通过考学、工作或者经商等途径在城市定居以后，农村的承包地、宅基地和宅基地上的房屋处理问题，外嫁女、入赘的女婿以及新生人口是否分配承包地和宅基地的问题，承包地要不要过几年调整一次的问题等。这些问题不仅困扰着依然生活在农村的农民，也困扰着那些已经进入城市的农民和他们的子女。如果集体所有不按照产权明确和确权登记思路进行改革的话，未来中国经济的健康发展和社会的和谐稳定前景堪忧。

未来如何解决这些难题呢？依照笔者的看法，关键还是要在区分农民政治

① 《中共中央关于一九八四年农村工作的通知》（1984 年 1 月 1 日）。
② 周诚：《土地经济学》，中国农业出版社，1989，第 151、248 页。

成员权和经济成员权的基础上，拆掉 30 年前留下的"政社不分"的"改革烂尾楼"。所谓政治成员权就是某个公民在某个行政村居住到一定年限，就可以参与这个村庄的政治生活，比如，就可以参加行政村村主任的选举和被选举等政治事务。就像一个公民获得一个国家的国籍那样，这种成员权可以基于出生和居住期限获得，也可以因为迁出和死亡而消灭。经济成员权则是基于财产而形成，其不因人的出生、死亡以及户籍所在地或者居住地发生变化而取得或者灭失。

比如某个公司的股东，如果其去世，那么其股份可以由其子女或者其他亲属继承，并不归公司所有，即便是其生了一个孩子，但这个孩子也不能基于其父亲是公司股东，就自然取得该公司股东的身份，除非其购买或者从其父亲那里继承了这个公司的股权。农村的宅基地和农地也是一样的。凡是想在某个农村居住或耕种土地的公民，其应该通过从家庭内部继承或者在市场上购买的方式获得农地或宅基地，不能仅仅基于其出生在某个农村，就要求这个村给其无偿分配宅基地和农地。事实上，20 世纪八九十年代，中国的城市土地和房屋都进行了市场化和商品化改革，但农村的土地和房屋制度依然延续 1958 年人民公社的体制。所幸，执政党已经意识到了其中的问题，党的十八届三中全会讲"保障农民集体经济组织成员权利，积极发展农民股份合作，赋予农民对集体资产股份占有、收益、有偿退出及抵押、担保、继承权"就是要推动这方面的改革。

(二)《城市房地产管理法》

有人可能会说，依据 1994 年《城市房地产管理法》第 9 条关于"城市规划区内的集体所有的土地，经依法征用转为国有土地后，该幅国有土地的使用权方可有偿出让"的规定，农村住宅不得直接进入房地产市场进行流通。这样的理解是正确的，但需要注意以下几个方面。

（1）《城市房地产管理法》的效力范围仅仅及于城市规划区，城市规划区外集体土地上的房屋以及宅基地是否可以转让，该部法律并没有明确规定——当然，这个问题也不是《城市房地产管理法》应该规范的范围。所以，我们不能笼而统之地认为，农村住宅在房地产市场交易是违法的。

（2）《城市房地产管理法》的这一规定也有违宪的嫌疑，其同样否定了1988 年《宪法》第 2 条修正案关于"任何组织或者个人不得侵占、买卖或者以其他形式非法转让土地。土地的使用权可以依照法律的规定转让"的规定。

由于具体的论证与上文 1998 年《土地管理法》的违宪理由一样，所以这里不再重复。但需要指出的是，1994 年，在审议《城市房地产管理法》草案的过程中，有一些全国人大常委会委员明确反对草案中"集体所有的土地，经依法征用转为国家土地后，该幅国有土地的使用权方可出让"的规定，并提出"集体所有的土地，应当允许由所有权人出让，当然应当有所限制，如基本农田保护区的土地不得出让。理由是，1988 年 4 月七届全国人大第一次会议通过的宪法修正案规定，土地的使用权可以依照法律规定转让；1988 年 12 月七届全国人大常委会第五次会议通过的对土地管理法的修订，明确规定集体所有的土地的使用权可以依法转让。集体所有的土地的所有权，包含对土地的使用权、收益权、处分权，这些权益理应可以由所有权人出让。如果所有权人无权出让，只有征用后才能出让进入房地产市场，是不合理的，也是与《宪法》和《土地管理法》的规定不一致的"。①

然而，全国人大法律委员会在研究了各方面的意见之后认为，"在这个问题上，必须认真贯彻党的十四届三中全会的精神，我国地少人多，必须十分珍惜和合理利用土地资源，加强土地管理，切实保护耕地，严格控制农业用地转为非农业用地。国家垄断城镇土地一级市场。同时本法应当与《宪法》和《土地管理法》相衔接，建议将草案第九条修改为'城市规划区内的集体所有的土地，经依法征用转为国有土地后，该幅国有土地的使用权方可有偿出让'"。② 第八届全国人大常委会第八次会议同意上述建议，最终还是将这一规定纳入正式法律文本。③

那么，村民将合法的住宅卖给村集体以外的人到底是合法还是非法？笔者的结论是：①现行的《土地管理法》无法回答这个问题，因为该法第 63 条的规定根本无法提供准确的答案；②如果案件标的涉及的是城市规划区以外的农村住宅，门头沟法院的判决是正确的，因为现行法律在这方面并没有明确的禁止性规定；③如果涉及城市规划区范围内的农村住宅，通州法院的判决是正确的，因为《城市房地产管理法》确实禁止城市规划区的集体土地直接在土地市场上流转。不过，由于《城市房地产管理法》的这一规定具有违宪嫌疑，

---

① 转引自房维廉主编《中华人民共和国城市房地产管理法释义》，人民法院出版社，1994，第 233 页。

② 转引自房维廉主编《中华人民共和国城市房地产管理法释义》，人民法院出版社，1994，第 233 页。

③ 参见《城市房地产管理法》（1994 年 7 月 5 日八届人大常委会第八次会议通过）第 8 条。

因此法院应当将相关案件提交全国人大常委会，由后者依据《宪法》第 67 条的授权对《城市房地产管理法》进行合宪性审查。

（三）《城乡规划法》和《建筑法》

还有一种意见认为，小产权房违反了建筑法，比如经济学家华生先生最近就提出，农民"建造多层和高层住宅的，违反了'建筑法'中除乡村低层住宅外必须申请建筑许可（这个申请以规划许可为前提）的规定"。[①] 笔者查阅了一下《建筑法》和相关规定，发现华先生的说法并不可靠。

首先，我国现行的《建筑法》确实规定，在中华人民共和国境内从事建筑活动，建筑工程开工前，建设单位应当按照国家有关规定向工程所在地县级以上人民政府建设行政主管部门申请领取施工许可证，但是，国务院建设行政主管部门确定的限额以下的小型工程除外。[②] 1999 年 10 月 14 日通过的《建筑工程施工许可管理办法》将这一规定中的"小型工程"进一步具体化为"工程投资额在 30 万元以下或者建筑面积在 300 平方米以下的建筑工程，可以不申请办理施工许可证"，"抢险救灾工程、临时性建筑工程、农民自建两层以下（含两层）住宅工程，不适用本办法"。[③] 由此观之，农民自建两层以下（含两层）住宅工程，以及工程投资额在 30 万元以下或者建筑面积在 300 平方米以下的建筑工程，即使不申请施工许可证也并没有违反《建筑法》。

其次，如果农民（集体）在城市规划区内的集体土地上建造多层和高层住宅，依照《建筑法》第 8 条的规定，必须申请施工许可证，而申请施工许可证的前提是申请人必须"已经取得规划许可证"；[④] 但这里的问题在于，《城乡规划法》只规定了在城市、镇规划区内国有土地上建设项目核发建设用地

---

① 华生：《小产权房合法化会不会天下大乱?》，《经济观察报》2014 年 6 月 28 日。

② 《建筑法》第 2、7 条（1997 年 11 月 1 日八届全国人大常委会第 28 次会议通过）。

③ 《建筑工程施工许可管理办法》第 2、16 条（1999 年 10 月 14 日原建设部第 16 次部常务会议通过）。

④ 《建筑法》第 8 条规定，申请领取施工许可证，应当具备下列条件：（一）已经办理该建筑工程用地批准手续；（二）在城市规划区的建筑工程，已经取得规划许可证；（三）需要拆迁的，其拆迁进度符合施工要求；（四）已经确定建筑施工企业；（五）有满足施工需要的施工图纸及技术资料；（六）有保证工程质量和安全的具体措施；（七）建设资金已经落实；（八）法律、行政法规规定的其他条件。

规划许可证的条件和程序。① 城市规划区内集体土地上进行的建设工程是否可以核发规划许可证，则不明确。不过从该法第 38 ~ 39 条关于"城市、县人民政府城乡规划主管部门不得在建设用地规划许可证中，擅自改变作为国有土地使用权出让合同组成部分的规划条件"，"规划条件未纳入国有土地使用权出让合同的，该国有土地使用权出让合同无效"的规定来看，城市规划区的集体土地断然是不可能申请到建设用地规划许可证的。如果我们再结合《城市房地产管理法》第 9 条关于"城市规划区内的集体所有的土地，经依法征用转为国有土地后，该幅国有土地的使用权方可有偿出让"的规定来看，城市规划区的集体土地唯有被依法征用转为国有土地，并在土地一级市场被政府出让以后，方可申请建设用地规划许可证。当然，上文已经讨论了这个问题，这种制度设计是违宪的。

最后，如果建筑工程位于城市规划区外，是否需要申请施工许可证和规划许可证，《建筑法》对此没有明确规定。不过，依据 2007 年《城乡规划法》规定，"在乡、村庄规划区内进行乡镇企业、乡村公共设施和公益事业建设的，建设单位或者个人应当向乡、镇人民政府提出申请，由乡、镇人民政府报城市、县人民政府城乡规划主管部门核发乡村建设规划许可证。在乡、村庄规划区内使用原有宅基地进行农村村民住宅建设的规划管理办法，由省、自治区、直辖市制定。在乡、村庄规划区内进行乡镇企业、乡村公共设施和公益事业建设以及农村村民住宅建设，不得占用农用地；确需占用农用地的，应当依照《中华人民共和国土地管理法》有关规定办理农用地转用审批手续后，由城市、县人民政府城乡规划主管部门核发乡村建设规划许可证。建设单位或者

① 比如，《城乡规划法》第 37 条规定"在城市、镇规划区内以划拨方式提供国有土地使用权的建设项目，经有关部门批准、核准、备案后，建设单位应当向城市、县人民政府城乡规划主管部门提出建设用地规划许可申请，由城市、县人民政府城乡规划主管部门依据控制性详细规划核定建设用地的位置、面积、允许建设的范围，核发建设用地规划许可证。建设单位在取得建设用地规划许可证后，方可向县级以上地方人民政府土地主管部门申请用地，经县级以上人民政府审批后，由土地主管部门划拨土地"。第 38 条规定"在城市、镇规划区内以出让方式提供国有土地使用权的，在国有土地使用权出让前，城市、县人民政府城乡规划主管部门应当依据控制性详细规划，提出出让地块的位置、使用性质、开发强度等规划条件，作为国有土地使用权出让合同的组成部分。未确定规划条件的地块，不得出让国有土地使用权。以出让方式取得国有土地使用权的建设项目，在签订国有土地使用权出让合同后，建设单位应当持建设项目的批准、核准、备案文件和国有土地使用权出让合同，向城市、县人民政府城乡规划主管部门领取建设用地规划许可证。城市、县人民政府城乡规划主管部门不得在建设用地规划许可证中，擅自改变作为国有土地使用权出让合同组成部分的规划条件。"

个人在取得乡村建设规划许可证后，方可办理用地审批手续"。①

也就是说，如果在乡、村庄规划区内使用的是原有宅基地进行农村村民住宅建设的，只需要服从省、自治区、直辖市制定的规划管理办法即可。为此，笔者查找了一些省份的村镇规划建设管理条例和农村宅基地管理条例，发现各地关于在乡村住宅建设方面主要是规定宅基地的大小不能超过一定的面积，但并没有关于住宅高度和楼层的限制。② 甚至河北省政府还呼吁"各级人民政府及其有关部门和村民委员会应当鼓励农村村民建设二层以上住宅，并按照村庄和集镇规划进行旧村改造"。③ 所以，认为农民在城市规划区外的集体土地（特别是宅基地上）上建设多层或者高层住宅必然违反《建筑法》也是不正确的。

（四）《房屋登记办法》

依据《房屋登记办法》的规定，"申请村民住房所有权初始登记的，还应当提交申请人属于房屋所在地农村集体经济组织成员的证明。农村集体经济组织申请房屋所有权初始登记的，还应当提交经村民会议同意或者由村民会议授

---

① 《城乡规划法》第 41 条（十届全国人大常委会第 30 次会议于 2007 年 10 月 28 日通过）。《土地管理法》第 44 条规定，"省、自治区、直辖市人民政府批准的道路、管线工程和大型基础设施建设项目、国务院批准的建设项目占用土地，涉及农用地转为建设用地的，由国务院批准；在土地利用总体规划确定的城市和村庄、集镇建设用地规模范围内，为实施该规划而将农用地转为建设用地的，按土地利用年度计划分批次由原批准土地利用总体规划的机关批准。在已批准的农用地转用范围内，具体建设项目用地可以由市、县人民政府批准。本条第二款、第三款规定以外的建设项目占用土地，涉及农用地转为建设用地的，由省、自治区、直辖市人民政府批准。"

② 比如《广西壮族自治区农村宅基地审批管理办法》（2013 年 2 月 7 日，桂政发〔2013〕18 号）规定"农村宅基地面积，平原地区和城市郊区每户不得超过 100 平方米，丘陵地区、山区每户不得超过 150 平方米"。浙江省国土资源厅 2005 年 11 月 22 日发布的《浙江省农村宅基地管理办法》则规定，"宅基地的面积标准为：使用耕地的，最高不超过 125 平方米；使用其他土地的，最高不超过 140 平方米，山区有条件利用荒山、荒坡的，最高不超过 160 平方米。"其他的省份虽然在宅基地面积上与广西的规定有细微差别，但都没有关于宅基地高度和楼层的限制。可以参见《江苏省村镇规划建设管理条例》（1994 年 6 月 25 日江苏省第八届人民代表大会常务委员会第八次会议通过，2004 年 6 月 17 日修订）；《福建省村镇建设管理条例》（1993 年 6 月 4 日福建省第八届人民代表大会常务委员会第三次会议通过，1993 年 6 月 7 日公布，1997 年 10 月 25 日修订）；《河南省农村宅基地用地管理办法》（河南省人民政府批准于 1992 年 12 月 25 日公布实施，根据 2011 年 1 月 5 日公布的河南省人民政府令第 136 号修订）。

③ 《河北省农村宅基地管理办法》（河北省人民政府令第 73 号，2002 年 5 月 27 日）。

权经村民代表会议同意的证明材料"。① "申请村民住房所有权转移登记的，还应当提交农村集体经济组织同意转移的证明材料。农村集体经济组织申请房屋所有权转移登记的，还应当提交经村民会议同意或者由村民会议授权经村民代表会议同意的证明材料。"② "申请农村村民住房所有权转移登记，受让人不属于房屋所在地农村集体经济组织成员的，除法律、法规另有规定外，房屋登记机构应当不予办理。"③

由于我国目前没有法律或者行政法规在这个方面有例外规定，所以农村村民住房所有权转移给房屋所在地农村集体经济组织成员的，是无法进行所有权转移登记的。而根据《物权法》第 9 条的规定，"不动产物权的设立、变更、转让和消灭，经依法登记，发生效力；未经登记，不发生效力，但法律另有规定的除外"。所以有人可能由此得出结论说，农村住宅交易是违法且无效的。

对于这种观点，有以下三方面的评述。首先，现行的《房屋登记办法》是由原建设部第 147 次常务会议讨论通过，并以建设部第 168 号令的形式颁布的。在法律位阶上属于部门规章，不属于法律或者行政法规，所以农村住宅交易即使违背这个部门规章，也不必然无效，因为《合同法》第 52 条第 5 项规定，只有"违反法律、行政法规的强制性规定"，合同才自然无效。其次，依据《物权法》第 15 条的规定"当事人之间订立有关设立、变更、转让和消灭不动产物权的合同，除法律另有规定或者合同另有约定外，自合同成立时生效；未办理物权登记的，不影响合同效力"。所以即使房屋登记机构对于农村住宅在市场上的交易行为不予登记，该房屋买卖合同依然是有效的。最后，如果房屋登记机构对于农村住宅在市场上的交易行为不予登记，当事人可以依据《物权法》第 4 条关于"国家、集体、私人的物权和其他权利人的物权受法律保护，任何单位和个人不得侵犯"的规定，以及《宪法》第 13 条第 1 款、第 2 款关于"公民的合法的私有财产不受侵犯。国家依照法律规定保护公民的私有财产权和继承权"的规定，要求全国人大常委会对于《房屋登记办法》进行合法性和合宪性审查。

---

① 《房屋登记办法》（中华人民共和国建设部令第 168 号，2008 年 1 月 22 日经建设部第 147 次常务会议讨论通过）第 83 条。
② 《房屋登记办法》第 86 条。
③ 《房屋登记办法》第 87 条。

（五）其他规范性文件

通过上文的分析我们可以看出，虽然现行的各种房地产法律对农村住宅的建设和房地产市场的自由交易规定了许多不合理的限制，但这些法律并没有完全禁止小产权房和小产权房交易。那为何许多人坚定地认为小产权房是违法的呢？这就需要提及政府所发布的一系列规范性文件。

最早禁止农民住宅在市场上进行交易的规范性文件是国务院办公厅在1999年5月发布的《关于加强土地转让管理严禁炒卖土地的通知》。在这个通知中，国务院办公厅称，"农民的住宅不得向城市居民出售，也不得批准城市居民占用农民集体土地建住宅，有关部门不得为违法建造和购买的住宅发放土地使用证和房产证……对现有各种以'果园''庄园'名义进行招商和炒卖土地的开发项目进行清理，按照'谁批准、谁负责'的原则，妥善处理存在的问题，对违反规定的，要追究有关当事人的责任，构成犯罪的，要移交司法机关追究刑事责任。在清理规范之前，各地要立即停止各类'果园''庄园''观光农业'等开发项目和用地的审批"。①

2004年，国务院发布了《关于深化改革严格土地管理的决定》，该决定虽然提出要"引导新办乡村工业向建制镇和规划确定的小城镇集中。在符合规划的前提下，村庄、集镇、建制镇中的农民集体所有建设用地使用权可以依法流转"，同时却强调"加强农村宅基地管理，禁止城镇居民在农村购置宅基地"。② 随后，国土资源部要求各地"严禁城镇居民在农村购置宅基地，严禁为城镇居民在农村购买和违法建造的住宅发放土地使用证"。③

2007年，国务院办公厅又通过发布《关于严格执行有关农村集体建设用地法律和政策的通知》继续强调，要"严格控制农民集体所有建设用地使用权流转范围。农民集体所有的土地使用权不得出让、转让或者出租用于非农业建设。符合土地利用总体规划并依法取得建设用地的企业发生破产、兼并等情形时，所涉及的农民集体所有建设用地使用权方可依法转移。其他农民集体所有建设用地使用权流转，必须是符合规划、依法取得的建设用地，并不得用于商品住宅开发……农村住宅用地只能分配给本村村民，城镇居民不得到农村购

---

① 《关于加强土地转让管理严禁炒卖土地的通知》（国办发〔1999〕39号，1999年5月6日）。

② 《关于深化改革严格土地管理的决定》（2004年10月21日）。

③ 《关于加强农村宅基地管理的意见》（2004年11月2日）。

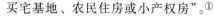

买宅基地、农民住房或小产权房"。①

为什么农民的住宅不得向城市居民出售，也不能用于商品住宅开发呢？人们惯常的解释是为了保护耕地。确实，中央政府担心城市居民去农村购买住宅会让中国的耕地流失得更快，进而威胁到粮食的安全。1999 年国务院办公厅的这个通知就是在最高领导层对耕地流失感到极为焦虑的背景下出台的。而此前，中央曾经于 1997 年下达过一项长达 1 年的"非农业建设项目占用耕地冻结命令"（之后又延长了 4 个多月），② 并在 1997 年的《刑法》中增加了"非法倒卖土地使用权罪""非法占用耕地罪""非法批准征用、占用土地罪"等罪名，③ 在 1998 年的《土地管理法》中建立了一套高度集权的土地计划管理审批制度，比如基本农田保护，农地转用审批，占补平衡，省级区域内耕地总量动态平衡和农村"一户一宅"等制度来确保粮食安全。④

不过，如果将 1998 年《土地管理法》和 1999 年的国务院办公厅通知的目

---

① 《关于严格执行有关农村集体建设用地法律和政策的通知》（国办发〔2007〕71 号，2007 年 12 月 30 日）。

② 1997 年 4 月 15 日，中共中央、国务院下发了《关于进一步加强土地管理切实保护耕地的通知》，要求从文件下发之日起冻结非农业建设项目占用耕地一年，确实需要占用耕地的，报国务院审批。一年之后，中共中央办公厅、国务院办公厅又下发了《关于继续冻结非农业建设项目占用耕地的通知》（中央 11 号文件），要求自 1998 年 4 月 15 日起至《土地管理法》修改后颁布施行之前，继续冻结非农业建设项目占用耕地，确实需要占用耕地的，报国务院审批。1998 年 8 月 29 日，第九届全国人民代表大会常务委员会第四次会议对《土地管理法》进行了修订。

③ 在 1988 年的《土地管理法》中，对于"农村居民未经批准或者采取欺骗手段骗取批准，非法占用土地建住宅的"，法律责任仅仅是"责令退还非法占用的土地，限期拆除或者没收在非法占用的土地上新建的房屋。对于"买卖或者以其他形式非法转让土地的"，法律责任也仅仅是"没收非法所得，限期拆除或者没收在买卖或者以其他形式非法转让的土地上新建的建筑物和其他设施，并可以对当事人处以罚款；对主管人员由其所在单位或者上级机关给予行政处分"。而到了 1998 年的《土地管理法》中，"买卖或者以其他形式非法转让土地的"，"违反本法规定，占用耕地建窑、建坟或者擅自在耕地上建房、挖砂、采石、采矿、取土等，破坏种植条件的，或者因开发土地造成土地荒漠化、盐渍化的"，以及"对违反土地利用总体规划擅自将农用地改为建设用地的"，则可能会被追究刑事责任。参见 1988 年《土地管理法》第 44、47 条，1998 年《土地管理法》第 73、74、76 条。另外，为了响应最高领导人在 1997 年之初所提出的建立"世界上最严格的土地管理制度"的要求，1997 年《刑法》修改专门增加了"非法倒卖土地使用权罪""非法占用耕地罪""非法批准征用、占用土地罪"等三个罪名。有趣的是，为了让人们对这些罪名印象深刻，全国人大常委会还专门将 1997 年新增的这些刑法条款附在《土地管理法》修订稿正文之后予以公布。

④ 《土地管理法》第 31、34、44、45、62 条（九届全国人大常委会第四次会议于 1998 年 8 月 29 日通过）。

标仅仅定位于"耕地保护"的话,那是不全面的。因为除了"耕地保护"之外,这两个法律文件还有一个极为重要的目的,即进一步维护和加强国家对于土地一级市场的垄断,推动国有土地有偿出让制度的改革、发展和完善。这一结论不是笔者的猜测,在1998年出台的《土地管理法》权威释义中,立法者就曾警告说,"由于我国的土地市场刚刚建立,政府管理土地市场的各项措施还不健全,加上前几年'房地产热''开发区热'造成大量的闲置土地,如果再允许集体土地进入市场,将又有大量集体土地变为建设用地,形成更多的闲置土地,国有土地使用制度改革也将难以进行"。①

不过,从上文的规范分析来看,《土地管理法》《城乡规划法》等法律虽然不合理地限制了农民对于宅基地的权利,但其并没有完全否定农民建设并出售或出租住宅的权利。但国务院及其办公厅的决定和通知就不一样了,它们明确规定农民的住宅不得向城市居民出售,城镇居民不得到农村购买宅基地和农民住房。

如何从法律上评价国务院2004年发布的决定和国务院办公厅1999年、2007年发布的两个通知呢?

其一,依照《立法法》的规定,国务院制定的规范性文件只有满足以下条件才属于行政法规。①要由国务院组织起草。国务院有关部门认为需要制定行政法规的,应当向国务院报请立项。②行政法规在起草过程中应当广泛听取有关机关、组织和公民的意见。听取意见可以采取座谈会、论证会、听证会等多种形式。③行政法规起草工作完成后,起草单位应当将草案及其说明、各方面对草案主要问题的不同意见和其他有关资料送国务院法制机构进行审查。④国务院法制机构应当向国务院提出审查报告和草案修改稿,审查报告应当对草案主要问题做出说明。⑤行政法规由总理签署国务院令公布。⑥政法规签署公布后,及时在国务院公报和在全国范围内发行的报纸上刊登。② 因此这些决定和通知在法律位阶上仅仅属于规范性文件,不属于行政法规。③

其二,这些决定和通知与2000年的《立法法》和2007年的《物权法》

---

① 卞耀武主编《中华人民共和国土地管理法释义》,法律出版社,1998,第176页。
② 《立法法》第57~62条(2000年3月15日第九届全国人民代表大会第三次会议通过,自2000年7月1日起施行)。
③ 即便是按照1987年4月21日国务院批准并由国务院办公厅发布的《行政法规制定程序暂行条例》的规定,国务院办公厅1999年发布的通知也属于行政法规,因为该暂行条例第15条规定:"经国务院常务会议审议通过或者经国务院总理审定的行政法规,由国务院发布,或者由国务院批准、国务院主管部门发布。"

相冲突。因为依照《立法法》的规定，对非国有财产的征收，以及涉及基本经济制度及财政、税收、海关、金融和外贸的基本制度的事项只能由法律规定，如果相关事情尚未制定法律，全国人民代表大会及其常务委员会有权做出决定，授权国务院可以根据实际需要，对其中的部分事项先制定行政法规。[①]然而，国务院及其组成部门似乎并不理会《立法法》的这些规定，在没有获得全国人大及其常委会授权的情况下，依然越权发布行政规范性文件，对涉及基本经济制度以及非国有财产管制性征收的农村宅基地事项，做出了禁止性规定。

另外，从《物权法》的角度来看，禁止农民住宅向城市居民出售，禁止城镇居民到农村购买宅基地和农民住房，也违背了《物权法》第 3 条关于"国家实行社会主义市场经济，保障一切市场主体的平等法律地位和发展权利"的规定。

三　未来的改革

当然，要从根本上解决小产权房交易这一问题，还是要按照《宪法》第 24 条修正案"国家尊重和保障人权"，第 13 条第 1、2 款关于"公民的合法的私有财产不受侵犯。国家依照法律规定保护公民的私有财产权和继承权"的规定，以及十八届三中全会的精神来修改现行的房地产法律和制度。具体来说，可以有以下几方面的措施。

首先，要按照"建立城乡统一的建设用地市场。在符合规划和用途管制前提下，允许农村集体经营性建设用地出让、租赁、入股，实行与国有土地同等入市、同权同价"的精神，废除《城市房地产管理法》第 9 条关于"城市规划区内的集体所有的土地，经依法征用转为国有土地后，该幅国有土地的使用权方可有偿出让"的规定，并以"城市规划区内的集体土地在缴纳相关税费之后，依法依据规划有偿出让"代替。

其次，要按照"让市场发挥决定性作用"和"赋予农民更多财产权利，……，慎重稳妥推进农民住房财产权抵押、担保、转让，探索农民增加财产性收入渠道"的精神，废除《土地管理法》第 63 条的但书条款，同时明确

---

① 《立法法》第 8~9 条（2000 年 3 月 15 日第九届全国人民代表大会第三次会议通过，自 2000 年 7 月 1 日起施行）。

规定，"农民集体所有的农业用地使用权不得出让、转让或者出租用于非农业建设，但土地利用规划变更之后，依法获得许可的除外"。

再次，要取消农村宅基地的"无偿分配制度"。如果某户农民需要更多的宅基地，其应当通过市场来购买，不能再无偿取得。对于存量农村住宅，则要分类处理。符合土地利用规划和城乡规划的农村住宅，要抓紧确权颁证，允许这部分合法住宅优先进入房地产市场。对于不符合土地利用规划和城乡规划的农村住宅但没有占用基本农田的农村住宅，如果符合经济和社会发展需要，可以给予行政处罚之后予以保留。对于占用基本农田的农村住宅，则要坚决拆除，以确保对农业用地的保护。为此要废除《土地管理法》第62条规定的"农村村民一户只能拥有一处宅基地。农村村民出卖、出租住房后，再申请宅基地的，不予批准"，并以"农村宅基地实行有偿出让制度，具体办法由国务院制定"取而代之。国务院也应当及时清理自己发布的决定（2004）和国务院办公厅发布的通知，并尽快制定农村宅基地有偿出让办法。

最后，对于农村住宅进入房地产市场后的增值收益，可以通过征收土地增值税、土地交易税、土地使用税、土地保有税等方式合理分配。

北京市郑各庄村农民自主城市化
调研报告[*]

程雪阳

一 郑各庄自主城市化的法律困境

郑各庄村是位于北京郊区北七家镇的一个农村。这个村虽然隶属于北京市，但其土地不属于国家所有，而是郑各庄村村民集体所有。然而，除了其行政建制依然为农村以外，其他的任何方面，我们都很难将其跟农村再联系起来。

首先，通过编制和落实《郑各庄村 21 世纪生态庄园规划》和《郑各庄控制性详细规划》，该村现在所拥有的 4332 亩土地已经被建设为一座功能齐全的现代小城市。从空间形态来看，该村的东部是高校区，北京邮电大学、中央戏剧学院等院校的新校区坐落于此，西部是国家 4A 级旅游项目温都水城以及高级酒店、养老公寓，南部是工业园区，北部则是由 108 栋楼房组成的宏福苑社区，并有 3 万余人居住于此。①

其次，从生产方式方面来看，虽然该村保留了 73.5 亩的农业用地，但这在其产业结构中所占的比例微乎其微，该村"现有宏福建工、宏福建科、宏福建投、温都水城、金手杖老年公寓、宏福苑物业等自营企业 30 余家，自主开发的宏福科技园被国务院批准划入中关村国家自主创新示范区，汇聚电子信息、生物工程、新能源、文化创意等科技企业 120 多家"。②

---

* 本课题组负责人：张英洪。执笔人：程雪阳，苏州大学王健法学院副教授，法学博士。

① 汪苏、任波：《一个村庄的寓言》，《新世纪》2014 年第 21 期。
② 郑各庄村官方网站，http：//www.zhenggezhuang.com/main.php？optionid＝46。

再次，从经济收入方面来看，郑各庄以本村的宏福集团为依托，逐渐形成了村集体委托宏福集团代理经营村庄土地，村民及员工成为企业股东，以企业为主导改造、发展村庄的村企合一模式。"据宏福集团的数据，至 2012 年，该村村民全部脱离农业生产，但全村仍有 1105 人保留农民身份，都是集团股东，其中 415 人在集团就业。村民人均纯收入达 59800 元，其中 25.6%来自工资收入，35.4%来自股份分红，5.2%来自土地租金收入（包括村集体利用土地租金分给农民的福利），13.2%来自集体支付的社会保障收入，20.5%来自房屋租金。"①

最后，从教育、医疗等公共服务角度来看，郑各庄村民的小孩从幼儿园到大学，学费全部由村集体报销。村里 70 岁以上老人，都可免费入住新建保健、文化、娱乐等设施齐全的养老公寓，管吃管住，每个月还有 2000 元左右的"退休补贴"。用该村村委会主任黄福水的话来说，经过 20 多年的发展，"郑各庄村城镇化成功了，产业升级了，农民问题解决了，农民的五险一金、转工问题解决了，后顾之忧解决了。农民变成股东，土地收益、财产收益、股权收益全有了"。②

郑各庄并非孤例，浙江温州市的龙港镇、江苏江阴市的华西村、张家港市的永联村。河南濮阳的西辛庄村都是农民自主城市化的典范。

比如，早在 2002 年，时任浙江省温州市龙港镇党委书记的汤宝林在谈到龙港的发展时，就对《观察与思考》的记者说，"我们是市级产业的能力，县级经济的规模，但行使的是镇级的权力。不过，总有一天，龙港镇会争取成为名副其实的（市）"。③

2010 年江苏的华西村已经正式更名为"江阴市华士镇华西新市村"了，而根据华西村党委副书记孙海燕解释，"改名是为了打造华西城。未来，华西新市村将会改名为华西新市，最后成为华西市"。④

到了 2012 年，河南的西辛庄村已经在饱受争议中宣布自己变为"西辛庄市（筹）"了。面对争议，该村党支部书记李连成表示，"全世界的城市都不是自然形成的，都是人们造出来的。我们为什么就不能造出个'西辛庄市'？"他总结了"村改市"的三大好处：一是圆了农民的"城市梦"，让农民腰板硬

---

① 汪苏、任波：《一个村庄的寓言》，《新世纪》2014 年第 21 期。
② 汪苏、任波：《一个村庄的寓言》，《新世纪》2014 年第 21 期。
③ 《龙港：中国城市化标本之"镇级市"冲动》，《观察与思考》2010 年第 11 期。
④ 《从新市村到华西市》，《长江日报》2013 年 3 月 21 日。

起来；二是"市"有集聚效应，周围 15 个村组合，能整合出 2000 亩发展空间；三是发展"西辛庄市"，可以减少周边城市的压力，附近农民可以在这里就业、生活，当市民。然而，河南民政系统的政府官员认为，"西辛庄村积极兴建新型农村社区值得称赞，但建'西辛庄市'并挂牌不符合上级有关政策规定，国家、省、市对于地名命名、更名、行政区划管理工作都有明确的规定，西辛庄村的行为严重违背了《中华人民共和国宪法》《国务院关于行政区划管理的规定》《国务院地名管理条例》《河南省地名管理办法》等相关政策规定，其提法不规范，没有法律依据"。[①]

然而，这些已经实现"人的城市化"的村庄面临极大的压力，因为它们游走在法律的边缘地带甚至是以违法的方式在开展城市化建设。比如，郑各庄村的国家 4A 级旅游景区温都水城以及宏福大厦、水城国际酒店等项目在法律上都被认定是违法建筑。尽管郑各庄村已经为此缴纳了近 8000 万元的罚金，但其依然无法获得合法的产权证明。其所开发的宏福苑社区尽管已经居住了 3 万多人，但也属于处于灰色地带，因而是产权无法得到保障的小产权房。[②]

从现实的角度来看，郑各庄人自主城市化的努力以及所取得的成果应当得到肯定和支持，那为何在法律上郑各庄所建设的这些惠民项目都得不到认可呢？其中的原因有具体法律的规定，也有宪法上的原因。在宪法层面，我国现行《宪法》第 10 条第 1 款规定"城市的土地属于国家所有"，很多人对于这一规定的理解是，"凡是搞城市建设，必须使用国有土地"或者是"只有在国有土地上才能搞建设"。比如，现行《城市房地产管理法》第 9 条以及《土地管理法》第 43 条和第 63 条就是这样来理解宪法的。根据这几个条文的规定，任何单位和个人进行建设，需要使用土地的，必须依法申请使用国有土地。位于城市规划区内的集体所有的土地，也只有经依法征用转为国有土地后，该幅国有土地的使用权方可有偿出让。另外，集体土地除非符合土地利用总体规划并依法取得建设用地的企业，因破产、兼并等情形致使土地使用权依法发生转移的，农民集体所有的土地的使用权不得出让、转让或者出租用于非农业建设。

---

① 綦伟：《李连成西辛庄"造市"——中国首个"村级市"调查》，《深圳特区报》2012 年 5 月 9 日；王汉超：《改村称"市"，有啥好处》，《人民日报》2012 年 5 月 17 日。

② 汪苏、任波：《一个村庄的寓言》，《新世纪》2014 年第 21 期。

二 当前的改革要求及其在宪法上的难题

在 2013 年 11 月的十八届三中全会上，中共中央发布了《关于全面深化改革若干重大问题的决定》。该《决定》提出，我国土地制度和城市化改革的方向表现在以下几个方面。①建立城乡统一的建设用地市场。在符合规划和用途管制前提下，允许农村集体经营性建设用地出让、租赁、入股，实行与国有土地同等入市、同权同价。②缩小征地范围，规范征地程序，完善对被征地农民的合理、规范、多元保障机制这两项内容。③坚持走中国特色新型城镇化道路，推进以人为核心的城镇化，推动大中小城市和小城镇协调发展、产业和城镇融合发展，促进城镇化和新农村建设协调推进。优化城市空间结构和管理格局，增强城市综合承载能力。

为了落实上述改革目标，就需要修改上述《土地管理法》的第 43、63 条以及《城市房地产管理法》的第 9 条。对此，全国人大常委会也深以为然，还专门在 2015 年 2 月 27 日做出了一个授权国务院在北京市大兴区等 33 个试点县（市、区）行政区域暂时调整实施上述 3 个条款的决定。

不过，对当下正在开展的土地制度全面深化改革来说，仅仅暂时实施乃至修改上述法律条文是不够的。因为现行《土地管理法》第 8 条还有关于"城市市区的土地属于国家所有"的规定。这个条款之所以重要，是因为，如果《土地管理法》第 43、63 条和《城市房地产管理法》第 9 条修改了，这一条文却巍然不动，就会带来法秩序内部的紧张与冲突问题。

具体表现是，根据当前土地制度全面深化改革所设定的目标，未来城市规划区内的集体土地除非基于公共利益的需要，否则不能征收为国家所有，应当由集体土地所有权人自行有偿出让，这就意味着城市规划区内会存在永久性属于集体的土地。然而，随着城市化的快速发展，许多"城市规划区"会逐渐发展成"城市市区"。这时，扩展后的"城市市区"就会有集体土地的存在，这将与《土地管理法》第 8 条第 1 款"城市市区的土地属于国家所有"的规定相冲突。

有人可能会说，那直接把《土地管理法》第 8 条第 1 款纳入法律修改的范围，问题不就得到解决了吗？从理论上来说，这种解决方案是可行的。但问题是，全国人大常委会在 1998 年已经明确拒绝了这一解决方案，理由是"修改第 8 条第 1 款是违反宪法的"。

当时的情况是，1986 年的《土地管理法》第 6 条规定"城市市区的土地属于全民所有即国家所有"。该法在 1998 年的修改过程中，有单位和个人提出，随着城市建设的不断扩大，城市市区范围内还有集体的土地，建议对原第6 条的规定做实质性修改。但立法者认为"《宪法》第 10 条第 1 款对此有明确的规定，而且宪法是国家的根本大法，是制定法律的依据，本法第 1 条也开宗明义地规定了'根据宪法，制定本法'，因此在《宪法》未修改之前，制定任何法律均不能违背宪法所规定的基本原则，本法也不例外"。因此，全国人大常委会最终没有对原《土地管理法》第 6 条作实质性修改，只是对其进行了细微调整，修改后的《土地管理法》第 8 条第 1 款删除了"全民所有"这一表述，然后规定"城市市区的土地属于国家所有"。①

由此观之，仅仅通过法律修改来解决《土地管理法》第 8 条第 1 款所存在的问题不太可行。我们只能从宪法层面来解决这一问题。不过，笔者并不同意全国人大常委会"只能《宪法》第 10 条第 1 款先行修改，《土地管理法》第 8 条第 1 款才能修改"的看法。因为宪法是国家的根本法，具有最高的权威性和稳定性。在法律技术上，如果能通过宪法解释来缓解宪法与社会现实之间的冲突，那么就不应当轻易地修改宪法。

三 《宪法》 第 10 条第 1 款的新解释方案

那么《宪法》第 10 条第 1 款关于"城市的土地属于国家所有"的规定，应当如何解释才能适应当前土地制度全面深化改革的要求和社会的发展呢？笔者认为，这个条款的规定貌似简单明了，但实际上是由许多不确定的法律概念组成的，因此可以通过明确其规范性质和规范术语的含义来对其进行重新理解。

不过，在做出具体的解释之前，笔者认为以下两个前提必须明确。

其一，"城市的土地属于国家所有"这一规定虽然具有浓厚的社会主义国有化色彩，但由于我国现行宪法将目前的社会发展阶段定位为"社会主义初级阶段"而非"社会主义已经建成之阶段"，因此在落实"城市的土地属于国家所有"这一国有化规定时，我们不能盲目地追求"一大二公"，罔顾现行宪法对"国家尊重和保障人权""公民合法的私有财产不受侵犯""建立和完善

---

① 参见卞耀武主编《中华人民共和国土地管理法释义》，法律出版社，1998，第 58~59 页。

社会主义市场经济"的确认和承诺，更不能忽视集体土地所有权已经取得基本权利地位的宪法状态，做出超越当前社会经济发展阶段的宪法解释。

其二，"城市的土地属于国家所有"是基于当时人们对于"如何保障国家社会主义经济建设"的认识而写入《宪法》第 10 条第 1 款的，然而，经过 30 多年的发展，随着中国经济和社会所发生的翻天覆地变化和巨大转型，人们对于"如何保障国家社会主义经济建设"这一问题，也有了新的认识和新的答案。这时就需要我们结合这一条款及当前所遇到的理论和实践难题，提出不违背该条文规范属性但同时又能符合"新形势下国家社会主义经济建设"需要的新方案。要完成这一项任务，就需要对《宪法》第 10 条第 1 款以及相关条款做出新的体系化的解释学建构。

那么，应如何解释这个条款呢？笔者拟提出如下宪法解释方案。

第一，《宪法》第 10 条第 1 款和第 10 条第 2 款规定的"城市的土地属于国家所有。农村和城市郊区的土地，除由法律规定属于国家所有的以外，属于集体所有；宅基地和自留地、自留山，也属于集体所有"的规范性质是"财产权资格授予条款"。规范含义是"宪法授权国家和集体通过一定的方式将城市、城市郊区和农村的土地转变为国家所有"；规范功能是"授予了国家和集体取得城市、城市郊区和农村土地所有权的资格"。

第二，那么国家可以通过哪些方式将城市、城市郊区、镇以及农村的土地转变为国家所有呢？或者换句话说，第 10 条第 1、2 款所授予给国家获得城市、城市郊区和农村中非国有土地所有权的"资格"，在何种条件下可以转变为现实呢？这个问题的答案要以新中国成立以来的历史为基础，着力从现行有效的宪法文本中去寻找。

通过对现行宪法文本进行分析以后，笔者认为，我国宪法所支持的方式主要有以下四种。

（1）制定法律。即全国人大或全国人大常委会可以通过制定具体法律条款来落实《宪法》第 10 条第 1、2 款的方式，将城市、城市郊区、镇和农村中特定区域的部分土地确定为国家所有。因为这两个条款作为授权性规范，直接授予了国家将城市、城市郊区和农村特定区域土地确定为国家所有的权力。那么城市、城市郊区和农村中的哪些土地可以适用这种国有化方式呢？答案是没有进入我国财产法秩序中的无主土地或公共土地，比如城市中的空地和街道地基，城市郊区和农村中的无主空地，无主森林、荒地、荒山、沼泽、滩涂等。不过，请注意，宪法仅仅是授权国家可以通过制定法律的方式将上述土地类型确定为国家所有，但如果全国人大或全国人大常委会没有针对《宪法》第10条第1、2款制定具体的法律，那么这些土地就依然属于没有进入我国财产法秩序的无主土地或公共土地。对于这些土地类型，国家可以基于主权及行政管理权来设定保护、开发、利用和流转规则，但不能在没有制定法律的情况下径直宣称其是这些土地的所有权人。①

由此，我们也找到了这种土地国有化方式的边界。即其在适用对象上，只能针对我国城市、城市郊区和农村中的无主土地或公共土地展开，而不能适用于已经进入我国财产法秩序并属于其他人所有的非国有土地。在落实方式和程序上，由于"土地国有化"涉及国家基本财产和经济制度的问题，因此根据《立法法》的规定，原则上应当由立法机关通过制定法律的方式来加以落实，必要的时候也可以通过制定行政法规的方式加以落实，但不得通过制定地方性法规、部门规章、地方政府规章以及其他规范性法律文件的方式来进行落实。② 事实上，中华人民共和国在建政之初，也是通过"法律具体化"的方式来落实这种土地国有化方式的。比如，1950 年的《土地改革法》就曾规定"大森林、大水利工程、大荒地、大荒山、大盐田和矿山及湖、沼、河、港等，均归国家所有"。③ 关于具体的宪法解释方式，下文会着重讨论，这里暂且按下不表。

（2）土地征收。现行《宪法》第10条第3款关于"国家为了公共利益的需要，可以依照法律规定对土地实行征收或者征用并给予补偿"的规定，是"征收权（力）授予条款"，其赋予国家在基于公共利益需要的时候，可以对城市或农村中的非国有土地所有权进行征收，或者对城市、农村中的国有土地使用权或其他土地权利进行征用。不过，当国家准备对这些土地进行征收或征用时，除了"公共利益"这个前提之外，还应当遵循"依照法律规定"和"给予补偿"这两个条件。在之前的解释方案中，笔者曾经提出，《宪法》第10条第1款与第3款共同构成了一个完整的授权性规范。现在看来，这个结

---

① "无主土地"与"公共土地"的区别主要在于，前者属于人类还没有开发和利用的土地，后者则属于已经为人类开发利用但不特定主体都可以使用的土地，类似于经济学所说的"公地"。相关论述还可以参见程雪阳《中国宪法上国家所有的规范含义》，《法学研究》2015 年第 4 期。

② 根据现行《立法法》第 9 条的规定，"对非国有财产的征收、征用"问题，属于"相对法律保留事项"，对此，全国人民代表大会及其常务委员会有权做出决定，授权国务院可以根据实际需要，对其中的部分事项先制定行政法规。

③ 《土地改革法》（中国人民政治协商会议第一届全国委员会第二次会议提出草案，业经中央人民政府委员会第八次会议讨论通过，自 1950 年 6 月 30 日起公布施行）第 18 条。

论并不完全准确，因为这两个条款以及《宪法》第 10 条第 2 款，都是可以分别独立构成完整的授权性规范的。区别在于，《宪法》第 10 条第 1、2 款授予国家的是获得私法上城市、城市郊区和农村土地财产所有权的资格，而《宪法》第 10 条第 3 款授予国家的是公法上的"征收和征用土地的权力"。不过，这 3 个规范属于关系极为密切的关联性条款，当国家行使《宪法》第 10 条第 3 款所授予的征收权来征收城市、城市郊区和农村中的非国有土地所有权时，《宪法》第 10 条第 1 款和第 2 款可以分别为这种征收权的行使提供更为坚实的基础。

（3）市场购买、互换和接受赠予等。除了通过上述这两种途径外，国家还可以通过私法的方式获得城市和农村中非国有土地所有权，比如国家可以在土地市场上有偿购买非国有土地，或者接受非国有土地所有权人的赠予，也可以与非国有土地所有权人在平等的基础上进行土地所有权的互换。不过，这种所有权变动方式需要遵循宪法序言中所确定的社会主义市场经济原则以及民法的基本原则和规范，采用平等自由谈判的方式来进行。我们甚至可以像荷兰那样，赋予政府以购买集体土地所有权的优先购买权，从而确保土地利用规划的实施和公共利益的实现。①

有人担心国家通过市场购买或接受赠予获得非国有土地所有权，会违背《宪法》第 10 条第 4 款第 1 句关于"任何组织或者个人不得侵占、买卖或者以其他形式非法转让土地"的规定。这种疑虑是可以打消的，因为这个条文存在两种解释方案。其一，所有转让土地的行为都是非法的，无论转让是买卖、侵占还是其他形式；其二，宪法禁止的只是"非法转让土地所有权"，合法的土地所有权转让则是宪法允许的。② 如果我们采取后一种解释方案，那么

---

① 在荷兰，各地市政府可以在特定区域或特定地块上设定优先购买权，然后向相关土地上的物权人发放一份通知，告知后者如果想出售这块土地的话，有义务首先向本市市政府报价，如果市政府没有意向购买的话，该土地权利人才可以将其卖给他人。如果该土地权利人没有履行这一义务，直接将已设定了政府优先购买权的土地在公开市场上出售给他人，那么市政府可以到法院请求该项交易无效。从总体上来看，市政府的优先购买权并不像征收那么严厉，但它对于落实本地的分区规划来说也具有非常积极的意义。关于该项制度的详细介绍可以参见〔荷兰〕考克曼、维斯塔潘、冯克《荷兰土地利用规划》，载张千帆主编《土地管理制度比较研究》，中国民主法制出版社，2013，第 160~163 页。

② 这种解释方案最早是由沈岿教授提出来的，其在 2012 年的文章中提出，在 1988 年第 2 宪法修正案通过之前，八二宪法第 10 条第 4 款作为一项禁止性规定，目的是防范土地公有制（即国有制和集体所有制）受到侵害。然而，即便是在当时的历史背景下，也并不是所有的转让土地行为都会使土地公有制受到侵蚀或破坏。由此可以推论，宪法没有严格禁止所有转让土地行为，而只是禁止通过"非法转让土地"侵害土地公有制的行为。参见沈岿《宪法规范层次论：一种解释方法》，《清华法学》2012 年第 5 期。

只要没有违背具体法律的禁止性规定，国家完全可以通过有偿购买、互换或接受赠予等方式来获得非国有土地的所有权。

之所以要支持后一种解释方案，并非仅仅基于本文论证的需要或者笔者自身的个人审美，而是有解释学上的充足理由。因为按照宪法内部规范一致性的解释要求，如果对第 10 条第 4 款采取前一种解释方案，那么就会与第 10 条第 5 款规定的"一切使用土地的组织和个人必须合理地利用土地"相悖，因为禁止一切土地转让行为明显不利于土地资源的合理利用，而采用后一种解释方案不存在这个问题。① 另外，还要注意，如果第 10 条第 4 款第 1 句是要禁止所有土地所有权转让行为的话，那么其合理的表述应该是"任何组织或者个人不得侵占、买卖或者以其他形式转让土地"。但现行宪法明显不是这样规定的，其关于"非法转让"的限定表明，这部宪法只是排除以违法的方式进行国有土地所有权和集体土地所有权转让，并不排除国有土地与集体土地之间的相互转让、抵押、担保、互换、赠予或其他合法形式转让。毕竟，根据《宪法》第 6 条的规定，全民所有制和劳动群众集体所有制都属于社会主义公有制的组成部分，因此在国家所有权与集体所有权之间通过上述方式进行产权变动，并不会突破社会主义公有制本身。

（4）无偿没收。即在特定的情况下，国家可以在不给予补偿和对价的情况下，径直将城市、城市郊区和农村中的非国有土地转变为国家所有。应该说，这种土地国有化方式并非一种新鲜事物，古今中外的财产法制度中都存在这种制度。然而，在现代法治国家，这种国有化方式只能在特定的条件下针对特殊主体或特定的土地类型，不能作为一项普遍性的原则来加以适用。从上文的历史梳理情况来看，除了"文化大革命"期间外，新中国成立以来的其他时期虽然也存在这种土地国有化方式，但也是将其作为例外来执行的。在现行宪法秩序之下，要实行这种土地国有化方式，只能严格基于《宪法》第 28 条规定的"国家维护社会秩序，镇压叛国和其他危害国家安全的犯罪活动，制裁危害社会治安、破坏社会主义经济和其他犯罪的活动，惩办和改造犯罪分子"来落实，不能将其扩大适用于其他情况。当然，这也要求我们必须对《宪法》第 28 条进行进一步的解释学体系建构，因为并非所有的犯罪行为都可以构成"没收土地财产权"的理由。

除了这四种方式外，现行宪法是否允许通过城乡规划或者行政区划的变更

---

① 参见沈岿《宪法规范层次论：一种解释方法》，《清华法学》2012 年第 5 期。

或其他方式，对已经属于其他主体所有的土地进行国有化呢？答案是否定的，因为通过城乡规划或者行政区划的变更来行使土地国有化的本质就是无偿没收土地所有权，而这并不符合现行《宪法》第 28 条的规定。有人可能会问，如果自 1949 年新中国成立以来国家都没有通过这四种方式对城市、城市郊区和农村的非国有土地进行国有化的话，如何认定这些位于城市、城市郊区和农村的非国有土地所有权呢？笔者的看法是，其依然属于原所有权人所有。当然，这就意味着我国的许多城市里是可能存在非国有土地的，也就是说城市的土地是可以不属于国家所有的，城市也不一定非要建立在国有土地之上。不过，即便是真正出现这种情况，其也不会对《宪法》第 10 条第 1 款的社会主义属性产生减损效果。因为宪法已经授权国家可以通过这四种方式来获得这些非国有土地的所有权。只要满足相关条件，国家完全可以在适当的时候结合具体的情况在以上四种方式中选择合适的方式，对这些非国有土地进行国有化。

另外，上文也已提到，《宪法》第 10 条第 1 款和第 2 款，不仅授予了国家通过特定方式将城市、城市郊区和农村的土地转变为国家所有的资格，而且也授予了集体通过一定的方式将城市、城市郊区和农村的土地转变为集体所有的资格。那么集体可以通过哪些方式来落实宪法这一规定呢？笔者认为，由于集体并不享有国家公权力，所以集体土地所有权不宜通过征收或没收的方式建立或获得，但其可以通过"法律具体化"以及"市场购买、互换和接受赠予"等方式建立或获得。

另外，由于集体的本质是"农民在经济领域的自由联合"，因此农民也可以通过投资入股建立农业合作社、农业公司等方式来建立集体土地所有权。事实上，这种方式并非新鲜之物，早在 20 世纪 50 年代，我国所出现过的高级农业合作社就是这样的组织。而在当下的农村土地制度改革过程中，很多地方在对农村土地进行了确权登记后成立了新的农业合作社，土地所有权归该农业合作社所有，也是对这种方式的探索和落实。

还有研究者提出，可以通过确定"城市"的含义来解决《宪法》第 10 条第 1 款含义模糊问题。具体来说，《宪法》第 10 条第 1 款中的"城市的土地属于国家所有"中的"城市"应指"'市'以及直辖市与较大的市设区的部分"，[①] 或"直辖市、设区的市中的城区以及不设区的市"。[②] 笔者认为这种解

[①] 肖明新：《城市的土地属于国家所有的逻辑与实施——兼论什么是我国〈宪法〉上的城市》，《政治与法律》2016 年第 8 期。

[②] 孙煜华：《城市的土地属于国家所有释论》，《法制与社会发展》2017 年第 1 期。

释方案不宜采用，因为这种方案的本质是用《宪法》第 30 条中的"直辖市、市和较大的市"来解释《宪法》第 10 条第 1 款中的"城市"。然而，这种解释方案是不恰当的。原因也有二：其一，第 30 条是关于国家行政区划的划分，而并非关于土地产权之界定；其二，作为行政区划的各种"市"中依然存在大量的非国有土地。比如，北京的门头沟地区自 1949 年便为北京市的一个区，但直至 2017 年 1 月，该区依然有 90 多个农村，并且这些农村的土地绝大多数皆归集体所有。① 2015 年北京撤销密云、延庆两县，设立密云区和延庆区，这两个新设区内的集体土地更是数量巨大。如果用行政区划概念上的"直辖市"或其他的市来解释第 10 条第 1 款中的"城市"，其结果就是允许政府通过"变更行政区划"的方式来对集体土地进行"概括国有化"，这既不利于非国有土地所有权的保护，也必然与《宪法》第 10 条第 3 款所设定的征收制度相冲突。

如果上述方案不成功，那么从规划学或地理学上将"城市"界定为"城市市区""城区"抑或"建成区"是否可行呢？答案也是否定的。因为城市是"活体物"，城市会因其发展或衰落而扩大或缩小，② 所以，无论是"市区""城区"，还是"建成区"，其所指代的对象在实践中皆处于不断的发展变化之中，都无法消除"城市"这一概念内在包含的不确定性。虽然从 2013 年开始，中央政府就不断呼吁要尽快科学划定城市开发边界，国土资源管理部门也准备在"十三五"期间"分类推进城市开发边界划定，对特大城市、超大城市和资源环境超载的城市，加快划定永久性开发边界"，但这也不能构成采用这种解释方案的充分理由。因为即便所有的城市都划定了永久性开发边界，这些城市开发边界之内的土地也必然包括大量的集体土地。

黄忠教授意识到了"市区论"所存在的问题。所以他撰文（以下简称"黄文"）提出，用"城市市区"、"城市建成区"或者"城市规划区"等"物理、建筑或是规划意义上的概念"来解释《宪法》第 10 条第 1 款中的"城市"是不妥当的。在其看来，宪法上的"城市"是"一个经济、社会和文化的概念，或者说是一个以'人的城市化'为皈依的概念"。其进而提出，《宪法》第 10 条第 1 款"城市的土地属于国家所有"的含义应当被理解为"当某一个城市的公民（包括原来的农民，如城中村的居民）均得享

---

① 参见门头沟政府网站之"历史沿革"与"新农村风貌"两个栏目，http://www.bjmtg. gov.cn，最后访问日期：2017 年 1 月 18 日。

② 王卫国：《中国土地权利研究》，中国政法大学出版社，1997，第 79 页。

有平等的政治、经济和社会等各项权利时，其位于城市的土地才属于国家所有"。如果国家无法为"入城"农民提供与城市居民相同的政治、经济、社会等权利，那么就说明该集体土地上的农民其实没有真正转变为市民。即使在其土地上建立了"物理上的城市"，仍然不能依据《宪法》第10条第1款直接将该集体土地转为国家所有。① 就出发点和解释目标而言，这种可以被称为是"人的城市化"的解释方案是值得支持的，但其存在以下几个难以解决的问题。

首先，宪法解释的任务应当是将不明确或不清晰的规范和术语予以明确和清晰化，而不是相反；应当是为立法、执法和司法工作提供实践上具有可操作性的解决方案，而不是让其更加茫然无措，无所适从。依照黄文所提出的"人的城市化"标准，立法者和执法者必须设立一套系统的评估标准和评估体系，以判断具体的农民是否已经"全面参与到了城市的政治、经济、社会和文化生活中"，并实现了"经济立足、社会接纳、身份认同和文化交融"。② 然而，笔者怀疑这种评估体系是很难建立的，或者即使建立也会存在实施成本极高的难题。

其次，"以人为核心的新型城镇化"是中国城市化发展的方向，也是当下中国全面深化改革的重点，这一点毋庸置疑。但新型城镇化之"新"，不仅体现在入城农民可以享受现代城市文明，而且还体现在要打破政府对于城镇化进程的垄断，并在尊重和保障公民迁徙权和土地开发权的基础上，允许公民按照"城乡一体，互通有无，共同繁荣"的原则，在集体土地上进行"自主城市化"，从而实现人的市民化和文明化，促进中心城市与中小城镇、乡村形成产业呼应、优势互补的良性循环系统。

如果采用黄文的解释方案，这些村庄的土地到底是属于国家所有，还是集体所有呢？黄文认为，"一旦集体土地上的全体农民已经完全城市化，成为真正的城市居民，那么原有的农民集体这一土地所有权的主体也就当然消灭，因而原有的农民集体土地便自然成为'无主物'，而无主的土地归国家所有则是多数国家的共同做法"。③ 如果这种观点能够成立的话，那么在实践中，我们将很难预计像郑各庄这样的村庄是否还有进一步提高本地城市化水平的动力。因为按照黄文的逻辑，只要农民实现城市化和市民化，他们的集体土地所有权

① 黄忠：《城市化与"入城"集体土地的归属》，《法学研究》2014年第4期。
② 黄忠：《城市化与"入城"集体土地的归属》，《法学研究》2014年第4期。
③ 黄忠：《城市化与"入城"集体土地的归属》，《法学研究》2014年第4期。

就会灭失，土地进而变成国家所有了。另外，我们也很难预计地方政府是否还愿意接受并遵守《宪法》第 10 条第 3 款 "国家为了公共利益的需要，可以依照法律的规定对土地实行征收或征用并给予补偿"，因为地方政府完全可以坐等这些村庄发展起来之后，径直宣布 "这些区域已经实现了人的城市化，因此相关土地已经归国家所有了"。

最后，即便是退一万步，暂且抛开上述制度和实践操作难题，由此带来的理论障碍也是绕不过去的。依照黄文所提供的解释方案，集体土地上的全体农民完全城市化之后，集体土地所有权当然灭失，集体土地变成 "无主物"，然后相应的土地就瞬间属于国家所有。这意味着，我们需要对民法上的物权变动理论和法律制度进行重大调整。因为除了买卖、赠予、继承、政府征收、无偿没收等方式之外，中国的物权变动理论和制度中还需要增加 "因实现城市化导致土地所有权灭失" 这种新的类型。这样大胆的理论突破是否可行，值得怀疑。

与黄文所提出的 "人的城市化" 标准不同，还有一种试图通过明确 "城市" 含义来解释 "城市的土地属于国家所有" 的解释方案。这种解释方案认为，现行宪法所规定的 "城市的土地属于国家所有" 只是确认 "1982 年修宪时的城市范围内的土地属于国家所有"，并不适用于 1982 年宪法通过以后因城市扩张或新建城市而被纳入到城市范围内的土地。笔者之前也曾对这种观点进行过分析，认为这种可以被称为 "历史确认论" 的解释方案虽然打破了 "土地城市化＝土地国有化" 这一错误逻辑，但也不宜采用。理由是，在实践过程中，我们很难准确界定 1982 年《宪法》通过的那一刻 "城市" 边界究竟在哪里，而在理论上，其也存在让 "城市的土地属于国家所有" 这一规定，失去对当下和未来土地产权界定的指引力的难题。①

对此，彭錞表达了不同意见（以下简称 "彭文"）。其认为，① "城市的土地属于国家所有" 这个条款，与历史上的土地改革和社会主义改造运动并

---

① 程雪阳：《论 "城市的土地属于国家所有" 的宪法解释》，《法制与社会发展》2014 年第 1 期。曾经多年担任北京市都市计划委员会第二总建筑师的华揽洪在谈到改革开放前的城市规划时指出，当时 "不但复杂和严密的城市规划体系没有建立起来，负责全国城市规划和建设领导工作的城市建设部在 1957 年就被撤销了，市界的划定也基本没有完成。'文化大革命' 发生以后，'中央建筑设计院也被遣散了，所有的（规划）研究所的档案都被打成捆并装进普通的麻袋，只有一部分邮寄到各省，其余的都被销毁了，一百多个城市的规划调研材料和规划图就这样消失了'"。华揽洪：《重建中国：城市规划三十年（1949～1979）》，李颖译，生活·读书·新知三联书店，2006，第 127 页。

无二致，都是希望通过修宪实现对城市私有土地的"无偿概括国有化"。这种"无偿概括国有化"的正当性和合法性不是来自其他，而是直接来自主权者的决断。②1982年宪法中城市土地国家所有条款仅仅适用于该部宪法生效时既存的城市土地（或更具体的，城市建成区内的土地）。对于该宪法生效之后形成的城市土地，该条款既不会导致自动国有化，也不要求国家最终征收。在此意义上，该条款只是一个历史的见证和总结。③这一规范生效以后，只有当位于城市规划区内的集体土地被用于那些无法由农村集体自己进行的非农业建设时，国家征地才成为必需。其认为，《宪法》第10条第1款与第3款之间的紧张关系便由此可以消解了。①

笔者不同意彭文的上述意见。除了上文提到的理由外，还有以下两个方面的原因。

一方面，从1982年《宪法》的性质来看，这部宪法是以1954年《宪法》为基础进行修改的，而不是重新制宪。修宪是有边界的，不能任由主权者进行决断。比如，现行宪法的修改不能改变我国的共和政体，不能减损公民所享有的基本权利，不能让宪法自身陷入正当性危机之中等。这就要求人们在解释修宪行为以及宪法修改之后出现的新条文时，应当以增强宪法本身的正当性，增强公民基本权利和促进宪法更加适应社会发展的要求为目标，而不是相反。另一方面，"公共利益=无法由农村集体自己进行的非农业建设"这一等式，在规范上缺乏依据，在理论上基础不牢，在实践中也难以操作。比如，在理论上，"无法由农村集体自己进行的非农业建设"是如何等同于"公共利益"的。这里是存在巨大的理论鸿沟的，需要详加论证，不能直接跳过。而在实践中，谁可以根据何种标准来判定某个具体的项目"是否可以由农村集体自行进行建设"呢？答案也不清楚。以建设五星级酒店、三甲医院、大中专高校、高端住宅社区为例，这些建设项目是否属于"无法由农村集体自己进行的非农业建设"呢？如果答案是肯定的，那么彭文所提出的这个标准就会失去实际的意义，因为一旦这些高端建设项目都可以由农民集体自主进行，那就很难确定哪些项目不能由农民集体自行建设了。但如果答案是否定的，那么像郑各庄这样拥有两所大专院校新校区、多座五星级酒店，以及大型居民住宅小区的社会现实需要，彭文又很难解释了。

---

① 彭錞：《"征地悖论"成立吗——八二宪法城市土地国有条款再解释》，《法制与社会发展》2016年第2期。

由此观之，我们是很难通过解释"城市"的含义来解决《宪法》第10条第1款所存在的问题的。另外，要注意，在"城市的土地属于国家所有"这一规范中，"城市"是作为一个定语出现的，是用来限定"土地"这一术语的，其本身并非一个独立的主语，因此在解释学上也不宜单独进行解释。

不过，笔者并不就此认为，除诉诸《宪法》第10条第1款的规范性质之外，没有别的解释路径。事实上，在《宪法》第10条第1款中，"城市的土地"是一个完整的表达，我们是可以通过解释"城市的土地"这一术语的含义，来解决这一条款所遇到的各种挑战的。那么，"城市的土地"这一术语应当如何界定呢？根据上述的历史梳理，笔者认为，"城市的土地"理解为"城市中的空地、街道等无主或公共土地以及已经通过政府征收、没收、市场交易或接受赠予等方式登记为国家所有的土地"是比较合适的"。具体来说，这一解释方案包括两个方面：其一，对于"城市中的空地、街道等无主或公共土地，国家可以通过制定法律的方式直接将其所有权界定为国家所有；其二，对于城市中已经属于其他主体所有的土地，国家只要是通过上文提到的"基于公共利益的征收"、"市场购买、互换和接受赠予"以及"无偿没收"等三种方式进行了土地国有化，那么相关城市土地也属于国家所有。

之所以提出这种解释方案，不仅因为1982年修宪时，有一些人就是以这种方式来理解"城市的土地属于国家所有"这一宪法规定的，[①] 而且在一个有德性、尊重法治的民主共和国内，如果要通过修改宪法、宪法解释和制定法律的方式来进行概括国有化的话，那只能针对无主物或社会共有物展开，而不应适用于已经属于其他主体的财产。这就是说，即使是通过明确"城市的土地"的含义来解释"城市的土地属于国家所有"这一规定，最终还是要回到上文所提议的"授权规范论"中去的。也正是因此如此，我们也可以将"通过明确'城市的土地'的含义来解释《宪法》第10条第1款"的方式，视为本文所提出的"授权规范论"组成部分。

---

① 2012年7月，就《宪法》第10条第1款的问题，笔者曾专门请教郭道晖教授在当年是如何理解这个条文的。他回答说，在1982年看到这一宪法条文时，并没有多想，只是简单地以为，城市的交通、公园等公共用地、空地属国家所有。由此我们也可以推测说，1982年12月4日就宪法修改草案进行投票的3000多名全国人大代表中，可能也有很多人是这样来理解第10条第1款含义的。

四　结语

目前，我国正处在土地制度全面深化改革和新型城镇化建设的攻坚阶段。在这个阶段，运用法律解释等法律技术明确"城市的土地属于国家所有"这一规定的含义，一方面可以为郑各庄这样的农村进行自主城市化扫清宪法障碍，并进一步推动土地制度的全面深化改革和"以人为本"的新型城镇化的发展，另一方面又可以进一步推动中国宪法实施，完善宪法解释程序和宪法监督程序。因此，建议相关部门应当抓住时代提供的大好机会，及早解释"城市的土地属于国家所有"这一条款的含义。

城市化中征地拆迁案例分析[*]

一　哈尔滨企业占地拆违纠纷案

（一）基本案情

赵国建（化名）老家在江苏，经哈尔滨市某区有关政府部门招商，于2006年左右来到哈尔滨某区从村民手中承租耕地建设厂房，经营塑料包装业务，厂房面积为2000多平方米，占地1000多平方米。租地建房之时，当地政府官员对其承诺，证其放心建设和经营，不会存在问题。然而正是这一句承诺，为赵先生带来了无穷无尽的烦恼。

经过多年苦心经营，赵先生的业务开展得如火如荼。2012年其突然接到当地有关部门下达的拆除违法建筑通知，该通知内容为其厂房违反了土地管理法的规定，擅自占用集体耕地进行建设，属于违章建筑。赵先生当然无法接受这样残酷的现实，多处奔走投诉，并自行提起了行政复议等法律程序，但无奈该厂房还是被强制拆除，拆了一半剩余一半，使赵先生停产甚至破产。

（二）法律分析

本案应从两个方面进行分析。首先，赵先生擅自在从村民手中承租的耕地上建设厂房，确实违反了《中华人民共和国土地管理法》（2004年修订）第43条关于"任何单位和个人进行建设，需要使用土地的，必须依法申请使用国有土地"的强制性规定。依法应属于违法占地的违章建筑。其次，从程序

---

[*]　本课题负责人：张英洪，部分案例分析除已标明作者外，均为北京市融鼎律师事务所律师提供。

上我们也应该看到当地政府部门在强拆该违章建筑时并不合法。该部门可以依据《中华人民共和国土地管理法》（2004 年修订）的规定发出限期拆除违法建筑的通知，但也必须依据《中华人民共和国行政强制法》的规定，在强拆之前应对其进行催告、听取陈述和申辩等法定程序。再次，本案该政府部门程序上最大的违法点在于未申请法院强制执行其拆除决定。因为，依据《中华人民共和国土地管理法》（2004 年修订）第 83 条的规定，处罚机关在被处罚人不履行拆除决定的情况下，只能申请法院强制执行，不能直接自行强制拆除，否则就是严重的违法行为。

（三）案件进展

本案属于典型的拆除违法占地违章建筑的纠纷案件，开始本律师团队并未打算承接本案。但经过分析，拆除方确实存在许多违法之处，因此站在维权的角度，还应该帮助被拆除人维护其合法权益。

律师经过一番调查取证之后，取得了重大突破，发现该违章建筑所占土地已于拆除决定下达前被征为国有，当地政府既然是为了建设某个大型项目需要用地而集中开展的拆违行动，那么所谓的拆除集体土地上的违章建筑的认定就不攻自破了。

之后，律师试图提起相应的行政诉讼，但当地司法环境并不理想，行政诉讼的案件一个都不予立案。而申请行政复议时，复议受理机关不是拒绝接收复议申请就是超期不予任何答复。案件办理出现了新的困难。

随着案件的推动进展，当地部门已与当事人进行了多次协商，目前案件正在办理过程中。

（四）律师感悟

违章建筑违法无疑，但拆除违章建筑必须严格按照《中华人民共和国行政强制法》和其他法律法规规定的法定程序实施，程序违法就会导致实体的不公正。程序违法的危害更甚。

本案有关部门"以拆违之名行拆迁之实"，极大地伤害了当地群众的感情，不能不说是对被拆除人利益的侵害。

本案体现的程序违法和乱用法律程序的现象发人深省，这也是目前我国地方政府普遍存在的行政执法中的违法现象。如果有关部门能够站在构建和谐社会、重视程序公正和实体公正的高度实施行政处罚，细致耐心地进行思想工

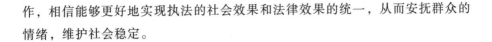

作，相信能够更好地实现执法的社会效果和法律效果的统一，从而安抚群众的情绪，维护社会稳定。

（北京融鼎律师事务所）

二　北京市朝阳区东风乡腾退纠纷案

（一）基本案情

张尚（化名）有一处房屋位于东风乡，为祖遗私有房屋，分为两个院落，前院 400 多平方米用于出租，后院 400 多平方米用于 3 家人口自住。张某手中拥有后院的批建手续，但未掌握前院的批建手续。据称前院的批建手续保存在村委会，村委会说已失火烧毁。

2012 年左右，东风乡某村以实施腾退（绿隔）、进行新农村建设的名义，启动房屋拆迁。张先生一家于 2012 年 6 月接到了腾退拆迁指挥部的通知，称指挥部已按批准启动拆迁，请张某于年末搬迁，腾退房屋交予指挥部拆除。从此张某的生活打破了往日的平静。指挥部组织人员对张先生房屋进行测量，结果只认可后院面积，前院不予认定。并始终未出具评估结果，且多次向张先生发出通牒，如不搬迁将实施强拆。

张先生与村委会经过多次沟通甚至争吵，始终未能解决问题，于是在万般无奈的情况下，找到本律师团队启动维权工作。

（二）法律分析

本案属于北京市某些农村进行的腾退拆迁纠纷案件。腾退本身并非法律程序，实为村委会和有关部门联合为规避立项、规划、用地等行政许可审批手续，逃避责任而采取的以村民自治名义非法强制收回农民宅基地的行为。

依据《北京市集体土地房屋拆迁管理办法》（北京市政府 2003 年第 124 号令）（下称《办法》）明确规定，在北京农村进行房屋拆迁必须办理房屋拆迁许可证后方可实施拆迁，具体包括占地拆迁和征地拆迁两种形式。该《办法》第 9 条规定，申请核发房屋拆迁许可证必须向有关部门提交用地批准文件、规划批准文件、拆迁实施方案、安置房屋或拆迁补偿资金的证明文件等项文件，并应发布房屋拆迁公告。该《办法》同时规定必须在实施发布暂停公告、入户测量、房屋和宅基地价值评估、征求补偿安置方案意见、进行补偿协商等一系列法律程序的情况下，才能进行房屋拆迁。依据《中华人民共和国村民委员会组织法》的规定，村民自治是指村集体由全体村民或多数代表对村务管理实行自治，可见村民自治是村务管理方面的自治。村民自治必须通过村民大会或村民代表大会以民主的方式行使权利。但村民大会无权处分集体资产。该法第24条规定了宅基地使用方案等9项村民会议讨论事项，其实宅基地使用方案的立法本意是指宅基地在集体内部的分配使用，并非处分。可见，从该法中并不能找寻到通过村民会议或自治的方式可以强制收回宅基地的法律依据。即使以村民大会或村民代表大会的形式表决某些事项，依据《中华人民共和国村民委员会组织法》的规定，村民代表的选举和产生、会议表决通过比例等都有严格的法定程序，不能随意采用会议形式。

综上所述，腾退并无直接的法律依据，实际上纯粹是村集体和某些开发实体联合起来进行的土地一级开发行为，目的还是商业开发建设。

（三）案件进展

本律师团队接到本案后，专门组织了研讨。我们感觉到腾退行为并不合法，因此，确定了以调查取证为切入点、以行政诉讼为核心程序的办案方案。

通过一系列艰难的调查取证，律师终于掌握了该拆迁程序的整体脉络：多年前进行了征地手续，但并未依据拆迁方公布的腾退或其他信息办理过立项、规划和拆迁等法律手续。

在了解到该拆迁项目的真实情况后，律师又进一步制订了具体的办案计划和方案。

最终，律师通过村务公开和政府信息公开等法律程序，提起了行政诉讼。从律师介入诉讼，拆迁方始终以当事人寻找律师为由拒绝协商补偿。立案过程并不顺畅，但该行政诉讼经过律师的努力最终取得了胜诉。胜诉后，拆迁方感觉到了压力，主动找到当事人要求停止同时进行的其他诉讼，同意协商并可以考虑认定前院面积。

随后，本案进入实质性的拆迁补偿谈判阶段，目前尚在办理当中。

（四）律师感悟

通过办理大量拆迁维权案件，律师发现腾退拆迁只在北京存在，其他地方城市并无此名义。

腾退案件是拆迁案件中最难办理的类型，主要体现为以下 3 个方面。

（1）拆迁方公布的拆迁项目与实际项目名称不符。这直接导致了律师调查立项批复等手续时，走了不少弯路，发改委、规划等部门一致答复"查无此项目名称"。此举显然是为了减少诉讼带来的麻烦与压力。

（2）诉讼立案难上加难。拆迁相关诉讼本来就存在种种困难，腾退拆迁则将这种困难体现得更为淋漓尽致。律师在试图提起有关行政诉讼或民事诉讼时，法院都会以"村民自治"为由不予立案，导致律师为立案工作"跑断腿"，耽搁了很多宝贵时间。

（3）拆迁方抵触律师介入。在北京存在腾退较多的海淀区、朝阳区等地，拆迁方全部都抵触律师介入，对有律师参与的被拆迁户一律不谈补偿或缓谈。造成律师工作前期陷入被动局面，当事人心理也承受着巨大的压力和考验。

公理必然昭明，公道自在人心。腾退拆迁项目毕竟存在诸多违法之处，其实无论怎样拆迁方只是为减少补偿支出而已。律师只要耐心、细致地运用专业知识和技能开展工作，在腾退拆迁中还是能够为被拆迁人提供具有较高价值的法律服务的，当然律师的办案思路和当事人的配合与坚持是极其重要的。我们相信，随着国家各项改革的深入、法治精神的弘扬、依法治国方略的深入推进，拆迁等公方行为必然将逐渐走到合法、合理的轨道上来。

（北京融鼎律师事务所）

三　从刘某土地征收款分配案看农村集体经济组织成员身份认定

（一）案情简介

1992 年初，刘某与株洲市芦淞区曲尺乡栗塘村柴山口组村民袁某结婚，同年 8 月，刘某户口迁入栗塘村柴山口组，要求分田，被组上告知排队等候。1994 年，刘某与袁某离婚，并办理分户手续，户口仍在栗塘村柴山口组。1996 年，刘某生育一男孩小刘（其父在与刘某办理结婚登记前夕出车祸身亡），依法并经栗塘村柴山口组同意将小刘落户在柴山口组。刘某一直要求承包经营权而未获村组支持。2005 年栗塘村柴山口组土地被征收，征收款均已由村组分配，而刘某被排除在分配名单之外，刘某因而诉诸法院。

（二）法律分析

本案的焦点是刘某与小刘是否具有分配征地补偿费用的资格？这个资格根据什么标准来认定？这涉及农村集体经济组织成员的身份认定问题。

1. 法律在农村集体经济组织成员身份认定问题上尚处于模糊阶段

（1）法律法规缺失

《土地管理法》第 49 条规定："被征地的农村经济经济组织应当将征收的补偿费用的收支状况向本集体经济组织成员公布，接受监督。"同时《土地管理法实施条例》第 26 条规定："土地补偿费归农村集体经济组织所有。"《国务院关于深化改革严格土地管理的决定》第 15 条规定：省、自治区、直辖市人民政府应当根据土地补偿费主要用于被征地农户的原则，制定土地补偿费在农村集体经济组织内部的分配办法。不难看出这些规定仅仅是宏观的原则性的规定，均没有具体涉及土地补偿款在集体经济组织内部如何分配的问题。

（2）行政规章缺失

《关于完善征地补偿安置制度的指导意见》（国土资发〔2004〕238 号）中有这样的规定："土地补偿费的分配，按照土地补偿主要用于被征地农户的原则，土地补偿费应在农村集体经济组织内部合理分配。具体分配办法由省级人民政府制定。土地全部被征收的，同时农村集体经济组织撤销建制的，土地补偿款应全部用于被征地农民生产生活安置。"从中可以看出，省级人民政府有权力制定土地补偿费的分配办法。同时，"土地补偿主要用于被征地农户的原则"表明，只要土地没有全部被征收，土地补偿费就可以有一部分不直接分配给农户，而是由集体决定用于其他用途。

《关于加强农村集体经济组织征地补偿费监督管理指导工作的意见》（农业部农经发〔2005〕1 号）中指出"土地补偿费的分配、使用预算方案要经农村集体经济组织成员大会或成员代表大会批准，事后要将土地补偿费的实际开支、管理情况向农村集体经济组织成员大会或成员代表大会报告"，"土地补偿费的使用和分配要按有关规定经过民主讨论，实行民主决策，民主管理，民主监督"。该指导意见对于土地补偿款如何在农民和集体之间进行分配，以及在农民之间如何分配等细节问题，并没有给出明确的意见，只是给出了程序性的规定，由于这些不够明确的规定，给土地补偿费的分配使用带来了很大不确定性。

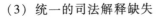

（3）统一的司法解释缺失

《最高人民法院关于审理涉及农村土地承包纠纷案件中适用法律问题的解释》（法释〔2005〕6号）中第24条规定："农村集体经济组织或者村民委员会、村民小组，可以依照法律规定的民主议定程序，决定在本集体经济组织内部分配已经收到的土地补偿费。征地补偿安置方案确定时已经具有本集体经济组织成员资格的人，请求支付相应份额的，应予支持。但已报全国人大常委会、国务院备案的地方性法规、自治条例和单行条例、地方政府规章对土地补偿费在农村集体经济组织内部的分配办法另有规定的除外。"没有涉及集体经济组织成员资格认定的标准问题。

最高人民法院在召开法释〔2005〕6号司法解释的新闻发布会上就为何没有对农村集体经济组织成员资格认定标准做出规定进行了解释："由于农村集体经济组织成员资格认定问题涉及广大农民的基本权利，属于《立法法》第42条第1款所规定的情形，其界定权在全国人大常委会，不宜通过司法解释对此重大问题进行规定，我院已经根据《立法法》第43条规定，就农村集体经济组织成员资格问题建议全国人大常委会作出立法解释或者相关规定。"遗憾的是，至今仍未见到全国人大常委会就集体经济组织成员资格认定标准问题出台相关的文件。

（4）地方性法规规定认定标准不一

没有全国统一的法律法规，也没有统一的司法解释，为了解决实际生活中层出不穷的土地补偿费纠纷，部分地方政府和法院发布了各自的文件对实务进行指导，对于集体经济组织成员资格认定标准做出了各自的判定标准。

自2008年1月1日起实施的《浙江省村经济合作社组织条例》规定"户籍关系在本村、年满16周岁的农民，均可以参加村经济合作社成为社员。户籍关系不在本村但在本村劳动的农民加入本村经济合作社问题，由村经济合作社章程规定"。对农村集体经济组织成员认定的标准采用"户口+年龄+章程"的原则来判定。

2007年3月27日公布的《天津市高级人民法院关于农村集体经济组织成员资格确认问题的意见》（津高法民一字〔2007〕3号）对于集体经济组织成员资格认定的问题做了较为具体的规定，其第一条规定"农村集体经济组织成员一般是指依法取得本集体经济组织所在地常住农业户口，在本集体经济组织内生产、生活的人。不符合或不完全符合上述条件，但确以本集体经济组织的土地为基本生活保障的人，也应认定具有本集体经济组织成员资格"。将"以本集体经济组织的土地为基本生活保障"作为认定成员资格的实质要件，给判定成员资格提供了依据。

2006年10月1日起实施的《广东省农村集体经济组织管理规定》第15条规定"原人民公社、生产大队、生产队的成员，户口保留在农村集体经济组织所在地，履行法律法规和组织章程规定义务的，属于农村集体经济组织的成员"。对农村集体经济组织成员认定的标准采用"户口+履行义务"的原则来判断。

从以上几个省市的规定可以看出，由于国家没有统一的集体经济组织成员资格认定的标准，各省结合自身实际所做出的规定不完全一致，而且有些地区还会出现政出多门的情况。

2. 农村集体经济组织成员身份认定在实践中的主要原则

（1）户口原则

只要户口在该村（组），就享有该村征地补偿款的分配权。最高人民法院研究室的汪冶平法官就提出过，"合法的居住本村且属农村户口即为本村集体经济组织成员"，这就是以户籍来确认村民的资格。

目前法院在处理相关案件中主要采用的也是这个原则，虽然存在一定弊病，但不可否认的是，在中国目前的体制下，以户口作为衡量标准具有一定的客观真实性。

（2）事实原则

只要是长期在本村（组）生活，就应当享有征地补偿费用的分配权。这也是法院在审理案件的过程中对集体成员身份认定的衡量标准之一。

虽然户籍制度限制了城乡的一体化及人口的自然流动，但自改革开放后流动人口逐年增加，近几年更呈现为快速的增长态势，据国家卫生计生委2014年11月18日发布《中国流动人口发展报告2014》，到2013年末，全国流动人口的总量为2.45亿，超过总人口的1/6。在这种背景下，如果死板地套用户籍所在地，根本反映不出这部分人群的真实生活区域及其与土地、集体之间的真实关系。

实践中，认定农村集体经济组织成员资格的参照标准主要有是否为本村村民，是否具有本村户口，是否承包土地，是否在村或组实际生产生活，是否经村民会议、村民代表会议同意，是否符合章程，是否与农村集体经济组织形成权利义务关系等。

（3）户籍与义务相结合原则

主要是采用户籍与义务相结合的标准，即只要户口登记在集体经济组织所在的村民委员会或村民小组并在本集体经济组织中实际尽到义务即可确认农村集体经济组织成员资格。

3. 律师感悟

（1）农村集体经济组织成员身份认定立法空白亟待解决

随着我国城市化进程和现代化建设步伐的加快，用地需求量增多，城乡接合部的乡村土地被征用情况呈逐年上升趋势，这一变化的直接结果就是导致涉及农村土地征收补偿分配的纠纷只增不减，而且某种程度上已经出现井喷的状况。这些纠纷很容易造成群体性矛盾，给社会稳定带来了很大的负面影响。

截至目前，我国还没有相应的统一的法律、行政法规、部门规章或司法解释就农村集体经济组织成员资格认定问题做出规定，这为司法实践中解决此类纠纷造成困难。

确认集体经济组织成员资格涉及广大农民的最根本利益，亟待全国人大以法律的形式予以明确规定。

（2）农村集体经济组织成员身份认定不能由村民自治解决

在与农村集体经济组织成员身份认定相关的地方法规、部门规章中，以及司法实践中，经常出现村民通过集体投票的形式决定对部分成员是否予以分配征地补偿款的情况，这种变相通过村民自治来决定部分成员身份的做法，既不合理也不合法。

关于农村集体组织成员资格的认定，不属于村民自治事项，不能通过村民集体表决、投票等方式决定。《中华人民共和国村民组织法》第19条规定了应当提请村委会表决通过的事项。纵观该条规定的事项，都是有关村内的社会事务、公益事业、经济建设及个人行为的管理事项，而对集体成员身份的认定直接关系到部分人的利益，同时也涉及其他组织成员乃至集体的利益，对于如此重大而又涉及各方利益的事项，在我国目前的体制下当然不能单纯地由村民自治决定。

此外，现实中经常出现村民以村民大会的形式对是否向部分成员发放征地补偿款予以表决。表决的村民也是利益的关系人，如果认定部分村民有集体成员身份，就势必减少其他人的分配数额，因此大部分村民肯定不同意。如此一来，少数人必将永远无法通过民主的形式维护自己的利益。

（北京融鼎律师事务所）

四 从杨某某房屋征收案看房屋征收拆迁中
合法程序及信息公开①

(一)案情简介

2007年10月16日,株洲市房产管理局向湖南某职业技术学院做出房屋拆迁许可证(迁字〔2007〕19号),杨某某的部分房屋在拆迁范围内,且在拆迁许可期内未能拆迁。

2010年,株洲市人民政府启动神农大道建设项目。

2010年7月25日,株洲市发改委批准立项。

2011年7月14日,株洲市规划局颁发了建设用地规划许可证(株规用〔2011〕0066号)。

杨某某的房屋位于泰山路与规划的神农大道交会处,占地面积418平方米,建筑面积582.12平方米,房屋地面高于神农大道地面10余米,部分房屋在神农大道建设项目用地红线范围内。

2011年7月15日,株洲市人民政府经论证公布了《神农大道项目建设国有土地上房屋征收补偿方案》征求公众意见。

2011年9月30日,株洲市人民政府发布了修改后的补偿方案,并做出了《株洲市人民政府国有土地上房屋征收决定》(〔2011〕1号),征收杨某某的整栋房屋,并给予合理补偿。

(二)法律分析

在现代法治理念中,完善、正当的程序是保证公权力良好运作的手段。在房屋征收过程中,政府以国家强制力为后盾,剥夺涉及基本生活生产需要的房屋所有权,涉及千家万户的基本权利,更是必须以严格的法律程序确保征收行为的合法性。

目前征地拆迁中呼声最大的就是要求严格按照法律程序办事,增加征收行为的透明度。具体到拆迁过程中,就是要求政府认清角色,明确职责,重视程序公正,重视信息公开,确实做到依法行政。一方面,为被征收者合法权利的

---

① 选自全国法院征收拆迁十大典型案例"杨某某诉株洲市人民政府房屋征收决定案"。

实现提供程序保障。另一方面，使征收者严格按照既定的规则与程序行为，有效地限制其权力，缓解双方当事人之间的矛盾，强化被征收者对征收行为的认同感，使征收行为具有合法性。

下面仅以《国有土地上房屋征收与补偿条例》为基础，整理国有土地上房屋征收与补偿所应有的程序及相关的信息公开内容。

（三）国有土地上房屋征收与补偿程序梳理

1. 房屋征收决定做出前

（1）征收房屋的各项建设活动，应当符合国民经济和社会发展规划、土地利用总体规划、城乡规划和专项规划。

（2）保障性安居工程建设、旧城区改建，应当纳入市、县级国民经济和社会发展年度计划。

（3）市、县级人民政府做出房屋征收决定前，应当按照有关规定进行社会稳定风险评估。

（4）市、县级人民政府做出房屋征收决定前，应当组织有关部门依法对征收范围内未经登记的建筑进行调查、认定和处理。

（5）做出房屋征收决定前，征收补偿费用应当足额到位、专户存储、专款专用。

2. 房屋征收决定做出后

（1）市、县级人民政府做出房屋征收决定后应当及时公告，公告应当载明征收补偿方案和行政复议、行政诉讼权利等事项。被征收人对市、县级人民政府做出的房屋征收决定不服的，可以依法申请行政复议，也可以依法提起行政诉讼。

（2）房屋征收范围确定后，不得在房屋征收范围内实施新建、扩建、改建房屋和改变房屋用途等恶意增加补偿费用的行为；违反规定实施的，不予补偿。房屋征收部门应当将前款所列事项书面通知有关部门暂停办理相关手续。暂停办理相关手续的书面通知应当载明暂停期限。暂停期限最长不得超过1年。

（3）房屋征收部门与被征收人依照本条例的规定，就补偿方式、补偿金额和支付期限、用于产权调换房屋的地点和面积、搬迁费、临时安置费或者周转用房、停产停业损失、搬迁期限、过渡方式和过渡期限等事项，订立补偿协议。

（4）被征收人可以选择货币补偿，也可以选择房屋产权调换。

（5）房屋征收部门与被征收人在征收补偿方案确定的签约期限内达不成补偿协议，或者被征收房屋所有权人不明确的，由房屋征收部门报请做出房屋征收决定的市、县级人民政府依照本条例的规定，按照征收补偿方案做出补偿决定，并在房屋征收范围内予以公告。

3. 关于征收补偿方案

（1）市、县级人民政府应当组织有关部门对征收补偿方案进行论证并予以公布，征求公众意见，征求意见期限不得少于 30 日。

（2）市、县级人民政府应当将征求意见情况和根据公众意见修改的情况及时公布。

（3）因旧城区改建需要征收房屋，多数被征收人认为征收补偿方案不符合本条例规定的，市、县级人民政府应当组织由被征收人和公众代表参加的听证会，并根据听证会情况修改方案。

4. 关于房屋的调查登记

（1）房屋征收部门应当对房屋征收范围内房屋的权属、区位、用途、建筑面积等情况组织调查登记，被征收人应当予以配合。

（2）调查结果应当在房屋征收范围内向被征收人公布。

5. 关于房屋价值的评估

（1）被征收房屋的价值，由具有相应资质的房地产价格评估机构按照房屋征收评估办法评估确定。

（2）房地产价格评估机构由被征收人协商选定，协商不成的。通过多数决定、随机选定等方式确定，具体办法由省、自治区、直辖市制定。

（3）对被征收房屋价值的补偿，不得低于房屋征收决定公告之日被征收房屋类似房地产的市场价格。

（4）对评估确定的被征收房屋价值有异议的，可以向房地产价格评估机构申请复核评估。

（5）对复核结果有异议的，可以向房地产价格评估专家委员会申请鉴定。

6. 关于房屋的强制拆迁

（1）实施房屋征收应当先补偿、后搬迁。

（2）被征收人在法定期限内不申请行政复议或者不提起行政诉讼，在补偿决定规定的期限内又不搬迁的，由做出房屋征收决定的市、县级人民政府依法申请人民法院强制执行。

（3）强制执行申请书应当附具补偿金额和专户存储账号、产权调换房屋和周转用房的地点和面积等材料。

（4）房屋征收部门应当依法建立房屋征收补偿档案，并将分户补偿情况在房屋征收范围内向被征收人公布。

（四）国有土地上房屋征收与补偿中可申请公开的政府信息

国有土地上房屋征收与补偿中可申请公开的政府信息如表 1 所示。

表 1　国有土地上房屋征收与补偿可申请公开的事项及被申请人

序号	申请事项	被申请人
①	国民经济和社会发展规划纲要	区（县）政府
②	国民经济和社会发展计划的年度决议	
③	度国民经济、社会发展计划的安排	
④	关于房屋征收的决定	
⑤	房屋征收补偿安置实施方案	区（县）房屋征收主管部门
⑥	公开选择房地产评估机构的公告	
⑦	确定定评估机构的文件	
⑧	被征收房屋的评估报告	
⑨	建设项目的立项批复文件	区（县）/市发改委
⑩	建设用地规划批准文件	区（县）/市规划局
⑪	用地批准文件	区（县）/市国土资源局
⑫	用地预审意见	

（1）申请事项①～⑧具体的法律依据为《国有土地上房屋征收与补偿条例》。

（2）申请事项⑨（建设项目的立项批复文件）的法律依据：《国务院关于投资体制改革的决定》（国发〔2004〕20 号文件）。无论是项目的审批制、核准制还是备案制，政府投资主管部门均会保留相关的立项批复文件。项目建设无立项批复文件则属非法。

（3）申请事项⑩（建设用地规划批准文件）的法律依据：《城乡规划法》第 37 条、第 38 条规定，由城乡规划行政主管部门核发建设用地规划许可证，作为建设单位向土地主管部门申请征用、划拨和有偿使用土地的法律凭证。

（4）申请事项⑪（用地批准文件）的法律依据：《土地管理法》第 11 条规定，单位和个人依法使用的国有土地，由县级以上人民政府登记造册，核发证书，确认使用权。

（5）申请事项⑫（用地预审意见）的法律依据：《建设项目用地预审管理办法》第 2 条规定，本办法所称建设项目用地预审，是指国土资源管理部门在建设项目审批、核准、备案阶段，依法对建设项目涉及的土地利用事项进行的审查。

（五）律师感悟

从被征收者的角度看，了解政府在房屋征收过程的法定性程序，以及与此相关的信息公开内容、信息公开负责部门，使被征收者在可面对违法行政征收时既能合法地予以对抗，又能在非法行政征收后积极地利用政府信息公开申请、行政复议、行政诉讼等司法行政手段寻求救济，从而合法地维护自身权益。

（北京融鼎律师事务所）

五 石家庄藁城区胡彦格等 70 多户土地征收纠纷评析

（一）基本情况

胡彦格等 40 户位于河北省石家庄藁城区廉州镇五界村，藁城区南行 3 公里即到。2014 年因石济客运专线①建设需征收五界村部分土地，涉及拆迁住户 70 多户。

2014 年 6 月，河北国信房地产估价事务所对五界村拆迁户进行房屋价格评估。以胡彦格家为例，家庭房屋建筑面积 79.56 平方米，砖混结构，砖木顶，内白外清水，木门窗，评估价 34746 元，过渡费和拆迁费一共每平方米每月 45 元，连续给 12 个月。安置标准是政府给另批宅地基，让被拆迁人自己盖房屋。

---

① 石济客运专线是太（原）青（岛）客运专线的一部分，是国家规划"四纵四横"快速铁路网的一横的中段。石济客运专线起自石家庄新客站，终于济南东客站，大致与既有石德铁路和京沪铁路平行，线路正线全长 319.39 公里，速度目标值 250 公里/小时。

五界村被拆迁人认为补偿标准过低，不满意，到发改委反映问题，发改委又让河北国信房地产估价事务所进行补漏评估，把第一次评估落下的又补评了一次。

2014 年 11 月 17 日，五界村被拆迁人又到发改委，提出四点问题。

一是房屋评估价和房屋再造价差距悬殊，中间差额由谁来补偿。

二是农村建房涉及 70 多户，同时盖房，政府给予 1 年的过渡期太短，至少需要 2 年以上甚至 3 年。

三是拆迁期间和过渡期间的误工费补偿问题。

四是年老者，没有收入能力，再造房无财无力，这问题怎么解决。

此次活动有 40 多户签名，但发改委至今未予回复。

另外，在藁城居住楼房每平方米房价为 5000～7000 元，在五界村附近集资楼每平方米 3000 元。廉州镇尚庄村和西刘村也涉及房屋拆迁，其中尚庄村为商业开发，补偿标准是每户给予 305 平方米的楼房，再给 40 万元补贴，对比起来，实在是天壤之别。

（二）思考与评析

目前在我国，与土地有关的社会冲突不时发生，令人深思，值得理论界深入研究。这是"为贯彻落实依法治国基本方略，建设法治中国"的核心环节之一。笔者有以下几点不成熟的看法。

第一，我国征地引起冲突的原因在于补偿标准远低于市场价格。

在我国法律上，农民土地归集体所有，集体所有制被看作公有制的一种形式。从政府立场看，发展经济符合公共利益的要求。所以，当经济发展，特别是因公益或公共利益的需要占用农民的土地时，农民作为公有土地的实际占有者和使用者，应该将土地交出来。这种关系难以被看作市场交换关系，因此，政府相关部门方面认为自己给农民的支付是一种补偿，不是一种交易。既然是补偿，就难以在双方建立一种基于市场关系的平等交易的契约，平等的、公正的观念很难形成；补偿的多少，就看政治格局的许可。通常认为，补偿又不是赔偿，赔偿是按照市场价格（通常说照价赔偿），补偿是对损失的部分补助，即降低部分损失，似乎补偿低于市场价格是可以的、合理的。若政府方面认为有可利用的政治资源，就会让土地使用者做出更大的让步，就有可能进一步压低补偿的水平，即远低于市场价格。而在农民方面，也有可能尽量通过集体行动提高自己的政治压力，把补偿水平尽可能提高。这种本来是经济关系，一旦转变为政治关系，就容易增大各种不确定性，甚至引起官民、民商的冲突。

第二，发达国家不会因征地引起冲突的原因在于政府高于市场价格征用土地。

不会引起冲突，可以说是文明国家征地的表现。发达国家也有法律规定，在特定情况下为了公共利益，可以强行征收、征用公民的土地或不动产，但在非战争状态下，这种情形的发生极为罕见。因为，人类进化到现在，西方文明已经做到了驯服它们的政府，它所积淀的现代文明规则已经不允许这种事情发生了。当代发达国家也会有经济开发，也会有城市建设，但这些活动都绝不能成为强征强拆的合理理由。通常，交通枢纽（公益）等重要控制性设施进行建设涉及征地时，政府出价不仅高于市场价格，还会考虑购买行为对周边利益相关人的影响，即不仅对被征地的人进行补偿，而且对没有拆迁的但有影响的利益相关人也进行赔偿。可见，发达国家政府征用土地不会引起冲突的根本原因是政府高于市场价格征用土地。

第三，因公共利益征用土地，需要遵循征用"冲突"经济规律。

一些发达国家虽然也规定，在关键控制性公共设施建设中，如果选择地点有唯一性、不可更改时，面对所必要征地，政府可以按严格程序强行购买，但现实操作中因为补偿到位，强行购买极少发生。这里的"补偿到位"就是高于市场价格，即政府出价一般会高于市场价格。这里需要说明两点。一是正确理解"补偿"。这是一个观念问题，就是中国人对"补偿"的理解有偏见。一般认为：补偿就是低于市场价格。这种理解极为错误。补偿既可以低于市场价格，也可以等于和高于市场价格。二是征用"冲突"也有经济规律。即补偿越低于市场价格，冲突就越有可能发生，补偿越接近市场价格，冲突就越少，而补偿高于市场价格，冲突就很难发生。这些观点可以看成"冲突"经济规律。我们党经常告诫我们的党员干部按照经济规律办事，对政府征地有一句关键的话，就是：政府的补偿应当高于市场价格，就不会发生征用"冲突"。如果发生了，大多数情况下一定是补偿低于市场价格。可见，公共利益不是征用土地的好借口，尤其不是强制征地的好借口。

第四，正确理解市场价格，按照市场价格补贴，有时并不公正。①市场价格是商品在市场上买卖的价格。市场价格是由部门内部竞争形成的，它决定于两个因素：商品的价值和这种商品在市场上的供求状况。因此，市场价格不是单方决定的价格，是一个愿买，一个愿卖构成的价格；一个愿买，一个不愿卖构不成市场价格。②按照市场价格补贴，有时并不公正。比如，北京某一小区，房中介提供的本小区一套 60 平方米的房子，售价 180 万元，单价 3 万元，但绝大多人不愿意按照市场价卖房。推而广之，可以进行购买意向调查，按照市场价格购买北京所有居民的房子，可以预测 95% 的居民不愿意卖，因为，拿到房款以后，因为中介费和购房税等，连以前的房子也买不回来。如此时按照市场价格强行交易，也违反了市场资源原则，是法律所不允许的。可见，按照市场价格（强行）购买农民不愿意卖的房子也不公正。也就是说，在农民不愿意的情况下，按照市场价格补贴，并不公正，如果非要这么做就有损正义，剥夺农民不同意的权利就是剥夺人权。

第五，在征地中，不应涉及所有权，而应根据财产权来进行。

我国封建社会有一句话："普天之下，莫非王土。"这句话意思是，"普天之下，皆是王土"，可是这并不影响封建时代的市民、农民和商人进行土地交易，这好像是，土地的所有权归皇帝，财产权归农民、市民和商人等。并且土地交易都是按照市场价格来进行的，恰恰是我们今天提倡的"市场在资源配置中起决定性作用"。按照情理说，中国农民的土地权利，是农民的财产权。1953 年，农村集体经济成立时，集体并没有给农民支付土地价格，即没有付费，按官方说法，农民是自愿加入集体经济的，从法理上说，这样的集体经济没有权力剥夺农民对自己土地的原始权利。因为公共利益，或公共事业的需要，就让农民按政府定价交出土地，是公权对私权的严重侵犯。时下正提倡"把权力装到法治的笼子里"，那么就应把"强行征地、强项拆除民房的权力关在牢笼里"。如果这个特权"关不住"，又怎么说我们是以人为本，法治城镇化，依法治国呢？

第六，征收农民的房子，或对拆迁农户进行补贴，应是对"重置房子"的补贴，也可以说应按照"替代房子"的价格进行补贴。

对农户进行征地拆迁（这里假定农户只有唯一住房），造成了农户无房住，无家可归，此时的补贴，应补贴给农户一个家：房子。补贴一个替代原来的房子，即"重置房子"的价格，而不是对农户现在的房子进行成本建设的折旧等的评估，因为这样农户依然没有房子住，没有"家"。有以下三种可能方法。一是利用现代技术，把农户现有住房"移"到新批的地基上，在不损害房屋质量的前提下，目前此技术行不通。二是购买和拆迁农户同等质量、同等年限、同等大小的农居，赔偿给农户，目前农村二手房市场还没有建立起来，不存在地理上接近，使用相同年份的旧房子，或者说这类房子奇缺。三是按照"重置房子"或"替代房子"的价格进行补偿。由于"物以稀为贵",其"替代房子"或"重置房子"的价格就只能是新房子的价格,即评估的是地理上接近,同等面积的新房子的价格。可见,征收农民的房子,应是对"重置房子"进行评估,而不是对原旧房评估,应按照"重置房子"或者说"替代房子"(目前,在农村只能是新房子)的价格进行补贴。

这里以城市的拆迁为例进一步说明不能对拆迁房子评估,而是对"替代房子"或"重置房子"的评估。在城市里,二手房市场发达,富余房源较多。所以在城市里拆迁市民的房子,在理论上,可以按照"替代房子"的价格进行补贴,比如要拆迁某市民已经居住 10 年的 60 平方米的房子,可以给他同地段、同面积、同楼层、同年限的房子的价款,再加上交易费用和搬迁费等,即补贴价款=房子的价款+交易费用+搬迁费用+其他费用。可见,此时补贴要高于价格。实际上,目前城市对市民的拆迁补贴并不采用这种做法,真实情况是,要拆迁某市民已经居住 10 年的 60 平方米的房子,往往让市民进行以下选择。①面积扩大了的新房子+货币补贴。以 60 平方米为例。补贴 60 平方米×1.2(或 1.5、1.7,这取决于由好地段迁至不好地段的距离)+几十万元价款(或其他数额)+根据人头补贴的价款。②房子补贴。以 60 平方米为例,补贴 60 平方米×1.2(或 1.5、1.7)。③货币补贴。一般拿到货币补贴以后,可以买到比原来更新,比原来更大的房子。其中,目前我国城市拆迁补贴,以第一种为主要方式。

在本案中,2014 年 6 月,河北国信房地产估价事务所对五界村拆迁户进行房屋价格评估。以胡彦格家为例,家庭房屋建筑面积 79.56 平方米,砖混结构,砖木顶,内白外清水,木门窗,评估价 34746 元,这个估价基本是在建设成本价的基础上,进行折价得出来的,所以评估价很低。这里举例进一步说明不能对拆迁房子评估,应对"替代房子"或"重置房子"评估的理由。例如,北京市海淀区知春路罗庄东里小区,是北京市财政局的居民小区,有一、二、三居室,1995 年建成,1999 年住房市场化改革时,以 60 平方米的两居室来看,当时居民交 4 万元的房款,就办理房产证,成为居民个人的房子,可以上市,2009 年该类房子的市场价格大约为 110 万元,2014 年初为 320 万元,问拆迁应按哪个计算?事实依然按照上述的第一种为主要方式,即按"重置房子"的价格补贴(即面积扩大了的新房子+货币补贴,补贴远大于原有旧房)。

当前,从经济发展上讲,城市要反哺农村,加强城乡发展一体化;从政治上讲,要密切联系群众,保护公民的利益。因此,实现城乡发展制度一体化是

大势所趋，我们不妨就把城市的拆迁补贴办法运用到我们的农民兄弟身上。

第七，对农民兄弟土地征收过程，也是农民兄弟做贡献的过程，应按照贡献分配。

试想，"石济客运专线"修到五界村之前，有两种方案。一是绕行五界村，就不会发生"七十多户土地征收纠纷"问题。二是"征收五界村部分土地，涉及拆迁住户 70 多户"的问题。第一个方案一定是成本高，不经济、线路不科学、易造成事故多发等，选用第二个方案，一定能降低成本，比如降低成本 2000 万元，可以拿出一些来补贴农民，这是对农民做出贡献的回报和补偿。这是工业补贴农业。不要忘了社会主义的分配原则，除了按劳分配以外，还有按贡献分配。

最后总结一下，确实因公共利益对农户拆迁（这里假定农户只有唯一住房）时，可以有以下几种补偿方式。

①按照城市拆迁对拆迁户的补贴办法进行补贴。

②应按对"重置"一套与农户原房同面积的、基本同地段的（新格局、新结构）房子进行估价（对城里的砖混房子的拆迁，补贴的混凝度架构的房子，以此为基数，再乘以一个系数，再加一定的补贴等）。因此，对农户补贴应为：

补贴＝面积扩大了的新房子（扩大系数根据情况来定，最小为 1）＋货币补贴（搬迁费等费用）。

③最好不要让农户自建房屋，应由政府相关部门规划设计，通过招标等方式由开发商进行建设。城市市民拆迁，自建吗？农户是农业劳动者，不是建筑工人，自建不能保证房屋质量，且每一个农户和房地产开发商谈判，交易成本很高。政府相关部门规划设计建设等体现建房规模经济、能保证房屋的安全性（汶川地震农户自建房几乎都塌了，是个教训）。

第八，在公共领域，凡是利益相关区的居民都应平等享有政府所提供的公共服务，不得有任何歧视性。

当代人类文明的基础有一条基本行为规则。就是在公共领域，凡是利益相关区的居民都应平等享有政府所提供的公共服务，不得有任何歧视性。这一原则的实施必须以公权力合理设置为前提，由此社会才能和谐，弱势阶层的基本利益才能得到观照。将这一原则应运到土地管理中，就是要允许中国居民拥有必要的土地财产权，在设定底线用途的前提下，让他们自主决定土地的利用方式，自主按照市场原则交易土地权力，土地资源才能得到高效永续利用。

第九，完善法制型的法律法规，不要制定带"不"的制度。

美国管理大师说过：带"不"的制度都是无效制度。笔者认为：带"不"的制度不仅是无效制度，有时还是"人治"制度，不是法治型制度。例如"不准强拆"等，如果强行拆迁了怎么办？法律里没有惩罚条款，是空白，只能经上级研究决定，这是"人治"的主要特征，不符合"法治城镇化"。

笔者对石家庄藁城区胡彦格等 70 多户土地征收纠纷提供的解决思路：①对农户的房屋评估的思路不对，应是对"重置"一套同面积的、基本同地段的（新格局、新结构）房子的估价（补充说明，对城里的砖混房子的拆迁，补贴的混凝度架构的房子）。以此为基数，再乘以一个系数，再加一定的补贴等。城市市民拆迁，自建吗？农户是农业劳动者，不是建筑工人，自建不能保证房屋质量，且每一个农户和房地产开发商谈判，交易成本很高。政府相关部门规划设计建设等体现建房规模经济、能保证房屋的安全性（汶川地震农户自建房几乎都塌了，是个教训）。即：补贴=面积扩大了的新房子（扩大系数根据情况来定，最小为 1）+货币补贴（搬迁费等费用）。②最好不要让农户自建房，应由政府相关部门规划设计，通过招标等方式由开发商进行建设。

执笔人：刘伟，华北科技学院管理学院教授

六　城镇化中农民财产权保护的律师视角

城镇化建设是新一届中央政府提出的重要战略方针，对扩大内需、拉动经济增长具有战略意义，而城镇化建设必须以法治城市化为指引，对此四中全会依法治国精神已有深入阐释。

城镇化建设事关中国广大农民的切身利益——财产权保护的问题，作为一名执业律师，长期从事农民权益维权法律工作，对农民财产权的保护深有体会，在此向与会各位专家、领导汇报一下自身办案体会。

（一）农民财产权遭受侵害的行为表现

1. 征地

《中华人民共和国宪法》第 10 条第 3 款规定"国家为了公共利益的需要，可以依照法律规定对土地实行征收或者征用并给予补偿。"这为征地制度提供了宪法依据和基础；《中华人民共和国土地管理法》第五章"建设用地"部分进行了配套规定，为征地行为提供了法律条文指引。同时该章也规定国家进行建设必须使用国有土地，由于城市国有土地的市场化和资源限制，就出现了大规模征地行为。但遗憾的是集体土地在"变性"或"农转用"过程中，征地主体只能为国家，而且只要国家基于公共利益需要征地的，作为集体土地所有者的农民必须服从，而且补偿标准由征地主体——国家自行规定，实际上导致了"集体土地强制买卖"现象的出现。

虽然《中华人民共和国土地管理法》（2004年修订）、《中华人民共和国土地管理法实施条例》（2014年修订）和《征用土地公告办法》（2010年修订）等基本法对征地的实施程序进行了规定，但实践中执法程序比较混乱，地方政府实施起来比较随意，且不公开、不透明、不公正现象较为严重，更缺乏有效监督，直接导致农民土地权益的保护的障碍。

依据《中华人民共和国土地管理法》（2004年修订）第47条规定，征地应按被征收土地的原用途给予补偿，耕地的征地补偿费按照被征收前三年平均年产值的4~6倍进行补偿，而对于青苗补偿费授权省级政府自行制定。可见，征地补偿并未能体现集体土地也应具有的市场价值，相比国有土地而言显失公平。而且征地一般都由地方政府实施，与个体农民最相关的青苗补偿费又由其制定标准，也不能体现程序公正。

综上，征地制度本身对农民权益构成了制度侵害。

2. 拆迁

目前，农村房屋拆迁领域，基本只有北京制定了专项法规——《北京市集体土地房屋拆迁管理办法》，这在一定意义上体现了农村房屋及所占土地的市场价值。但其他地方基本没有专项法律法规，导致程序混乱，无法可依，拆迁的随意化、恶意化较为严重。评估流于形式，补偿定价不合理，被拆迁人无处申诉。

更为严重的是，违法强拆比比皆是，必然导致矛盾集中凸显。《国有土地上房屋征收与补偿条例》出台后已禁止行政强拆，2011年3月17日《关于加强监督检查进一步规范征地拆迁行为的通知》（中纪办〔2011〕8号）明确规定了"在《土地管理法》等法律法规做出修订之前，集体土地上房屋拆迁，要参照新颁布的《国有土地上房屋征收与补偿条例》的精神执行"。但令人惋惜的是，农村强拆违法行为依然突出。

正由于拆迁程序不透明、补偿不公正，导致被拆迁人对拆迁存在严重的误解，不公开难以保证公正，不透明无法建立互信，被拆迁人普遍认为强拆其房屋不是国家在执法，而是一种严重的"侵略"行为。这当然与执法违法和"政策宣传不到位"直接相关。

某些地方更是以"腾退"等村民自治名义套用拆迁程序。"腾退"本身并非拆迁法律程序，也并非法律词汇，实际上是以村民自治名义强制剥夺土地的违法行为。

3. 农用地承包经营权分配不均和违法流转

依据《中华人民共和国农村土地承包法》第63条规定，农村集体预留的机动地不得超过其耕地总面积的5%。机动地制度本意本是用于机动调整承包主体之间失衡的砝码，但某些地方农村集体经济组织却"智慧"非常，以机动地名义大量截留耕地不进行家庭联产承包，而进行公开协商等其他方式的"惜分"行为，哄抬承包价格，据了解，某些地方此形式的承包价格高达每亩500元左右，这是对农民财产权和基本生活权的严重侵害，更是对"家庭联产承包责任制"制度的严重践踏。

《中华人民共和国农村土地承包法》第33条规定，土地承包经营权流转应坚持平等协商、自愿、有偿原则，不得改变土地所有权的性质和土地的农业用途。第34条规定，土地承包经营权流转的主体是承包方。承包方有权依法自主决定土地承包经营权是否流转和流转的方式。第35条规定，承包期内，发包方不得单方面解除承包合同，不得假借少数服从多数强迫承包方放弃或者变更土地承包经营权，不得以划分"口粮田"和"责任田"等为由收回承包地搞招标承包，不得将承包地收回抵顶欠款。但实践中，某些乡村以村民大会等名义强制流转收回承包地，进行商业化开发建设。

4. 农村宅基地房屋产权登记制度缺失

目前，我国农村法律法规缺失比较严重。例如农村房屋产权登记制度就没有法律依据。实践中造成农村房屋这一农民直接的财产权无法进行交易，无法实现经济价值。

目前国家禁止城市居民到农村购买房屋和宅基地，也阻碍了农民财产权的实现。

5. 农村集体建设用地未能体现应有价值

依据现行法律规定，农村建设用地除用于乡镇集体公益、公共设施和乡镇企业建设外，基本都是通过国家征地进行的商业建设。国有土地通过出让制度，使国家和地方政府实现客观的土地财政收入，但农村土地并无出让制度，极大地限制了农村集体土地经济价值的实现。

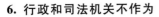

6. 行政和司法机关不作为

国家机关由于承担国家管理职能，因此其如果不作为，后果可能比渎职等更为严重。拆迁领域经常发生违法强拆、侵犯被拆迁人财产权的行为，但政府机关甚至公安机关对此保护严重缺位。而作为最终救济途径的司法程序主体的司法机关，在被拆迁人利益受损试图提起诉讼之时，又不予立案、不予公正审理。这些行为不仅极大侵害了被拆迁人的合法权益、伤害了公民的法律信仰，更直接加剧了社会矛盾的激化。

（二）农民财产权纠纷案件的律师办案现状

1. 办案环境堪忧

律师既是一个职业，又是一个民主制度的"晴雨表"。律师是维护社会公平正义的重要群体。而在拆迁中律师的执业环境却令人"担忧"。律师参与拆迁程序，遭受到了行政机关、司法机关的集体排斥和抵触。认为律师是在浑水摸鱼，骗取被拆迁人钱财，对此拆迁律师倍感"冤枉"。

由于拆迁方对拆迁信息的不公开、不透明，律师办理拆迁案件需要进行大量的调查取证工作，更何况作为被拆迁人的百姓。拆迁程序中的信息不对称，会给被拆迁人造成极大误解和恐慌。

2. 专业律师匮乏

拆迁律师背着"骂名"，在艰苦环境中辛苦"作业"，但大多不被理解，心理和身体上均承受着巨大压力，遇到的维权障碍比被拆迁人还多。因此，从事拆迁法律工作的专业律师少得可怜，全国几十万名专职律师，专业从事拆迁的寥寥可数。笔者认为，国家应在程序上注重保障律师的执业权利，才能更好地疏导拆迁引发的矛盾。

3. 案件本身具有特殊性

拆迁法律案件与普通诉讼和非诉讼案件存在着巨大的不同。首先，拆迁案件本来不具有明显的争议焦点，被拆迁人聘请律师"打官司"并不知晓"打什么""怎么打"，基本为寻找一根救命稻草进行救济罢了。其次，拆迁案件办理的平均周期一般为6个月到一年左右。再次，拆迁案件对办案律师的综合素质要求较高，律师既要精熟于法律，懂得用政策，又要具备谈判专家的心理素质和谈判技巧，还要对被拆迁人充当"心理医生"的角色。

（1）办案效果

经过拆迁律师团队的多年奋斗，已总结出一整套成熟的办案方案，基本上被拆迁人选择律师介入的，最终都能取得满意的预期效果。当然，被拆迁人的坚持及与律师的完美配合也异常重要。

（2）办案律师的"诉讼+N"服务

被拆迁人委托律师提供法律帮助，直接目的都是提高补偿，并非直接代理"打官司"，又鉴于律师职业的正义本质属性，拆迁律师办案收费一般都采取"打包式"服务，基本是为了提高补偿额度而一次性收费，提供包括但不限于N中的法律服务，可以达到当事人满意为止。

拆迁案件极为复杂，被拆迁人往往会承受巨大的心理压力，拆迁律师在办案过程中还要充当"心理医生"角色，不断进行开导、劝解，既要引导其合理维权、表达诉求、树立信心，又要疏导其情绪，防止发生极端事件。

拆迁律师还必须具备正义感，否则根本无法办理拆迁案件，也无法承受拆迁案件的各种办案压力。

执笔人：包平律师

·附　录·

法治城镇化的思考和建议

张英洪

城市化的本质是农民的市民化。中国城市化的特殊性背景在于两个基本的体制前提，即农村集体所有制和城乡二元体制。新型城市化要切实保障农民财产权，充分实现农民市民化。我国要实现城市化的战略转型，必须把加强制度供给作为新型城市化的基础工程，把依法改革创新作为新型城市化的基本方式。

1. 把加强制度供给作为新型城市化的基础工程

制度是一个社会的博弈规则，是政府提供的基本公共产品。制度在社会中的主要作用是通过建立一个人们互动的稳定结构来减少不确定性。在快速城市化进程中，我国面临的一个突出问题是制度供给的严重滞后，制度的短缺是造成城市化中诸多社会问题的重要根源。制度供给的严重滞后主要体现在三个方面。

一是制度供给滞后于实践发展。随着市场化、工业化、城市化、城乡一体化的快速发展，原来在计划经济体制和城乡二元体制下设计和制定的一系列制度，没有得到及时全面的清理和相应的修改。实践在不断发展，制度却供不应求，由此造成了新的实践与旧有制度的现实冲突与社会矛盾，产生了我国社会转型时期比较突出的制度告缺症。正如物质产品供不应求产生市场危机一样，制度供不应求会引起社会的危机。例如，在城市化进程中，大量的农村人口进入城市是经济社会发展的必然趋势，但相应的农村集体所有制和城乡二元体制没有及时配套改革，导致离开农村的农民不能自主地退出农村，进入城市的农民工又不能公平地融入城市。再比如，市场化改革以来，城乡人口可以在全国各地流动，但相应的社会保障制度等却不能在全国各地接转，等等。长期以来存在的农民工、留守老人、留守妇女、留守儿童等社会问题，正是城市化制度供给不足的后遗症。制度供给不足的不断积累，产生了制度供给惰性。

二是顶层制度设计滞后于地方改革创新。制度供给的主体可分为多个层次，从中央到地方，各级政府都承担着相应的制度供给责任。在制度供给不足的情况下，城市化的实践突破往往来源于地方的改革创新。地方改革创新的经验和实践，既有可能上升到国家层面转变为制度成果，也有可能长期被漠视而停留在地方个案的实践之中。如果地方个案创新实践不能有效转化为制度成果，其后果有二：要么使地方个案创新实践陷入锁定状态，要么就是地方各自为政，造成地方政策制度的碎片化。例如，广州市天河区早在 20 世纪 80 年代就进行农村社区股份制改革，但多年后的今天，广州市尚未出台全市统一的农村社区股份制改革的正式制度。在国家层面，更是缺乏全国性的农村集体经济产权制度改革的顶层设计和法律框架。

三是下位制度建设滞后于上位制度建设。在顶层制度设计滞后于地方改革创新的同时，下位制度建设又滞后于上位制度建设。在现代国家，宪法是一个国家的最高上位法，其他各种法律都源于宪法，落实宪法，将宪法规定具体化、细则化。在实施宪法的制度建设上，相关制度建设滞后主要有三个方面。第一，实施宪法的下位法没有制定，使宪法规定的条款无法正常实施。例如《宪法》第 10 条规定"国家为了公共利益的需要，可以依照法律规定对土地实行征收或者征用并给予补偿"。但国家至今未制定具体法律对公共利益进行界定，致使各级政府不管是公共利益还是非公共利益，都启用征地权征收或征用农村土地。第二，实施宪法的下位法制定严重滞后。例如，早在 1954 年我国《宪法》第 50 条就规定"劳动者在年老、生病或者丧失劳动能力的时候，有获得物质帮助的权利。国家逐步发展社会保险、社会救济、公费医疗和合作医疗等事业，以保障劳动者享受这种权利"。但直到 2010 年 10 月 28 日十一届全国人大常委会第十七次会议才通过第一部《中华人民共和国社会保险法》。第三，实施宪法的下位法与宪法相抵触。例如，我国宪法规定实行全民所有制和集体所有制两种公有制，城市土地属于国家所有，农村土地属于集体所有。两种公有制都平等受到宪法的保护。但现行《土地管理法》第 43 条规定"任何单位和个人进行建设，需要使用土地的，必须依法申请使用国有土地"。这就使集体土地不能直接进入市场，只能经政府征收变性为国有土地后才能进入市场，造成了集体土地与国有土地"同地不同权不同价"。此外，有些宪法条款滞后于改革发展的进程却没有得到及时修改。下位制度建设滞后于上位制度建设还体现在地方以及基层的法律法规和政策与国家法律衔接不一致。这主要有三种情况：一是违背上位法却适应改革发展实际的地方制度；二是违背上位

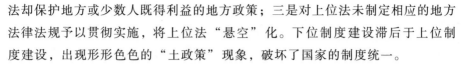

法却保护地方或少数人既得利益的地方政策；三是对上位法未制定相应的地方法律法规予以贯彻实施，将上位法"悬空"化。下位制度建设滞后于上位制度建设，出现形形色色的"土政策"现象，破坏了国家的制度统一。

因此，我们有如下建议。

一是将制度建设和制度供给作为重中之重，改变城市化进程中制度供给短缺的局面。制度作为维系社会秩序和规范社会行为最重要的公共品，及时的制度供给是各级政府的基本职责。要改变轻制度建设的观念和做法。

二是各级人大要立足本职，更有效地承担起制度建设和供给的主要职责。作为立法机关的人大，要重点专注于法制建设，改变长期以来泛行政化的倾向，应围绕城市化进程中涉及的相关问题进行立法调研，加强旧法旧规的修订和城市化的专题立法工作，保障制度供给适应实践发展的需要。

三是加强顶层设计，制定全国及地方城市化发展规划。制定城市化发展规划而非城市发展规划，是我国城市化快速发展的现实需要。城市化将农村与城市联结起来，城市化要突破单纯的城市规划或农村规划的局限，从全局的高度统筹兼顾、协调部署。

2. 把依法改革创新作为新型城市化的基本方式

改革创新是我国经济社会发展的根本动力，依法治国是党领导人民治理国家的基本方略。长期以来，我国的改革创新走的是一条违法式改革的路径。我国各地推行的城市化改革创新，在诸多方面走的也是一条违法式改革创新路子。随着依法治国方略的提出和实施，违法式改革与建设法治国家的内在矛盾冲突日益突出，违法式改革的社会后遗症越来越严重，应当及时转变改革方式，走立法式改革之路。

违法式改革就是在不修改现行法律制度的情况下，以解放思想和大胆创新为名，冲破旧的思想观念和法律制度的束缚，开创发展的新路，在改革实践取得实际成果并成为共识时，再启动修法程序，修改废除旧法律，将违法式的改革创新经验上升为新的法律制度。立法式改革就是先提出改革动议，并就改革议题进行广泛的讨论以取得共识，然后通过法定程序对改革议题进行立法，在改革法案依照法定程序通过后，再依法进行改革。违法式改革是改革实践在前，立法保障在后；立法式改革是改革立法在前，改革实践在后。简单地说，违法式改革是"先改革，再变法"；立法式改革是"先变法，再改革"。

我国改革属于典型的违法式改革。违法式改革分为自上而下的违法式改革和自下而上的违法式改革。自上而下的违法式改革，就是在未修改现行法律的情况下，由上级政府或部门允许下级或某一区域进行改革试点，特许改革试点区域可以冲破现有政策法律的框架，进行改革探索创新。例如农村集体建设用地流转试点、城乡土地增减挂钩试点等就是自上而下的违法式改革模式。自下而上的违法式改革，就是由基层群众或地方自发进行的违背现行法律制度框架的实践活动。自下而上的违法式改革有三种结果：一是得到积极肯定。将违法式改革成果合法化，其典型案例有小岗村的包产到户等。二是被坚决否定。将违法式改革视为违法行为，严格依法处理，这方面的例子相当多。三是进退两难，既不能将违法式改革合法化，又不能严格执法予以处理。城市化中涌现的"小产权"现象就是一个典型例子。违法式改革还造成了中国式的选择性执法，既将有的违法实践树立为改革典型，对有的违法实践进行严厉打击，对有的违法实践则听之任之。

我国选择违法式改革，有其历史必然性。改革之初，面对强大的计划经济体制和意识形态的束缚，在不可能通过修改既有法律制度的前提下，基层群众为谋求生存和发展只能冒着各种风险进行违法式改革，要求突破以实现生存权和发展权这些违法式改革在取得一定成果后才被认可为"伟大创造"。

市场化改革发展到今天，各种利益驱动和发展诉求交织在一起，地方改革创新的手段层出不穷，这其中既有不合法但合情合理且适应时代发展需要的改革创新实践，也有不合法却能满足地方局部利益可能损害农民利益和公共利益的所谓的改革创新。在城市化进程中，各种违法式改革和创新现象举不胜举。例如，在农村集体建设用地入市上，现行土地管理法禁止农村建设用地入市，但处于工业化、城市化前沿地区的广东省，早在 20 世纪 80 年代就出现了农村集体建设用地自发进入市场的现象。农村集体建设用地入市适应了工业化和城市化发展的需要，但与现行法律相抵触。2005 年 5 月，广东省政府发布了《广东省集体建设用地使用权流转管理办法》，允许农村集体建设用地入市。对这个政策的评价有两个层面：对于广东省内的各地开展农村集体建设用地流转来说，《广东省集体建设用地使用权流转管理办法》提供了合法的政策依据；但对于《土地管理法》来说，《广东省集体建设用地使用权流转管理办法》属于与上位法相抵触的"违法政策"。但《土地管理法》自身也存在严重的问题和不适应性。至于近年来各地在城市化进程中掀起的撤村并居、强迫农民上楼等"违法式改革"，不但损害了法律的尊严，而且极大损害了农民群众的切身利益。

违法式改革的重要原因在于既有制度的不公正不合理，以及制度建设和制度供给的严重滞后。正本清源是良治的基本要求，理论上的不清醒必然导致实践上的混乱。我国城市化进程中所呈现的一些混乱现象和无序化，对转变改革方式提出了现实的紧迫要求。

在现代法治国家，改革模式均系立法式改革。经过三十多年的改革，我国已经到了一个必须转变改革方式的新时期。我们不仅要转变经济发展方式，而且要从战略高度转变改革创新的方式，将改革创新纳入法制的框架之中，走依法改革创新之路，实现从违法式改革向立法式改革的重大转变。

立法式改革须先立良法，再依法改革。法律以正义为依归。新制定的法律必须体现社会公平正义，合乎宪法，如果宪法存在缺陷或不足，应当通过正当程序修宪。在良宪和良法的基础上，将改革纳入宪法和法律的框架之中。只有走上立法式改革的轨道，才能从根本上摆脱违法式改革造成的种种困境。

我们对此有以下建议。

一是树立法治城市化的新理念，将法治城市化提上战略高度予以统筹规划和有序推进。不管是政府主导的城市化，还是农民自主的城市化，离开法治的规范，都会产生社会弊端。

二是制定促进城市化发展的法律法规和相关改革法案。我国正处于快速城市化发展的关键时期，没有相关法律制度的规范，各自为政的城市化竞争必然导致无序的城市化。对于城中村改造、集体土地上房屋征收补偿、户籍制度改革、城乡基本公共服务均等化等城市化进程中的重大问题，都应当通过正当程序制定公正的法律制度，保障城市化中的各项改革活动在法治的轨道上健康有序运行。

三是以符合法定程序和要求的方式推行改革试点。我国幅员辽阔，情况千差万别，采取试点先行的探索路径是我国改革的重要特色和基本经验。但改革试点政策大都出自政府或政府部门，经过立法机关审议颁布相应法规的改革试点并不多。这种重行政、轻立法的改革试点模式，虽有利于提高行政效率，但不利于提高整个社会的规则意识和法治观念。

原载《中国经济时报》2014 年 6 月 9 日

新型城镇化建设应纳入法治轨道

主持人　李成刚　中国经济时报记者
受访人　张英洪　北京市农村经济研究中心研究员、法学博士
　　　　　　向春玲　中共中央党校科社部社会制度比较教研室副主任、教授
　　　　　　郑　毅　中央民族大学法学院法学博士
　　　　　　尹少成　首都经济贸易大学法学院博士后、法学博士

　　中国的城镇化被认为是 21 世纪影响人类进程的两大关键因素之一。如何推进城镇化，不仅事关中国人的福祉，也事关人类文明进程。2014 年 6 月 9 日，《中国经济时报》智库观点刊发了北京市农村经济研究中心张英洪研究员《法治城镇化的思考与建议》一文，在社会上引起了较广泛的关注——在推进新型城镇化过程中，依法改革的概念开始为人们重视。习近平总书记提出："凡属重大改革都要于法有据。在整个改革过程中，都要高度重视运用法治思维和法治方式，发挥法治的引领和推动作用，加强对立法工作的协调，确保在法治轨道上推进改革。"如何把握改革与法治的关系？如何将新型城镇化纳入法治轨道，推进法治城镇化？《中国经济时报》圆桌论坛约请了首倡法治城镇化概念的张英洪研究员、中共中央党校科社部社会制度比较教研室副主任向春玲教授、中央民族大学法学院法学博士郑毅、首都经济贸易大学法学院博士后尹少成，共同围绕法治城镇化这个话题开展讨论，希望以此进一步推动法治城镇化理念和理论的讨论与发展。

正确把握法治城镇化的理念

　　《中国经济时报》：法治城镇化的理念一经提出就引起了研究者的关注，如何理解法治城镇化的概念？

张英洪：早在 2010 年，我们在新型城镇化研究中，就明确提出走以人为本的新型城镇化道路的命题，并认为新型城镇化是民主法治的城镇化，推进城镇化建设事关城乡居民的切身利益，是重大的公共政策，要纳入民主法治的轨道。为人民谋福利、办好事的权力也必须受到严格的制约和监督。要以民主法治的方式推进城镇化，以城镇化来提升民主法治水平。

所谓法治城镇化，就是将城镇化纳入法治的轨道，以法治思维和法治方式推进城镇化，在城镇化进程中规范和约束公共权力，尊重和保障公民权利，维护和促进社会公平正义与文明进步。法治城镇化是新型城镇化的基本特征和重要内容，也是国家治理现代化的根本要求和重要体现。背离法治的城镇化，既谈不上新型城镇化，也谈不上国家治理现代化。

向春玲：在我看来，法治城镇化就是运用法治的思维和法治的方式规范城镇化进程中各主体的行为，运用法治的思维和方式积极化解城镇化进程中出现的各种矛盾和问题，维护社会的公正，从而保障城镇化各项改革的顺利进行。城镇化涉及经济、社会结构和利益格局的调整，往往导致社会矛盾增加甚至群体性事件发生，所以，城镇化必须在法治的轨道上运行，并以法治为引领。也就是说，在法治中国建设中，加强城镇化领域的科学立法、严格执法、公正司法、全民守法，以确保城镇化积极稳妥地有序推进。

郑毅：新型城镇化建设已成为未来中国长期增长和长期发展的主旋律和战略抓手，但顶层设计的高歌猛进无法消弭基层实践的制度困惑：土地制度改革与农民权益保障的矛盾依然尖锐、户籍制度改革面临重重阻力、公共服务并轨与城乡同权路漫漫其修远、城镇化与环境承载力之间的张力日益膨胀……在寻求破局之路的过程中我们发现，前述城镇化进程面临的诸多难题虽然通常被视作经济或行政管理问题，但其实也共享着"法律"的内在属性——从问题的发现、诠释再到全面解决，法治实际上扮演着目标指引与路径保障的双重角色。于是，法治城镇化的理念必将逐渐引起社会的重视。而法治城镇化的首要基础，即与城镇化相关的法制建设的程度、规模和水平。

尹少成：所谓法治城镇化，简而言之，就是指城镇化的推进必须依法进行。具体而言，一是将法治理念贯穿于城镇化建设全过程，用法治的思维指导城镇化的推进；二是加强城镇化相关领域的立法和修法工作，保证城镇化建设中有法可依；三是严格执法，保证城镇化相关立法得以有效落实；四是为城镇化过程中侵犯公民、法人或者其他组织合法权益的行为提供充分的法律救济。只有从理念、立法、执法、司法四个方面建立起一个法治化体系，城镇化推进才可能在法治轨道上运行，不偏离既定航道，符合社会经济发展的要求。

非法治城镇化的表象

《中国经济时报》：既然提倡法治城镇化，就表明我们在城镇化过程中存在法治缺陷，那些固有的非法治城镇化的表现和影响有哪些？

张英洪：城镇化中的非法治现象比较普遍，突出表现在四个方面。一是城乡制度分割与不平等，造成了两亿多的农民工问题以及一亿多的留守老人、留守妇女和留守儿童的"三留守问题"。二是农村集体产权制度改革的滞后，农民财产权保护不力，造成了农民财产权利的不平等和被剥夺。据研究，改革开放以来的30多年，农民在城市化中被剥夺土地级差收入高达30多万亿元。国务院发展研究中心的研究表明，在征地产生的土地增值分配中，投资者拿走了40%～50%，政府拿走了20%～30%，村级组织留下了25%～30%，农民拿到的补偿款只占整个土地增值收益的5%～10%。三是公权力未能关进制度的笼子，滥用权力侵害公民权利的事件不断发生。一些地方执政者缺乏法治思维和法治观念，热衷于大拆大建，有的地方强征强拆盛行，造成了一系列自焚等恶性事件和社会悲剧。四是缺乏科学有效的城乡规划和制度约束，造成城市对农村的过度侵蚀和对生态环境的严重破坏，"城市病"和"农村病"并发，人们赖以生存和生活的家园岌岌可危。

城镇化中的非法治现象的本质是缺乏对公民基本权利的尊重和保护，缺乏对生态环境的敬畏和保护，其严重后果是侵犯了公民的基本权利和生活幸福，破坏了政府的公信力，危及社会的和谐稳定与国家的长治久安。

向春玲：改革开放以来，我国城镇化的快速发展给我们带来了人口集聚、产业升级、城市文明向农村延伸，极大地改变了我国城乡的面貌，使我国从一个传统的农业大国向一个现代的工业大国迈进。但是，在以往的城镇化过程中，存在着一定的无法可依、有法不依、执法不严的现象。例如，一些失地农民的生存权和发展权得不到保障，有些不愿进城的农民被强征土地和"强迫上楼"；进城农民的公共服务和社会保障制度不完善，形成了进城农民与原有市民的不平等身份和不平等的待遇，农民工缺乏归属感和相关权益的保障，成为社会治安和刑事犯罪的主要群体。城镇化进程中缺乏统一的城乡规划，盲目开发，导致大广场、洋建筑数量众多，土地资源浪费，城市建筑失去特色，一些历史文化遗产在城镇化进程中遭到"建设性的破坏"。同时，生态环境的破

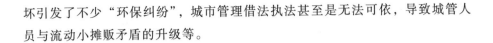

坏引发了不少"环保纠纷"，城市管理借法执法甚至是无法可依，导致城管人员与流动小摊贩矛盾的升级等。

推进法治城镇化面临的难点与问题

《中国经济时报》：当前，推进法治城镇化面临的主要障碍和问题是什么？

张英洪：推进法治城镇化面临许多障碍和问题，一是思想观念欠缺。由于长期的人治传统和人治环境，各级党员领导干部、各种学者，不少人缺乏现代法治知识、法治思维和法治观念。

二是发展方式偏差。我们在发展上习惯于一种追求目标高于一切、压倒一切的方式。例如，改革以前，我们以阶级斗争为纲；改革以来，我们以经济建设为中心。在改革发展中，我们迷信单纯的经济增长，崇拜 GDP 主义；我们还满足于"一票否决""稳定压倒一切"的思维方式和行政逻辑，等等，这就使社会的多样性发展受到压制，其结果就是社会的畸形发展、病态发展。

三是制度建设滞后。城镇化涉及农村的制度、城镇的制度以及农村人口向城镇转移的制度，核心是制度的统一、平等与开放。但由于城乡二元体制的存在，我国在农村有农村的制度，在城镇有城镇的制度，在农村与城镇之间，制度又往往是分割的、封闭的。缺乏全国城乡统一、城乡平等、城乡开放的制度体系，是法治城镇化以及国家治理现代化面临的重大问题。

四是既得利益固化。人类文明史表明，无论是什么样的制度安排，总有人或集团能够从既有的制度结构中获利，并形成利益集团。我国传统的人治城镇化同样也形成了既得利益者和既得利益格局。

五是地方执政行为陷阱。正是基于经济增长的地方政绩竞赛，使公权力行使缺乏边界的地方执政者，深陷非法治行政的陷阱之中，它带来的直接后果就是忽视对公民基本权利的保护，以及人性的沦丧和生态环境的破坏。

向春玲：目前，推进法治城镇化顺利进行的障碍和问题主要表现为以下几个方面。第一，一些城镇化领域的矛盾解决缺乏法律支撑。例如，城市化带来的人口向城市集中，给城市管理带来新的挑战，而目前，我国7.3亿的城镇常住人口却没有一部城市管理法，城市管理目前是借法执法，比如对城市中无证经营的行为，得借工商的法来管理；对随地吐痰的行为，要借卫生部门的法来管理。

第二，城镇化过程中存在着有关制度和法律公平性的偏差。法治是要运用好的、公平的法律制度协调社会矛盾，维护社会公平。但是，随着城市化进程的加快，大规模的城市扩张和旧城改造活动如火如荼，在一些地方的土地征收和房屋拆迁过程中，存在着开发商和被拆迁人权益不平等的问题，拆迁立法的公平性缺失，直接导致行政执法和司法实践的不公平。

第三，重视行政化的管理，忽视法治化的思维和方式，解决城镇化中的矛盾，导致一些地方出现行政性的"强拆风波"，干群矛盾突出。

第四，现代法律与一些地方习惯法之间矛盾凸显。

第五，一些群众法律意识淡薄，出现矛盾和问题，不是理性地运用法律的方式去解决，而是采取了非理性行为。

尹少成：法治城镇化仍然面临诸多亟须解决的问题。具体表现为以下几个方面。第一，城镇化推进中法治理念的不足。由于受传统人治思维的影响，基于政绩考核方面的压力，城镇化建设中将可能出现"大跃进"现象，背离城镇化的发展目标。这很大程度上在于，城镇化推进中法治理念仍然存在不足。

第二，城镇化建设相关立法不完善。法治城镇化需要完善的立法作为支撑。然而，当前我国城镇化建设相关立法仍不完善，特别是在土地制度、户籍制度、公共服务均等化等涉及法治城镇化核心方面的立法存在较大不足。

第三，既有立法不能得到严格执行。"徒法不足以自行"，法律制定后，还必须得到严格执行，才能发挥其功效。就我国当前的法治实践而言，立法已经取得了巨大成就，而既有立法不能得到严格执行已经成为法治建设的重要阻碍，甚至在一定程度上损害了法律的权威性及其在公众心目中的地位。法治城镇化同样难以摆脱此厄运。现有的城镇规划法、土地法等明确规定的事项，因领导人个人意志而随意变更的俯拾皆是，这严重损害了法律的权威性，阻碍法治城镇化的推进。

第四，违法行为未受到严格追究，受损权益未能得到有效保护。法律的重要特征之一是以国家强制力作为后盾。当违法行为发生后，依法应当受到严格追究，受损权益应当得到有效保护，这是法律之所以被信仰的重要原因。然而，城镇化建设中，部分领导人为追逐政绩工程，出于"公益"或私利的目的，违反相关法律法规规定的行为，却未能受到严格追究，因此受损的权益未能得到有效保护。长此以往，法治城镇化必然受损，最后损害的是整个城镇化建设的大局。

郑毅：第一，许多针对性法律规范尚付阙如。例如，城镇化进程其实具有多元特征，其中重要的一项，即通过特定区域中心城市间的协调发展来拉动区内的城镇化进程。从早期的"珠三角""长三角"城市群建设到当今如火如荼的京津冀协同发展，概莫能外。但遗憾的是，目前我国的规划立法对象仅限于特定行政区划内部，如果说同省地市间的联合（如长株潭、西咸、沈抚、乌昌等一体化建设）尚有省域城镇体系规划可作依据的话，那么区域和规划立法空白的弊端显然在长三角、京津冀这类跨省城镇化蓝图的描绘过程中被陡然放大了。无法可依的尴尬被迅速转化为规划混乱、地方保护主义泛滥、府际协调困难等现实表征，成为城镇化进程和品质的无形拖累。

第二，既有规范体系的"拼图特征"突出，规范协调成本居高不下。虽然对城镇化问题初步实现了体系性的规范架构，这被视为相关法制建设的重要成果，但该体系所面临的现实问题也是无法回避的：一方面，在宏观上，某些城镇化问题的不同发展阶段往往需涉及数个不同的法律部门，而这些法律部门在立法宗旨、规制原则、制度路径、责任设置等方面均有不同；另一方面，在微观上，特定城镇化问题也有可能成为数个法律规范的共同指向，选择适用亦颇为不便。然不论何种情形，均可归纳为规范体系的"拼图特征"——作为各节点要素的单行规范间彼此关联的逻辑性较弱，难以形成令人满意的良性配合与互动，"九龙治水"也就必然导致规范协调成本居高不下。

第三，不同层次法律规范的配合有待加强。与"拼图特征"相对应，不同层次法律规范的配合实际体现为纵向体系的维度。目前，以《城乡规划法》为代表的一些关键领域的核心法律已然出台，但往往因其法律位阶的"居庙堂之高"而无法对"处江湖之远"的基层实践实现直接、充分的行为规制价值。由此，下位配合性立法不足的问题得以凸显。

将城镇化纳入法治轨道的政策建议

《中国经济时报》：如何推进法治城镇化建设？对推进法治城镇化有何政策建议？

张英洪：如果说我们要使市场在资源配置中起决定性作用，那么，我们要使法治在治国理政中起根本性作用。推进法治城镇化，一是要树立现代法治的理念。法治是社会主义核心价值观的重要内容，要通过各种方式使国人学习法治知识、养成法治思维、树立法治理念，尤其是各级党员领导干部和学者要带头树立法治理念。一方面，要将法治纳入国民教育体系，促进全民法治意识的形成；另一方面，各级党校和行政学院要把法治作为党员领导干部培训的重要内容。

二是要按照国家治理体系现代化的要求，加快构建全国城乡统一、平等、开放的制度体系。城镇化是一种动态的发展过程，它将农村与城镇联系起来，这与传统的相对静态和独立封闭的农村制度与城镇制度体系产生了重大的冲突。加强现代制度建设，应当成为重中之重。特别是全国人大以及地方各级人大机关，要切实改变长期以来的行政化工作方式，突出强化立法职责和监督职能，摆正人大的角色，根据宪法和执政党治国理政新要求，把握时代发展的脉搏，按照"立改废"的原则加强立法调研，加快立法建设，担当起宪法赋予人大的职责，在法治中国建设中有所作为不缺位、合法作为不越位。

三是以权利为导向转变改革、发展、维稳方式。法治城镇化是以人为核心的城镇化，是尊重和维护公民基本权利的城镇化，是建立和遵守基本公共规则的城镇化。法治城镇化要求转变改革方式，走立法式改革之路；转变发展方式，树立权利导向的发展观；转变维稳方式，以维权实现维稳。

尹少成：法治城镇化建设至少应当从以下几个方面努力。

第一，牢固树立法治城镇化的理念。离开法治的规范，城镇化建设将难免出现这样或那样的问题，甚至出现混乱无序状态。因此，全国上下在城镇化建设过程中都应当牢固树立法治理念，并在实际工作中坚持在法治的框架与要求下活动。

第二，完善城镇化建设相关立法。完善的立法是法治城镇化的前提与基础。就当前我国城镇化建设实际而言，需要重点关注土地、户籍、城乡公共服务均等化等方面法律法规的制定与修改。以土地制度为例，当前《土地管理法》等土地方面的法律法规并不能很好地解决上述问题。因此，完善相关立法仍然是法治城镇化过程中亟须解决的一个问题。

第三，严格执行城镇化相关立法。如何保障相关立法得到严格执行，是在实质上关系法治城镇化成效的关键。这既需要全社会树立法治信仰，营造一个良好的法治环境，也离不开一套严格的违法追究机制。同时，社会、公众也应当积极监督城镇化建设过程中的违法违规行为。就我国特定国情而言，还应当适当调整政绩评价体系，加大法治在其中的比重，让政府领导人树立起对法治的信仰与敬畏，或许能达到事半功倍的效果。

第四，加强对违法行为的责任追究和受损权益的救济。加强对违法行为的责任追究，是遏制违法行为的重要手段，能够对潜在的违法者或者违法行为起到一个很好的警示作用。同时，还应当对因违法行为而权益受损者提供高效便捷的救济途径。

　　向春玲： 首先，城镇化的推进要有法可依，这就需要科学立法，以公共利益最大化为价值取向，完善城镇化进程中的各项法律。为引导、推进和保障城镇化健康发展，还应随着城镇化的需要适时出台、修改相关的法律法规，防止城镇化的随意性。

　　其次，对于城镇化进程中出现的各种矛盾和问题要通过法律的方式来解决，做到有法必依，而不是通过人治的方式。

　　再次，需要规范执法行为，坚持执法的公平性。坚持法治化标准，就是要防止和减少人治标准，切实维护群众的合法权益。例如在拆迁的过程中，制定了大家认可的拆迁补偿、安置标准就要一视同仁，执行到底，防止一些人"大闹大解决、小闹小解决、不闹不解决"的问题，导致遵守拆迁法律制度的人吃亏，而想通过拖延拆迁时间索要更多利益的人最后得到更多的利益，这样就失去社会公平，失去政府的公信力。

　　最后，需要加强全民法治教育，提高全民的法治意识，培养全民的法治精神。

原载《中国经济时报》2014 年 7 月 30 日

城镇化与城市管理亟须法治跟进

在当前城镇化快速发展的阶段，许多与法治有关的问题开始凸显出来，无论是城镇化过程中还是城市管理中遇到的新问题，都要求管理者将政府权力纳入法治轨道，且十八届四中全会的精神无疑为之提出了明确要求，也为推进法治城镇化提供了更好的宏观环境。如何将城镇化进程以及城市管理纳入法治框架，尤其是如何在法治框架下审视涉及土地征收等事关农民权利的问题，相关专家学者以《中国经济时报》圆桌论坛为平台发表了他们最新的研究成果。

主持人 李成刚 《中国经济时报》记者

受访人 宋迎昌 中国社会科学院研究员

张云华 国务院发展研究中心农村部研究员

向春玲 中共中央党校教授

张英洪 北京市农村经济研究中心研究员

胡星斗 北京理工大学教授

冉 昊 中国社科院法学所副研究员

成协中 北京市社科院法学所副研究员

在当前城镇化快速发展的阶段，许多与法治有关的问题开始凸显出来，无论是城镇化过程还是城市管理中遇到的新问题，都要求管理者将政府权力纳入法治轨道，并且十八届四中全会的精神无疑为之提出了明确要求，也为推进法治城镇化提供了更好的宏观环境。

十八届四中全会首次专题讨论依法治国问题，对全面推进依法治国做出重大部署，强调把法治作为治国理政的基本方式，对加强社会主义民主政治制度建设和推进法治中国建设提出明确要求。

在当前城镇化快速发展的阶段，许多与法治有关的问题开始凸显出来，无论是城镇化过程还是城市管理中遇到的新问题，都要求管理者将政府权力纳入法治轨道，十八届四中全会的精神无疑为之提出了明确要求，也为推进法治城镇化提供了更好的宏观环境。

《中国经济时报》理论版早在 2014 年 6 月、7 月发表了一些关于法治城镇化的讨论，引起相关研究者的关注和响应。如何将城镇化进程以及城市管理纳入法治框架，尤其是如何在法治框架体系下审视涉及土地征收等事关农民权利的问题，相关专家学者在《中国经济时报》圆桌论坛展开进一步的专题讨论，发表了他们近期的研究成果。

城镇化亟须构建法治保障框架

《中国经济时报》：为什么要给城镇化加法治的前提？事实上，当前的一个共识是，我们要推进的是人的城镇化，而不是政府的城镇化。而要强调人的城镇化，就必须强调法治在城镇化建设发展中的保驾护航作用，如果没有法治的规范，城镇化就可能陷入杂乱无章，免不了会出现各种权益问题。

胡星斗：目前中国的城镇化率实际上是不太高的，或者说城镇化的速度远低于工业化的速度，城镇化率表面上看有 50% 多，但实际上严格地说只有 35% 左右，那些没有城市户籍，或者是享受不到城市待遇的城镇化，就不是以人为中心的城镇化。

那种由户籍制度所造成的对城镇化的阻碍，其实也是对公民权利的伤害。以 2003 年废除城市收容制度为界限，2003 年之前是不允许农民流浪到城市，2003 年之后允许农民流浪到城市了，但是享受不到城市的待遇。这样的一种情况现在应当说正在逐渐改变，中央提出以人为本的城镇化，就是要改变过去那种城乡分割的二元制度。但目前思想解放得还不够，某种程度上还固守着城乡隔离。例如，一方面是农民到城市来，很多的城市待遇享受不到，另一方面是不允许城市人到农村去，现在到农村去买的房叫小产权房，不合法。在《物权法》讨论的时候，草案中有一句，城市居民不能到农村购买房子和宅基地，后来由于大家的反对把这句话删掉了。《物权法》虽然删掉了，但其他的法律还是不允许的。

冉昊：习近平总书记说望得见山、看得见水、记得住乡愁；李克强总理说人的城市化而不是物的城市化，都是源于这个观点。这个问题虽然已经在各个角度、各个层次讲了很多，但值得一遍遍讲、一次次讲，常讲常新，引起大家重视，对一些矛盾产生的根源有正本清源的作用。

张英洪：几年前我研究新型城镇化课题的时候，就提出了法治城镇化的概念。为什么要在城镇化进程中强调法治化？我认为至少有三个基本原因：一是法治城镇化是约束政府公权力的城镇化。因为我们以前的城镇化，一些地方政府想干什么就干什么，想征地就征地，想拆迁就拆迁，这就不是法治的城镇化。

二是法治城镇化是保护公民基本权利的城镇化。为什么要提这点？几十年来，我们的城市化一个最大的弊端和问题，就是侵犯了农民的基本权利和自由，主要是侵犯农民的土地财产权利、住房权利。因为拆迁，许多农民的基本权利得不到保障。

三是法治城镇化是维护社会公平正义的城镇化。我们现在的城镇化存在很多社会问题，造成很多社会不稳定，就是因为城镇化过程中存在不公平、不正义的现象，违背了公平正义的原则，损害了人们的基本权利和自由。因为社会不公平、不正义，上访的很多，每年的上访、信访量很大，政府对之则加大了维稳成本。社会不稳定就是因为城市化过程中造成了一些社会不公平、不正义。我们讲法治城镇化，就是要维护社会公平正义的城镇化。

如何在城镇化进程中建立法治框架

《中国经济时报》：党的十八届四中全会提出全面推进依法治国，建设法治中国，这为推进法治城镇化提供了更好的宏观环境。如何借时代发展的东风，以法治为框架推进城镇化发展？或者说，在城镇化进程中，我们要关注哪些涉及法治的问题？

胡星斗：到底应当怎样进行城镇化，一方面，现在提出要以人为本，要保障农民的权利，要让农民带着财产进城，这就要进行土地制度改革，想办法让土地即使不归农民所有，也要使农民从这个土地中获得应有的利益。只有让农民带着财产进城，才能够让农民自愿进入城市。

另一方面，就是要遵循法治城镇化的道路。城镇化如果没有法治保驾护航，就很有可能成为再一次对农民的掠夺。到底应当怎么做？首先就是立法，但只有立法还不够，关键是要有守法的习惯，各级领导、各级政府、每个公民都要守法，这才是法治的关键。在社会保障方面、在农民待遇方面，包括城镇的财政、税收、金融、城镇的公共服务、公共产品的提供，都应当立法。

张英洪：我认为，推进法治城镇化要考虑五个重要环节。一是从立法环节上来说。凡是伤害农民权利的法律应该修改或废止。一方面，在长期的城乡二元结构的体系下，有很多的法律，包括《土地管理法》，还有一系列的政策法规，很多是不利于保护农民土地财产权利的，不利于维护公民的基本权利的。对这些法律，立法者应该坚决废除。另一方面，随着社会的发展，存在立法的滞后，法律有缺陷或缺失，有的社会实践没有相关法律。比如我们已经出台了《国有土地上房屋征收与补偿条例》，但"集体土地上房屋征收与补偿条例"就一直出台不了。这样的例子很多。此外，虽然我们有了很多法律，但是十八届四中全会提出全面推进依法治国后，一些与法治理念不一致的法律，需要加快修改补充。如果这些法治问题不解决，我们就无法应对城镇化过程中不断爆发出来的千千万万个案。

二是从执法环节来说。一方面，现在一般强调要严格执法，良法是应该要严格执法，但不好的法律要修改，而不是严格执行。另一方面，存在这么一个突出问题，有的地方政府对农民严格执法，对百姓严格执法，而对政府自己，却不是严格执法。

三是从司法环节来说。司法关键是公正，但是这个环节上，涉及征地拆迁问题的，普遍的现象是法院不立案，民告官很难，造成了大量的信访案件，造成了一系列的、群体性的事件。有时拆迁者和被拆迁者都会成为牺牲品。

四是从守法环节来说。守法，一个是公民守法，一个是政府守法。公民的法律素质不高，不利于守法。但现实生活中政府不守法的现象也相当普遍。

五是从维权的角度来说。立法、执法、司法、守法、维权，这些环节缺一不可。农民权利受到侵害之后需要法律救济。但长期以来片面强调稳定压倒一切，有的地方的信访部门搞指标管理责任制，层层加压，这就产生了一个怪现象，就是有关部门不是积极地解决人民群众反映的问题，而是全力去解决反映问题的人。这种治国理政的管理理念需要反思。

宋迎昌：就城市发展的角度看，建设法治城镇化，未来要解决几个问题。一是城市的地位靠立法保障的问题。在计划经济高度集中的体制下，城市是没有地位的，一切都是听中央的，是垂直的体系。改革开放后我们做的事主要是扩大城市的自主权，一直到现在干的还是这个事。但主权扩大到什么地步，收到什么地步，要靠法治保障。

二是城市之间关系的问题。我们的城市是按行政等级划分的，这种体制下我们发现中小城市的发展机会往往被剥夺了。

三是行政审批的法治化问题。目前的行政分级审批制度，也把许多中小城市的发展权剥夺了，因为层层审批、报批，耗时很久，为了发展可能就急功近利，先干起来再说，这就导致违规操作，这是非常普遍的问题。

四是基于城市治理体系的城市应该有立法权。每个城市都有自己的特点、自己的发展阶段，应该根据发展阶段和特点来制定自己的法律。

五是应该保障农民的财产处置权。目前的城镇化是单向的城镇化，农民转变为市民，为什么不考虑市民下乡？双向才能融合。

六是立法保障外来人口在城市的权益。外来人口在购房、购车、教育、医疗、就业等方面都存在被歧视的问题。

城市管理同样需要法治跟进

《中国经济时报》： 城镇化过程中存在的法治滞后或缺失的问题，实际上反映的是我们国家城市管理水平落后的现实。因此，在城市管理水平上，也亟须改进和提升。

向春玲： 我研究城市管理，我认为国家大规模的城市建设时代已经过去了，已经进入了三分建七分管的时期。不论是对于快速成长中的城市还是进入成熟期的城市，这个趋势越来越明显。

那么，当前我们在城市管理中存在哪些突出问题？第一个问题就是城市的社会管理呼吁自治。城市治理，治理的主体应该是多元化的，有公共机构、国家政府参与的治理，也有民间、个人机构参与的治理。中共中央 2004 年提出社会管理的新格局是党委领导、政府指导、单位负责、社会参与。我们现实社会中忽视社会自治，政府统揽社会服务和治理，这样的一种格局没有得到根本性转变。

政府与社会关系的调整，我个人认为才刚刚起步。在城市社会治理方面，有一种趋势是社会管理中政府越来越强，而且财政投入越来越多，政府越来越无所不能。现在提出要社会治理创新，从各级政府来看，似乎都很重视这个问题，但是做着做着就变成了这个事中央要做，我们的政策怎么怎么样，就一竿子到底了，政府的建制日益庞大，财政支出日益增加。

关于法律的问题，首先，我国有城市居民委员会组织法，农村也有村民委员会组织法，我们却把这些法放在了一边，居委会、村委会行政化严重。要依法治理城市，依法治理国家，忽视基层社会自治的倾向，就是目前城市管理存在的首要问题。

其次，现在的城市管理忽视法律保障，靠行政管理手段的思路还比较严重。那种执法人员无视法律，或者说城市管理人员执法过程中无法可依的问题也非常突出。例如我就碰到过这样的事：一次开车在北京 T3 机场的岔路口，我本来应该往 T3 机场送人的路上走，不小心走错了，退了一步，马上被执法的车拦住了，说你后退了，不对，我说我认罚，他说要扣证件，我的身份证都要给他，我说这个没有道理，你该怎么罚就怎么罚，身份证不能扣，我说你是谁，能否把证件拿出来，我要出差之后到你那里取，他说没有办公室，就在这里取，我说你能肯定两三天之后还在这吗？我说你是城管人员，应该有办公室，我到你单位去取你扣的证。他说我没有办公室，就到这里取，我就在这拦着，我说你有什么权力？后来我急了，就拍他的车子，他不让我拍（照），这就是协管员。我就想，其他的老百姓又是怎么样被城管管理的呢？这些都需要法律来进行规范。

最后，城市的管理理念上，存在着强调维稳，忽视社会公平与服务的倾向。上级部门对下级有维稳的政绩考核，这就变成了一票否决制，在这种情况下，下级政府为了别出事、别出乱子，什么手段都用，维稳压倒一切，甚至压倒了公平正义。这种维稳的做法表现为：一是人民内部矛盾人民币解决，就是花钱买团结，城市内部管理小闹小解决，大闹大解决，不闹不解决。二是维稳注重事后的高压处理，忽视事中的处理。这就激发了干群之间的矛盾，激发了群众对政府公信力的质疑，把群众推向了对立面。这些做法很多不是依法行为，这是当前在城市治理中存在的突出问题。

张英洪：提高政府的城市管理水平，就需要推动政府进行转型。它包括三个重点。一是从人治型政府向法治型转型。搞人治的话，只有统治者对老百姓的驯服，不可能有老百姓对统治者的驯服。

二是从管制型政府向服务型政府转变。长期以来，政府都是管老百姓的，现在需要的是服务型政府。我们早就提出了服务型政府的理念，我们党的宗旨是全心全意为人民服务，这个宗旨如果不转化为以宪法为统率的制度安排，建设服务型政府，就不可能将为人民服务的宗旨落到实处。建设服务型政府的过程就是法治建设的过程。

三是从无责型政府向问责型政府转变。政府做了很多事，有很大的权力，但是没有责任，做了坏事，却可以不承担任何责任。我们只有通过努力把权力关进制度的笼子里，实现对权力的驯服，才有可能解决所有的强拆问题。

城镇化中法治问题最突出的表现在于土地征收

《中国经济时报》：城镇化过程中，法治问题反映最集中的领域，是在土地征收中存在强征强拆现象，尤其是在农村，一些地方政府以城镇化为借口侵犯农民权利的现象普遍存在。

冉昊：讨论城镇化离不开农民问题，从私法的角度看，保障农民权利其实更多是所有民事主体人格抽象平等的问题，从而可以平等地进行交易，推进社会效率最大化，前者体现的是公平，后者体现的是效率。不过实际上，在现实的发展过程中，随着资本和权力的逐渐累积沉淀，这种抽象的平等已经越来越少，并会压抑实质平等。所以我们在呼吁给农民以公民权、平等人格、平等权利的基础上，要把农民的权利和保护问题细化。

成协中：城镇化涉及"土地的非农使用问题"，即在发展过程中，怎么样把一些土地从农业用地变成非农用地，这个过程中可能涉及三个核心的问题。第一，主体是谁，即谁有权决定土地的使用性质转变。第二，土地的用途管制问题，要把农业用地变成其他性质的用地的话，是否应该符合对国家的土地用途管制的内容。第三，程序问题，即要将农用地变为非农用地的话要通过什么样的程序。

首先，权利人的意志问题。我们国家宪法所确立的土地的权利主体特别复杂，有国家也有集体，还有市民和农民。而且，我国集体土地的所有权也不能完全按照私法上的共同共有，或者按份共有的概念。我们讨论要强调赋予农民更多的土地实体权利，而赋予农民的土地权利究竟是什么样性质的土地权利，在法学上需要更多的解释。

其次，土地用途管制的问题。西方国家的土地法体系基本是以用途管制为核心来建构的，我们国家目前的《土地管理法》也确定了用途管理制度，但是我们国家的用途管制核心功能是没有发挥的，实际使用过程中更多是通过计划性质的指标控制来实现对土地的管理，体现的是以政府为主导的权力部门的意志，但是市场经济过程中这种管理制度会面临很多挑战。涉及城镇化问题，要把农业用地变成非农用地，首先要符合国家土地的用途管制，但是土地用途管制的前提，是用途管制本身是具有正当性、科学性的。如何确保土地用途管制的科学性，就需要通过民主程序来确立更合理的途径，定期对土地用途管制的正当性进行检讨。

最后，土地非农使用过程中的程序问题。目前讨论比较多的是征收程序的正当性，征收程序在土地的流转过程中，在制度上没有得到很好的体现。农村的土地开发是不是必须要经过征收程序，是不是可能存在合作开发、协议开发的空间，在制度上可以进一步讨论。

张云华：城镇化进程中土地改革法治化，或者是土地制度法治化包括几个方面。第一个方面是征地制度。城镇化过程中土地显然是一个最重要的问题。十七届三中全会已经提出来要改革征地制度，但是五年过去了，到十八届三中全会，再次提出了改革征地制度，缩小征地范围，完善对被征地农民的各种保障机制，减少非公益性用地划拨，降低土地增值收益分配机制。这表明，现在不光是社会各界专家意识到征地是城镇化过程中的大问题，中央层面也认为这是一个大问题，都认为要改革，但是怎么改，为什么这么多年没有改？

作为政府部门，不管是中央政府还是地方政府，考虑改革面临的约束条件很多，比从学术的角度考虑问题面临的约束条件要多很多。

对于征地补偿，现在确定的补偿标准是以农业产出确定的，未来补偿应该是参照市场价格作为补偿依据。因为以农业为例，国家征地还是用于农业，按照农业补偿农民不会有意见，如果征地变了用途，就要参照市场价格。土地是要在国家、地方政府、用地者和农民之间的分配，未来的土地补偿一定要参照市场价格，这是解决问题的根本办法。

第二个方面是城乡统筹建设用地。这在十七届三中全会就提出来了，十八届三中全会又提了出来。这个问题很复杂，建设城乡统一的建设用地市场，谁来承担入市的主体，是集体经济组织吗？理论上来说集体经济组织有所有权，但是，实践中其是不是能够承担这个角色？全国有60多万个行政村，如果算村小组（有一半的土地所有权属于村小组），就有两三百万的集体经济组织，这些集体经济组织能否有资格承担入市的主体，应该说很难。

第三个方面是农村宅基地。过去宅基地制度改革提得很少，甚至都不敢提改革宅基地制度，因为宅基地制度跟农地制度比起来好像更复杂一点。改革完善宅基地制度，给农民完整的财产权利，在十八届三中全会得到了体现。但宅基地能不能让城里人去买，这个问题需要好好考虑。农地制度不光是经济问题，还是政治和社会问题，完全市场化，在农地和宅基地这块还需要慎重一些。

原载《中国经济时报》2014 年 12 月 3 日

新型城镇化应当是法治的城镇化

张英洪

几年前我在研究城镇化问题时，就明确提出了法治城镇化的概念，认为新型城镇化应当是法治城镇化。当前，在推进以人为核心的新型城镇化进程中，法治城镇化是很重要的议题。简单地说，法治城镇化是约束政府公权力的城镇化，是保护公民基本权利的城镇化，是维护社会公平正义的城镇化。党的十八届四中全会提出全面推进依法治国，这是将城镇化纳入法治轨道最好的发展契机。推进法治城镇化，我认为要从以下五个基本环节上着力。

一是从立法环节上着力。古人云：立善法于天下，则天下治；立善法于一国，则一国治。凡是有损农民权利的法律法规都应该修改或废止。一方面，在长期的城乡二元体制下，有很多的法律包括《土地管理法》，还有一系列的政策法规，是不利于保护农民土地财产权利的。对这些法律，立法者应该根据建设法治中国的战略要求坚决予以废除。凡是不正义的法律都应当废除。另一方面，随着社会的发展，还存在有关立法滞后或法律缺失的问题，有的社会实践没有相关法律支撑。比如我们已经出台了《国有土地上房屋征收与补偿条例》，但"集体土地上房屋征收与补偿条例"就一直没有出台。这样的例子很多。此外，虽然我们有了很多法律，但是十八届四中全会提出全面推进依法治国后，一些与法治理念不一致的法律，需要加快修改补充。如果这些法治问题不解决的话，我们无法应对城乡不断爆发出来的强征强拆的案例。我国城镇化中爆发的强征强拆个案问题很多，这与我们的基本制度结构是有关系的。在新一轮改革中，我们最需要的是构建法治环境，凡不正义的法律必须废止，我们需要良法治国。什么叫法治？亚里士多德说了，制定的法律大家都服从，同时大家服从的法律又是正义的法律，是良法。

二是从执法环节上着力。一方面，现在一般强调要严格执法，我们仔细推敲发现，良法是应该要严格执行，不好的法律要修改，而不是严格执行。例如对农民权利不利的旧法律，越严格执行就越对农民不利。特别是旧的不正义的法律，如果严格执行，社会就不能发展了。另一方面，还存在这么一个突出问题，有的地方政府对农民严格执法，对老百姓严格执法，对政府自己，却不是严格执法。我们发现，一些地方，凡对政府部门有利而对农民不利的法律，就严格执行，比如征地拆迁就严格执行；凡对政府"不利"而对老百姓有利的法律，就不严格执法。法律对老百姓的约束与对政府的约束严重失衡，这是很严重的问题。韩非子说："圣人治吏不治民。"政府坚持依法行政、坚持以法治约束政府是关键。

三是从司法环节上着力。司法关键是公正。但是在这个环节上，涉及征地拆迁问题的，一个比较普遍的现象是法院不立案，民告官很难，造成了大量的信访案件，引发了一系列群体性的事件。有时拆迁者和被拆迁者都会成为牺牲品。在这种暴力城镇化进程中，我们的社会都要为此付出血的代价。如果法院不立案，立案后不公正司法，这就缺了一个维护正义的环节，这个社会就很难有序地治理。《行政诉讼法》刚修订，2015 年 5 月 1 日正式实行。我们希望新修订的《行政诉讼法》能够保障农民通过法律的手段来维护权利。如果社会问题不能通过法律的手段来解决，这个社会就会充满暴力和悲剧。我们要懂得，法律是解决纠纷最有效的和平手段。正如习近平总书记提出的那样："要努力让人民群众在每一个司法案件中都感受到公平正义。"所有司法机关都要以此目标来改进工作。

四是从守法环节上着力。守法，一个是公民守法，一个是政府守法。公民的法律素质不高，不利于守法。但在现实生活中，我们发现政府不守法的现象更严重，更不利于推进法治建设。现在拆迁中很多老百姓都主动地去学习法律、了解法律、了解政策，有的地方政府则不公布相关政策法律，不让老百姓知道相关政策。一些地方政府不守法的现象相当普遍。比如宅基地问题，有的地方政府长期不批宅基地，老百姓怎么办？但如果你没有经过地方政府的同意就建房子，地方政府就马上把你房子拆掉了，它们这种执法很快很高效。有的地方政府自己不守法，却还说老百姓违法。如果政府不守法，就不可能有普遍的公民守法。政府带头守法能够为社会守法树立标杆，从而引导整个社会守法。新型城镇化迫切需要建设一个守法的政府。

五是从维权的环节上着力。立法、执法、司法、守法、维权，这些环节对推进法治城镇化缺一不可。农民权利受到侵害之后需要法律救济。但长期以来有的地方政府片面搞"稳定压倒一切"，从而把正当合法的维权者压制下去。这样就催生了一个怪现象，权利受到侵害的农民不能通过法院正常维权，只能通过信访申冤维权。但有的地方又将信访搞成指标管理责任制，层层加压，这就又催生了另一个怪现象，就是有关部门不是积极地解决人们群众反映的问题，而是全力去解决反映问题的人。谁上访，就去解决谁。这是过去维稳导向中存在的很大的社会问题。这种传统的维稳之术背离为人民服务的宗旨实在太远。在强征强拆中发生的一些群众性事件，都是因为农民无路可走、无法通过正常的渠道维护自己的权益，只有通过极端的暴力方式，自我牺牲，报复社会。对此，我们要痛定思痛，要通过维权来实现维稳。

我国正处在高速的城镇化进程中，要使城镇化能够真正造福于民，就必须将新型城镇化与依法治国有机结合起来，将城镇化纳入法治的轨道，走法治城镇化之路，切实把保障和实现农民权利作为推进新型城镇化的出发点和落脚点，以法治思维和法治方式推进城镇化，以法治思维和法治方式维护和发展农民权利。

原载《城市化》2015 年第 1 期

图书在版编目（CIP）数据

北京市法治城市化研究 / 张英洪等著. -- 北京：
社会科学文献出版社，2017.11
（新型城市化和城乡一体化丛书）
ISBN 978-7-5201-1082-2

Ⅰ.①北⋯　Ⅱ.①张⋯　Ⅲ.①社会主义法制-建设-
研究-北京　Ⅳ.①D927.1

中国版本图书馆 CIP 数据核字（2017）第 165145 号

新型城市化和城乡一体化丛书
北京市法治城市化研究

著　　者／张英洪 等

出　版　人／谢寿光
项目统筹／周　琼
责任编辑／周　琼　王蓓遥

出　　　版／社会科学文献出版社·社会政法分社（010）59367156
　　　　　　地址：北京市北三环中路甲 29 号院华龙大厦　邮编：100029
　　　　　　网址：www.ssap.com.cn
发　　　行／市场营销中心（010）59367081　59367018
印　　　装／三河市东方印刷有限公司

规　　　格／开　本：787mm×1092mm　1/16
　　　　　　印　张：18　字　数：317 千字
版　　　次／2017 年 11 月第 1 版　2017 年 11 月第 1 次印刷
书　　　号／ISBN 978-7-5201-1082-2
定　　　价／79.00 元

本书如有印装质量问题，请与读者服务中心（010-59367028）联系